JN291180

天皇・天皇制をよむ

歴史科学協議会——編
木村茂光・山田　朗——監修

東京大学出版会

A PRIMER ON *TENNO* AND *TENNOSEI*:
Readings on Japan's Emperor and Emperor System
Association of Historical Science, Editor
University of Tokyo Press, 2008
ISBN978-4-13-023054-4

獲加多支鹵大王

❶

天皇聚□〔露カ〕弘寅□

❷

長屋親王宮鮑大贄十編

❸

❶「ワカタケル大王（＝雄略）」と刻まれた鉄剣　稲荷山古墳出土金錯銘鉄剣（国〔文化庁〕保管，埼玉県立さきたま史跡の博物館提供）（77頁参照）

❷「天皇」と書かれた木簡　飛鳥池遺跡出土木簡（奈良文化財研究所保管）（85頁参照）

❸「長屋親王」と書かれた木簡　長屋王家木簡（奈良文化財研究所保管）（92頁参照）

❺

❹

❼

❻

❹ 桓武天皇像（延暦寺蔵）（100頁参照）
❺ 後鳥羽天皇像（水無瀬神宮蔵）（128頁参照）
❻ 後醍醐天皇像（清浄光寺蔵）（140頁参照）
❼ 後桜町天皇像「歴代尊影」の一つ
（三宅幸太郎画）（174頁参照）

❽ 紫宸殿（宮内庁提供）（15頁参照）

❾ 桜町天皇享保20年御即位式図（國學院大學図書館蔵）（14頁参照）

⑩

⑪

❿ 明治天皇の東京行幸 「東京府京橋之図」
（東京大学史料編纂所蔵）（212頁参照）

⓫ 江戸城開城と民衆「子供遊び端午の気生」
（東京大学史料編纂所蔵）（184頁参照）

⓭

⓬

⓬ 馬上の明治天皇（神奈川県立歴史博物館蔵）（234頁参照）
⓭ 馬上の昭和天皇（毎日新聞社提供）（234頁参照）
⓮ マッカーサーと昭和天皇（毎日新聞社提供）（253頁参照）

⓮

本書のねらい

二一世紀に入って、天皇家・皇室をめぐる報道が喧《かまびす》しい。皇太子妃の病気問題、皇位継承をめぐる問題だけではなく、現在に至っては、天皇家と皇太子家との間の「訪問」の回数までが取りざたされている。戦前の天皇制国家のもとでの絶対的な秘密主義から解き放たれ、天皇家の「家」内部の問題が国民の前にさらけ出されるというのは、象徴天皇制として「ふさわしい」現象といえるのかもしれない。

しかし、天皇家をめぐるさまざまな問題が報道され、話題に上るようになった現時点においても、それが天皇及び天皇制に関する歴史的な事実をどれだけ踏まえて報道されているか、また議論されているか、という点においては、依然危惧すべき側面を残している。

たとえば、皇位継承問題をめぐる議論の際、「男子」継承が伝統である、などとする発言が声高に紹介されていたが、それが決められたのは明治憲法・旧皇室典範体制になってからで、たかだか一〇〇年ほど前に創られた「伝統」でしかない。このことが、どれだけ国民の前に明らかにされていたであろうか。「一世一元」の制（一人の天皇のもとでは同一元号を用いる）も然りである。明治天皇・昭和天皇などという、元号を冠した天皇の呼称は「近代」になってから創られた呼び方である。明治時代以前においては、天皇の在位期間と元号はパラレルな関係にはなかったのだ。

もう少し具体的な事例を出すと、「君が代」は「国歌」としてサッカーの開会式などでよく耳にするようになったが、その歌の本当の意味とそれがいかに利用、普及、強制されてきたかの意味をどれだけの国民が知っているだろうか。また、同じように「国旗」といわれる「日の丸」はいつから国旗だったのだろうか。明治以前の天皇や貴族、戦国大名が「日の丸」を堂々と掲げていたのだろうか。

これらはほんの一例である。しかし、ここに見られるように、現在の天皇・天皇制を理解するための基本的な事柄においてさえ、私たちは十分な知識を持っていないのである。その要因を指摘することは簡単ではないが、前にも述べたように、戦前の天皇制国家のもとで、天皇・天皇制に関する事柄がタブーとして、国民の前に明らかにされなかったこともその要因として指摘することができよう。

二一世紀に生きる私たちは、このような戦前の天皇制タブーから果たして脱却し得ているのだろうか。

とくに、皇太子の娘愛子さんの誕生を契機に起こってきた皇位継承に関する議論が、戦前を思わせるような内容であったり、戦後の天皇制研究の成果を無視するような発言であったりするのを耳にするにつけ、簡便ではあるが、戦後の研究成果を集大成した「天皇・天皇制」に関する書物の必要性を痛感するようになった。そのような意図のもと、編集したのが本書である。

本書ではまず最初に、天皇・天皇制を通時代的に理解するための項目を立て、ほぼ古代・中世・近世・近代・現代という時代区分に沿って理解できる項目を立てた。このように、基本的には時代別の構成をとっており、「読む事典」として初めから読み進めていただくのも一つの方法であるが、各項目ともそれ自体で完結しているので、読者の皆さんが興味をもった項目から読み進められてもまったく支障がない。その方が本書の価値を理解していただけるかもしれない。

私たちは、四三名にのぼる全国の研究者の協力を得て完成した本書が、現在において「天皇・天皇制をよむ」最高水準の書物であると自負している。多くの方々が手に取られ、天皇・天皇制を科学的に検討し、理解する一助としていただければ幸いである。

編者を代表して　歴史科学協議会　前代表委員　木村茂光

凡　例

一、本書の構成は、まず冒頭に通時代的な項目を掲げ、そのあと、古代・中世・近世・近現代の順に項目を立てて配列した。各時代のなかでは文学関係を除きほぼ時系列的に配列した。
一、本書では、通時代も含め各時代の最後に文学関係の項目を掲げた（近現代を除く）。
一、本書では、人名、書名も含め原則として常用漢字を用いた。
一、人名、研究者名も含め尊称、敬称は用いなかった。
一、今日では七世紀以前の「天皇」は、王、大王と呼ばれていたと考えられている。執筆者によりその時期も天皇を用いている場合もあるが、編集上調整しなかった。
一、平安時代前半の光孝天皇以降、「天皇」の諡号＋天皇という呼び方が廃され、追号＋院号という呼び方が用いられるようになり、一九世紀初の光格天皇によって天皇号が復活されるようになるまで続くが、執筆者により便宜的に天皇号を用いた場合もある。
一、歴史用語で学史上とくに重要であるもの、あるいは説明が必要なものについては注を付し、巻末にまとめて解説した。この巻末注があることは、本文中に＊を付して示した。
一、本文中で他項目に言及、引用した場合、あるいは参照いただきたい項目がある場合は、（→「創られた「天皇陵」」）のようなかたちで示した。

天皇・天皇制をよむ／目次

通時代

古代

中世

近 世

近現代

天皇・天皇制をよむ

天皇と天皇制
―天皇制概念と近現代天皇制研究

山田　朗

戦前における天皇制論争

戦前における日本資本主義論争以来、近代以降の天皇制の歴史的性格をどのように捉えるか、天皇・天皇制を国家の統治機構のなかでどのように位置づけるかは、大きな争点であった。当時の左翼勢力にとっては、生産様式（歴史的に、原始共産制・奴隷制・封建制・資本主義、さらには社会主義へと発展するとみなされていた）に対応した国家類型（奴隷制国家~資本主義国家）と国家形態（国家類型内の諸段階）の性格規定こそが、きたるべき革命の性格を決定する重要問題であったからである。

こうした路線論争にともなう国家・天皇制の性格規定論争では、一般に講座派は、野呂栄太郎《のろえいたろう》・山田盛太郎《やまだもりたろう》に代表されるように、明治維新以来の日本国家は、封建制国家類型の最終段階の国家形態としての絶対主義（半封建的国家）であると規定し、したがって、天皇は封建勢力（地主階級）と資本家階級の勢力の均衡の上に成り立つ〈絶対君主〉であると断じた。他方、労農派は、猪俣《いのまた》津南雄《つなお》に代表されるように、明治維新はブルジョア革命であり、明治維新以来の日本国家は、資本主義国家類型であり、したがって天皇制は基本的に封建遺制あるいはブルジョア民主主義段階に対応した〈立憲君主〉であるとの議論を展開した。

この論争と天皇制の性格規定は、革命路線をめぐる政治主義的なものであったことは否めないが、〈天皇制〉概念の定着、システムとしての天皇制の社会経済的基盤、天皇制の独自の支配力に着目するという点で、社会科学的な天皇制研究を前進させたことは確かである。

〈天皇制ファシズム〉論とその後の研究の進展

天皇制論争は、戦争と思想弾圧の進展によって断絶したが、第二次世界大戦後においても講座派の方法論的枠組みは、日本近現代天皇制研究の主要な潮流であった。天皇制の性格規定をめぐる論議は、日本の帝国主義のあり方をめぐる論争とリンクして展開されたため、山田盛太郎が規定した明治期に成立した「軍事的半封建的帝国主義」（国家類型としては封建制国家、国家形態としては絶対主義）が、昭和戦前期には、国家類型としては資本主義国家、国家形態としてはファシズムへと〈転化〉したことをどう説明するかが迫られることになった。そして、天皇制国家権力が、絶対主義（半封建的権力）からファシズム（ブルジョア権力）へと転化したこととその結果を形容する術語が〈天皇制ファシズム〉であった。〈天皇制ファシズム〉は、戦争と抑圧の時代を体験した同時代人の感性によく適合し、一九五〇年代以降、研究と運動の両分野で広範に使用されるようになった。

ところが、〈天皇制ファシズム〉論は、結果としての侵略戦争と暴力的弾圧、天皇制イデオロギーにもとづく強制的同質化を想起させるものとして定着したのであるが、国家論としては、日本帝国主義が絶対主義（半封建的権力）からファシズム（ブルジョア権力、しかも金融資本による支配）へと、いつ、どのように〈転化〉したのか、天皇が〈絶対君主〉からいったい何に〈転化〉したのかは必ずしも明確ではなかった。そのためにファシズム期の天皇に対しても〈絶対君主〉的性格をみる傾向が定着した。このことが現在まで続く〈絶対君主〉か〈立憲君主〉かという二項対立的な議論の土台になった。

戦前期から社会運動の路線論争と不可分であった近現代天皇制研究は、そうした影響力から自由になり、一九七〇年代以降、とくに〈昭和〉の終焉を契機として近現代天皇制研究の多様化・深化が進んだ。とりわけ、〈大元帥〉としての天皇の研究の進展、天皇制の戦前・戦後の連続性に関する研究、〈立憲君主〉としての天皇の役割の研究、天皇の〈視覚的支配〉や支配の〈装置〉の研究、外国人研究者による実証的な天皇・天皇制研究の進展としてまとめることができよう。

参考文献

佐々木隆爾『現代天皇制の起源と機能』（昭和出版、一九九〇年）
安田浩『天皇の政治史——睦仁・嘉仁・裕仁の時代』（青木書店、一九九八年）

女帝と女性天皇——八代六人の実像

義江　明子

女帝は一二五人中の例外か

「一二五代の天皇の中で、女性の天皇は古代の八代六人と近世の二人だけで、ごく少数だ」とよくいわれる。だが、これは不正確で非歴史的な見方である。『古事記』『日本書紀』の記す「初代」神武《じんむ》から「二五代」武烈《ぶれつ》までの間には多くの実在しない天皇名が含まれていること、父から息子へという継承順序も鵜呑みにできないことは、現在の古代史研究では常識である。一つの血統による王位世襲は、五世紀末ごろまでは確立していなかった。六世紀半ばの「二九代」欽明《きんめい》のあとその子の敏達《びだつ》・用明《ようめい》・崇峻《すしゅん》・推古《すいこ》が次々に王位についたことは、「右五天皇、他人を雑《まじ》えること無く天下を治《し》らすなり」（『上宮聖徳《じょうぐうしょうとく》法王帝説《ほうおうていせつ》』）と特筆される事柄だったのである。

記録上の最初の女帝は推古で、そのあと皇極《こうぎょく》（＝斉《さい》明《めい》）・持統《じとう》・元明《げんめい》・元正《げんしょう》・孝謙《こうけん》（＝称徳《しょうとく》）と、古代には八代六人の女帝がいた。一方、推古の次の舒明《じょめい》から称徳の前の淳仁《じゅんにん》まで、男帝は（明治に弘文天皇と諡《おくりな》された大友皇子をいれても）八人である。推古が即位した六世紀末から、七世紀末—八世紀初の律令施行を経て称徳が没するまでの約一七〇年間は、朝鮮半島諸国・中国との軍事衝突も含む厳しい国際関係の中で、国家体制の整備に邁進した激動期だった。そこで男帝とほぼ同数を占めた女帝を例外とみることはできない。

女帝たちの年齢と事蹟

実在と継承順序がほぼわかる六世紀初の継体《けいたい》以降、七世紀末までの大王の即位年齢をみると、男女ともにほぼ四〇歳以上で、性差はない（仁藤 二〇〇三）。三一歳の若さで即位した欽明は、「私は幼年で知識も乏しく政事にも未熟なので、政治に慣れた先帝后の倭姫《やまとひめ》こそふさわしい」と述べたと、『日本書紀』欽明即位前紀は記す。

国内の豪族たちを統制しつつ外交の舵取りをしていくことは、「幼年」の大王には無理だった。国政関与の経験を豊かにもち、統率者としての資質・能力を備え、血統上の条件を満たす人間が、男女の別を問わず（抗争を勝ち抜き）群臣に要請されて大王となったのである。

推古は欽明の娘で、一八歳で異母兄敏達の后となり、敏達死後も大后《おおきさき》の地位にあって政治経験を積み、三九歳で群臣に押されて即位した。七五歳で没するまで三七年間の治世中に、約一二〇年ぶりに中国に正式の使者を派遣して中国文化と仏教思想の本格的導入による国家体制作りをスタートさせ、死去に際しては次代大王についての「遺言」を残した。六世紀―八世紀は、群臣が次代大王を選出し推戴する従来の方式と、先帝の遺志（意志）による次代選定という新たな方式とがせめぎあいつつ、後者に比重を移していく過渡期だった。血統の尊貴性と長年の統治実績に基づく推古の「遺言」は、転換を方向づける重みをもったのである（義江 二〇〇二）。

皇極は四九歳で即位し、大化元年（六四五）の蘇我蝦夷《そがのえみし》・入鹿《いるか》討滅事件の直後に弟（孝徳《こうとく》）に譲位した。生前譲位の初例であり、王位の自律的選定方式をさらに確実に推し進めたものといえる。「皇祖母尊《すめみおやのみこと》」の号を奉呈された皇極が譲位後も王権内で重要な地位にあったことは、孝徳九年（六五三）に孝徳を難波京に残して息子（中大兄《なかのおおえ》、のちの天智《てんじ》）・娘（孝徳后の間人《はしひと》）とともに倭京《やまとのみやこ》に還り、王族・臣僚もそれに従ったことに明かである。その後も中大兄は皇祖母尊を奉じて行動している。孝徳没後に再度即位した斉明は、百済《くだら》滅亡の際には大軍を率いて西征し、六六一年、筑紫で没した（六八歳）。

持統（天智の娘）は、夫天武《てんむ》の死後、四六歳で正式に即位し、飛鳥浄御原令《あすかきよみはらりょう》の施行、全国的戸籍の作成、藤原京への遷都、大宝律令の施行等々を実行し、五八歳で没した。これらは従来、藤原不《ふ》比《ひ》等《と》の補佐、夫天武の遺業継承とみなされ、孫文武《もんむ》へ皇位を伝えるための「中継ぎ」とされてきた。しかし当時の史料によれば、持統は「天《あめ》に坐《ま》す神」の委任を受けて「天神《あまつかみ》の御子」として天下を統治したのであり、父天智からの血統でも夫天武の譲りでもない。高天原《たかまがはら》に天下統治の根源をおく神話体系が完成するのは持統の頃であり、持統は死後に「高天原《たかまがはら》広野《ひろの》姫《ひめ》」と諡《おくりな》された。群臣推戴方式を骨抜きにする新たな即位儀礼を創始したのも持統である（吉村 一九九六）。

天武死後の抗争を勝ち抜いた持統は、実力で統治し、自ら完成させた神話によって自己を権威づけたのである。一方、文武の正当性は、持統が統治権を文武に「授け賜い」、譲位後も太上天皇として「並び坐《いま》」（共治）したことにある（『続日本紀《しょくにほんぎ》』文武即位宣命《せんみょう》・元明即位宣命、義江二〇〇五b）。持統が創始した日本の太上天皇制は、中国とは異なり、天皇と同等の権能を持つ。律令国家の官僚制機構と、統治実績をもつ太上天皇持統の権威と補佐とが、一五歳という、それまでの資質と年齢の基準からはありえないはずの文武の即位を可能にしたのである。

文武が二五歳で没したあとは、母の元明（天智の娘）が四七歳で即位し、霊亀元年（七一五）に娘の元正に譲位し太上天皇となった。養老五年（七二一）に六一歳で死去した際に非常事態を防ぐ固関《こげん》（東国に通じる官道の関所を塞ぐ）の措置がとられたことは、譲位後も元明が国政上に重要な位置を占めていたことを示唆する（岸 一九六六）。元正は三六歳で即位し、神亀元年（七二四）に二四歳の甥聖武《しょうむ》に譲位後も、天平二〇年（七四八）に六九歳で没するまで、時には対立しつつ聖武を補佐した。聖武の娘の阿倍（のちの孝謙）の立太子は、国家安泰を象徴する舞を群臣の前で阿倍が元正に奉献することで、承認されたのである（『続日本紀』天平一五年五月癸卯条）。

孝謙は天平勝宝元年（七四九）に三二歳で即位。天平宝字二年（七五八）に淳仁（天武の孫）に譲位して太上天皇となるが、のち、淳仁から国家の大事と賞罰の権を取り上げ、天平宝字八年（七六四）に恵美押勝《えみのおしかつ》の乱に勝利すると淳仁を廃して淡路に流し、自ら皇位に復す（称徳）。道鏡《どうきょう》を皇位につけようとしたが宇佐八幡神の託宣で阻止され、後継者を定めないまま宝亀元年（七七〇）に五三歳で没した。愛欲に狂って皇統を危機に陥れたと断罪されがちだが、孝謙＝称徳は、先帝聖武の「誰を王とするかは汝（孝謙）の思うままにせよ」という遺詔をかかげて行動し、意中の王をそれぞれに擁立しようとする群臣の動きを押さえ抜いたのである。道鏡擁立は逸脱ではあるが、先帝遺志による皇位継承と仏教による国家統合という、七世紀以来の基本動向の極端な到達点ともいえよう。称徳の死後は「遺宣」と称して光仁《こうにん》（天智の孫）が擁立された。以後、道鏡事件の際に神託として示された「天《あま》つ日《ひ》嗣《つぎ》は必ず皇緒《こうちょ》を立つ」が、貴族層の共有する規範として承認され、世襲が定着するのである。

女帝論の背景

女帝は皇位継承に困難があった場合の「中継ぎ」というのが、明治以来現在まで政府の公式見解であり、古代史研究における通説でもある。しかし、男系・男子（長男）による継承順位が法的に決まるのは近代である。世襲の確立も、男子優先も、父系嫡系志向も、歴史の歩みの中で時代の変化に応じて形成されてきた慣習であり、女帝を全面的に排除するものではなかった。

　日本はもともと双系（方）的社会で、全体として男女差はあまりなく、父方と同様に母方の血統も重要だった。天智・天武は舒明の子だが、約二〇年間国政の中枢部にいた母、皇極＝斉明の子でもある。九世紀以降、支配層を中心に次第に男性優位が浸透し、皇位も男性が独占するが、女帝の可能性がなかったわけではない。平安末には、実現はしなかったものの、近衛《このえ》の死後、八条院（鳥《と》羽《ば》の娘）を女帝にという議論もあった（『愚管抄《ぐかんしょう》』巻四、荒木一九九九）。近世の二人の女帝の即位は、そうした可能性が実現に至ったものである。

　「女帝はなぜいたのか」という問いは、〝天皇＝男性〟という近代の法制を前提とする。この前提を取り払い、歴史上の女帝たちと向き合う必要があろう。明治初まで、古代女帝の統治や軍事親征を不審とする議論はみられない。軍事・国政を担う真の統治者は男性で、女帝は祭祀専門の「巫女」だったという学説は明治末年に登場する（義江二〇〇五ａ）。一方、現在の「女性」天皇論では、平和国家日本には平和を愛する女性がふさわしい、という声もきく。いずれも、権力の中枢にいた歴史上の女帝の現実とはかけはなれた見方といわねばなるまい。

参考文献

荒木敏夫『可能性としての女帝』（青木書店、一九九九年）
岸俊男「元明太上天皇の崩御」（『日本古代政治史研究』塙書房、一九六六年）
仁藤敦史「古代女帝の成立」（『国立歴史民俗博物館研究報告』一〇八、二〇〇三年）
義江明子「古代女帝論の過去と現在」（『岩波講座　天皇と王権を考える』七、二〇〇二年）
義江明子『つくられた卑弥呼』（ちくま新書、二〇〇五年ａ）
義江明子「古代女帝論の転換とその背景」（『人民の歴史学』一六五、二〇〇五年ｂ）
吉村武彦「古代の王位継承と群臣」（『日本古代の社会と国家』岩波書店、一九九六年）

年号と元号——制定の意味

仁藤　敦史

年号と元号はどう違うか

年号・元号は、中国を中心とする漢字文化圏で使用された紀年法である。両者は、現在ほぼ同義として用いられているが、『春秋公羊伝《しゅんじゅうくようでん》』に元号は「君の始めの年」と解説されるように、古代中国では天子の即位した年（実際は翌年）を元年として年を数えることが「元号」であった。しかし、在位中に祥瑞《しょうずい》（めでたいしるし）や災異により改元するならば、元号を区別する必要が生じる。そのため元号に漢字で名称をつけ区別する「年号」が作られた。『漢書』や『史記』によれば、中国での年号の開始は前漢の武帝からで、紀元前一四〇年の「建元元年」とされている。日本でも、儀制令《ぎせいりょう》には「公文書に年を記す場合には、皆年号を用いよ」と規定された。しかしながら、明治以降は、「一世一元」とされて在世中の改元がなくなったので元号と年号の区別をする必要がなくなり、以後はほぼ同義として用いられるようになった。

「大化」は最初の年号か

日本における正式な年号（元号）の成立は、七世紀中葉の「大化」（六四五―六五〇）とするのが教科書的な理解である。しかしながら、年号の起源を「大化」に求めることについては、いくつかの疑問も存在する。

まず第一に、八世紀初頭の「大宝」（七〇一―七〇四）年号以降は、慶雲《けいうん》・和銅《わどう》・霊亀《れいき》・養老《ようろう》のように原則として明治、大正、昭和、平成と現在まで途切れることなく連続している。しかしながら、大化の次の白雉《はくち》以降は連続しないことが問題点として指摘できる。この点を重視した北畠親房《きたばたけちかふさ》の『神皇正統記《じんのうしょうとうき》』は「孝徳朝には大化、白雉、天智朝には白鳳、天武朝には朱雀、朱鳥などの年号があったが、大宝以降は連続するようになった。よって大宝を年号の始めとする」と評価している。大化以前の金石文には「法興」年号が用いられているが、公式に定められたという証拠はない。白鳳《はくほう》・朱雀《すざく》の年号も知られるが、それぞれ孝徳《こうとく》朝の白雉、天武《てんむ》朝の朱鳥の別称と考えられている。

第二には、大化改元の理由として祥瑞をともなわない代始改元である点が指摘できる。改元の理由には大きく分けて四つ理由がある。すなわち①天皇の代替わりによる「代始改元」、②天が為政者の治世を評価して出現させるめでたいしるしにもとづく「祥瑞改元」、③天変地異や疫病の流行による「災異改元」、④世の中の変革を想定した革命思想による辛酉・甲子年における「革命改元」の四つである。

これらのうち大宝を含め奈良時代におこなわれた改元の理由は金や銅の発見、祥雲の出現など祥瑞出現による改元が圧倒的であった。天皇の代替わりにおいても、元《げん》正《しょう》天皇の霊亀、聖武《しょうむ》天皇の神亀《じんき》などのように珍しい亀の出現（祥瑞）が大きな理由になっている。祥瑞出現のない代始改元は桓武《かんむ》天皇による延暦改元まで例がない。したがって、大化年号の使用開始の理由として、祥瑞の出現が『日本書紀』に語られていないので不自然であり、孝徳天皇の即位を理由とするのは後世的である。

第三の疑問は、七世紀において「大化」年号を使用した確実な史料が存在しないことである。大化元年に相当する蘇我《そが》氏の滅亡事件についても奈良時代には「乙巳年」のこととして表記されている。「大化」年号は、平安期の「弘仁」改元において用いられたのが確実な用例で、「大化二年」の年代が記された「宇治橋断碑」の成立年代についても同時代とするには疑問が提起されている。なにより「大化改新詔」が宣言された難波宮跡周辺からの出土木簡においてさえ、大化四年（六四八）を「戊申年」と表記していることは、大化年号の使用が同時代におこなわれていなかったことを端的に示していると考えられる。

以上によれば『日本書紀』にみられる元号は大宝年号を定めたときに追贈されたと考えることが妥当である。少なくとも大宝以前の同時代的な元号使用については、現状では確実な証拠が不足している。大宝令までは干支が継続して用いられたこともこのことを傍証する。したがって元号の最初は、八世紀初頭に定められた「大宝」（七〇一―七〇四）と考えられる。

「大宝」の制定

元号は、天皇（皇帝）がその決定権を有し、空間だけでなく、時間をも支配することを象徴する行為である。たとえば、『三国史記』によれば、それまで独自の年号を用いていた新羅《しらぎ》は六五〇年以降、中国の「永徽」年号を用いることを強制されたことはその朝貢国としての位置付けと対応する。わが国が中国とは異なる「大宝」という自前の年号を制定することは、独立国家の宣言としての意味があり、都城・律令・正史・国号・天皇号・銭貨鋳造などのことが、この前後に集中して行われていることと無関係ではない。「大宝」は、奈良時代に多くみえる慶雲、和銅、霊亀などの年号と同様に、天が為政者の治世を評価して出現させる、祥瑞にもとづく改元である。

ちなみに『続日本紀』によれば、すでに文武二年（六九八）一二月に、対馬国に対して黄金の精錬を命じていたが、約二年後の文武五年三月に、対馬国が金を貢上してきたので、それにちなんで元号を制定し、大宝元年としたとある。大宝の宝とは黄金のことであるが、この黄金の献上が実は偽物であったことが後日に発覚する。この対馬の金は、もともと大納言大伴御行《おおとものみゆき》が、渡来系の技術者三田首五瀬《みたのおびといつせ》を派遣して精錬させたもので、それがために功労者として御行に対しても特別に封百戸と田四〇町が与えられたが、後に練金のことは五瀬による詐欺であることが発覚し、御行が五瀬によって騙されていたことが判明したと記されている。

年号の制定方法

年号の選定方法は、平安期の儀式書や古記録などによれば、菅原《すがわら》氏の系統が独占した儒者（大学寮の文章《もんじょう》博士や式部大輔）らが勅命を受けて漢籍から好字《よきじ》（由緒のあるめでたい文字）を数案選び、典拠を記入した「年号勘問」を奏進する。公卿たちは会議において勘問のすべてを審議し、先例や文字の吉凶などを議論して優劣を決定する（難陳《なんちん》）。そのうえで最善と思われる案を天皇に奏上して「勅定」を仰ぐことになっていた。重要なのは摂関期以降、武家政権においても年号の最終決定は天皇が行う原則が守られたことである。新井白石が「天子の号令、四海の内に行はるる所は、ひとり年号の一事のみ」（『折たく柴の記』）と称したように、しばしば武家の介入は行われたが、形骸化しつつも中世以降の武家政権下においても天皇大権として残されたほとんど唯一の権限として扱われていたことは注目される。

歴史上では、これまでに文武《もんむ》天皇の大宝以降では北朝の五代を含めた八九代で二四四例の年号（このうち北朝年号は一七例）が知られており、改元は後醍醐《ごだいご》や後花園《ごはなぞの》天皇の各八回を最高に、天皇一代では平均二・八回行われ、五年程度で新しい年号が改められた計算になる。使われる用字は、『書経』『易経』などの経書や『漢書』『後漢書』などの史書からの出典が多くみられ、永・元・天・治・応・正・長・文・和などの頻度が高い。しかしながら、用字の範囲は少なく全体でも七〇字程度にすぎない。漢字二字を原則とするが、奈良時代中期には天平感宝・天平勝宝・天平宝字・天平神護・神護景雲の四字年号がしばらく用いられた。なお、平安時代以降は、踰年《ゆねん》改元と称されるように皇位継承の年に年号を改めるのは非礼であるため避けられて、翌年の改元が恒例となった。

明治の改元では、中国の明・清朝に倣い一世一元の制に改められた。改元の詔書には「今より以後、旧制を革易し、一世一元を以て永式となす」とみえる。難陳の議は廃止され、勘問のうちから二、三の佳号を選び、賢《かしこ》所《どころ》の神前での籤引きによって明治の年号を決定している。「皇室典範《こうしつてんぱん》」第一二条には「践祚ノ後元号ヲ建テ一世ノ間ニ再ビ改メザルコト明治元年ノ制定ニ従フ」と規定された。後には「登極令」も定められて法律として整備され、大正や昭和の改元は内閣告示により行われた。戦後はこれらの法令が廃止されたため、改元については法律的根拠を失っていたが、一九七九年に「元号法」が国会で成立し、「元号は、政令で定める」「元号は皇位の継承があった場合に限り定める」として内閣の権限として位置付けられた。平成の改元（一九八九年）は、内閣が有職者に候補選定を委嘱し、複数案を首相に報告し、意見聴取のうえで閣議により改元政令を即日（一月八日）決定交付し、翌日に施行した。

参考文献

佐藤宗諄「年号制成立に関する覚書」（『日本史研究』一〇〇、一九六八年）
佐藤宗諄「紀年木簡と年号」（『東アジアの古代文化』一〇三、二〇〇〇年）
所　功『年号の歴史　増補版』（雄山閣出版、一九八八年）
『古事類苑』天部・歳事部（吉川弘文館、一九六九年、初版一九〇八年）

皇位継承儀礼

——「践祚」「即位」儀礼の変遷

藤森健太郎

奈良時代およびそれ以前

後の天皇につながる首長の継承儀礼を推測できる手がかりとして最近注目されているのは、近畿の巨大古墳に付属する埴輪群であろう。とはいえ、古墳から読み解く継承儀礼の研究は、定説を見るまでには至っていない。では、一方の文献史料ではどうかと言えば、こちらも古い時代については材料豊富ではない。『日本書紀』によれば、何らかの壇を築いて、そこに継承者が登る儀礼があったらしい。また、首長位に付属する宝器を群臣が継承者に奉る儀礼も推測できる。

持統《じとう》天皇の皇位継承儀礼の記事は比較的詳しい。それによれば、皇位継承者の登壇、中臣《なかとみ》による寿詞《よごと》の奏上・忌部《いんべ》による宝器の奉上があったことが知られる。これは、養老神祇令践祚《せんそ》条の規定「凡践祚之日、中臣奏天神之寿詞、忌部上神璽之鏡剣」と合致し、いわゆる律令制下の皇位継承儀礼の原型を示すものとしてよいだろう。現在残っている中臣寿詞は、大嘗祭のみで読まれるようになって久しい院政期のものだが、高天原《たかまがはら》のスメロギ・スメロミの天孫たるスメラミコトの支配と、それに対する有力氏族や天下公民の奉仕を語るもので、天武《てんむ》・持統期に成立した国家の観念的秩序を如実に示す。

これ以後八世紀から九世紀前半の皇位継承儀礼の詳細を知り得る史料は少ないが、会場となる宮殿の構造、衣服令の規定から推測される臣下の列立順、『続日本紀《しょくにほんぎ》』に断片的に見える大極殿上の様子、高松塚古墳壁画に描かれた威儀具と皇位継承儀礼に用いられ続けた威儀具との共通性などから見て、後世の儀式書・記録に見られる要素を遡らせてよい場合も多い。

八世紀には、皇位継承者が大極殿上の高御《たかみ》座《くら》に即き、これに対して朝廷に列立する親王や太政官以下の官人が拝礼、さらに即位宣命《せんみょう》が読まれる儀礼を「即位」としていた。寿詞奏上・宝器奉上の明記は『続日本紀』にないが、含まれていた可能性が高い。この儀礼が、平安時代以降の「天皇即位儀」に引き継がれていくことになる。また淳仁《じゅんにん》天皇の即位時には、孝謙《こうけん》天皇からの譲位詔宣読の儀礼が内裏で五位以上官人を集めて行われたらしく、平安時代の「譲国儀」につながっていくと思われる。

平安時代

第一の画期は八世紀末から九世紀前半である。具体的経過にはいくつかの説があるが、いずれにしてもこの間に、先帝が死没した際にただちに宝器を移動して、実質的な皇位継承を確定する剣璽渡御儀礼《けんじとぎょぎれい》、先帝が譲位宣命によって新帝へ名実ともに皇位を継承し、宝器を移動する「譲国儀」、寿詞奏上・宝器奉上を省き新帝が初めて大極殿に顕れて即位の宣言を発する儀礼「天皇即位儀」が成立した。前二者は、従来は「践祚」と一括されることが多く、それゆえこの変化は「践祚と即位の分離」とも呼ばれてきたものである。ただし、本来は両者間にかなり相違があって、先帝没後の剣璽渡御の場合には、亡き先帝のもとから待機する新帝に宝器が奉られるものの、喪の憚《はばかり》もありしばらく天皇の礼遇を完全には備えないのだが、「譲国儀」を行って官人も参列のもとで譲位詔を受けた場合には、ほぼ即時に天皇の礼遇を備え、その後新帝に宝器がついて行く形を取る。

平安宮における「天皇即位儀」の会場朝堂院では、平城宮とは違い、大極殿前に門が無く、天皇を直接拝せるようになった。君臣の服制や儀礼作法は唐風化し、即位宣命は高天原以来の正当性を長々述べることがなくなって定型化した。ただし大枠としては八世紀の皇位継承儀礼を継ぐ面も多く、律令国家のシステムを維持・発展させながら、その上により合理的な観念秩序を再構築したことが窺われる。親王・太政官以下無位までの官人の大規模な列立、壮大な儀仗なども前代を継承している。この姿が『儀式』などの儀式書に規定されることとなった。

ところがその後、皇位継承諸儀礼は徐々に変質を始める。まず、「天皇即位儀」において朝堂院で列立する臣下の数が減り、太政官では大・中納言と参議から選ばれた数名に過ぎなくなった。その他の列立者も減少した。逆に、内裏から朝堂院まで天皇に付き従い、そのまま、本来はごく限られた近侍官や女官しかいなかった大極殿上およびその周囲で見物や奉仕をする公卿・官人・女房の数が増大する。朝庭での列立・拝礼よりも内裏から天皇に付き従うことが奉仕として重要視され、この「行幸《ぎょうこう》」も儀礼化して見物の対象になったのである。中でも摂関や母后は、大極殿後方の小安殿《しょうあんでん》における天皇の待機・着替えの場面にもおり、さらに大極殿では高御座周辺に定位置を持つようになったのであって、これを「候御後」と呼んだ。律令官制・位階制が変質する一方、摂関・母后が天皇に密着をして後見し、その周囲に諸権門・官人等が連携して国家の体裁を成すこの時期の秩序をはからずも表象していた。また、「群庶」とも称される階層も一〇世紀以後「天皇即位儀」の会場に押しかけ、見物しており、度が過ぎれば規制されるものの排除はされず、むしろ儀礼空間を構成する要素になっていった。

一方、「践祚」と呼ばれる先帝没後の剣璽渡御と「譲国儀」でも、皇位継承の手続き上の面で重要な変化があった。先帝が没しても形式上生きている扱いにして譲位詔を出し、即時に名実ともに皇位継承を果たすという形がまず案出され、ついで、いわゆる院政を執る上皇がいれば、その詔で皇位継承が果たされる仕組みが成立した。かくして、天皇代替わりの理由が先帝没・譲位のいずれであれ、より安定的に皇位継承が行われるようになったが、それには執政の院の存在が重要であった。

鎌倉時代～江戸時代

平安時代末に朝堂院が廃絶し、「天皇即位儀」の会場は太政官院、さらに内裏紫宸殿《ししんでん》へと移る。朝堂院より狭いことは言うまでもないが、ここまで述べてきたとおり、実は朝庭での列立者などはすでにごく少数になっていたのである。しかし、中世・近世を通じ、会場には盛んな見物が押し寄せていた。

これに先立つ「譲国儀」や先帝没後の剣璽渡御は、平安時代の間に成立した原則を引き継ぎ、ますます共通定式化して、儀礼形式上も「践祚」と総称されるにふさわしいものとなっていった。

室町～江戸時代の一時期、「天皇即位儀」は、費用調達の困難等から、「践祚」後相当の期間を経ることもあったが、江戸時代になると幕府の援助もあって、比較的安定して挙行された。口絵9を見ると、律令国家の「天皇即位儀」の系譜を引く儀礼であることは当然だが、実態は平安時代後半以来の姿を引くものであり、会場が変遷したことによって、本来の儀礼の中心となる部分はさらに縮小した印象がある。天皇に北面して列立する役を務める臣下の数は数人である。

　なお、中世以降には、高御座登壇の際に天皇が密教的な手印を結ぶ即位灌頂《そくいかんじょう》も確実に始まっており、王権と仏教との新たな結びつきを示す。

明治時代以後

明治天皇の皇位継承儀礼は江戸時代の「践祚」「天皇即位儀」の枠内にあったが、唐風を廃すという名目で天皇以下の服装等が変化した。明治の間に、旧皇室典範《こうしつてんぱん》と「登極令」が定められ、大正・昭和の両天皇はこれに拠って「践祚」「即位」を行った。「践祚」は東京の皇居における剣璽渡御である。「即位」は京都御所紫宸殿で行われた。図1は、昭和天皇の「即位」における紫宸殿上の様子である。皇后の御帳台《みちょうだい》が設けられているほか、紫宸殿上に多くの参列者がいる。今の天皇の即位の際には、旧皇室典範・登極令が廃止されたこともあって、また変化をしている。紙幅の関係もあって詳述はしないが、現実の儀礼的行為としては、新皇室典範にはない「践祚」と新典範にも一応ある「即位の礼」に拠る「即位」の枠組みが踏襲された。ただし、後者も東京で行われた。

　以上、皇位継承儀礼が時代と共に変化を続けていることが明らかになったと思う。その意味で皇室関連の儀礼を表現するときに頻繁に用いられる「古式ゆかしい」等の表現は厳密には正確でない。とはいえ、時代に応じた変化を遂げつつ、その核に古代からの継承をイメージさせる要素を残し続けてもいることは、天皇制の歴史を考える上で重要であろう。

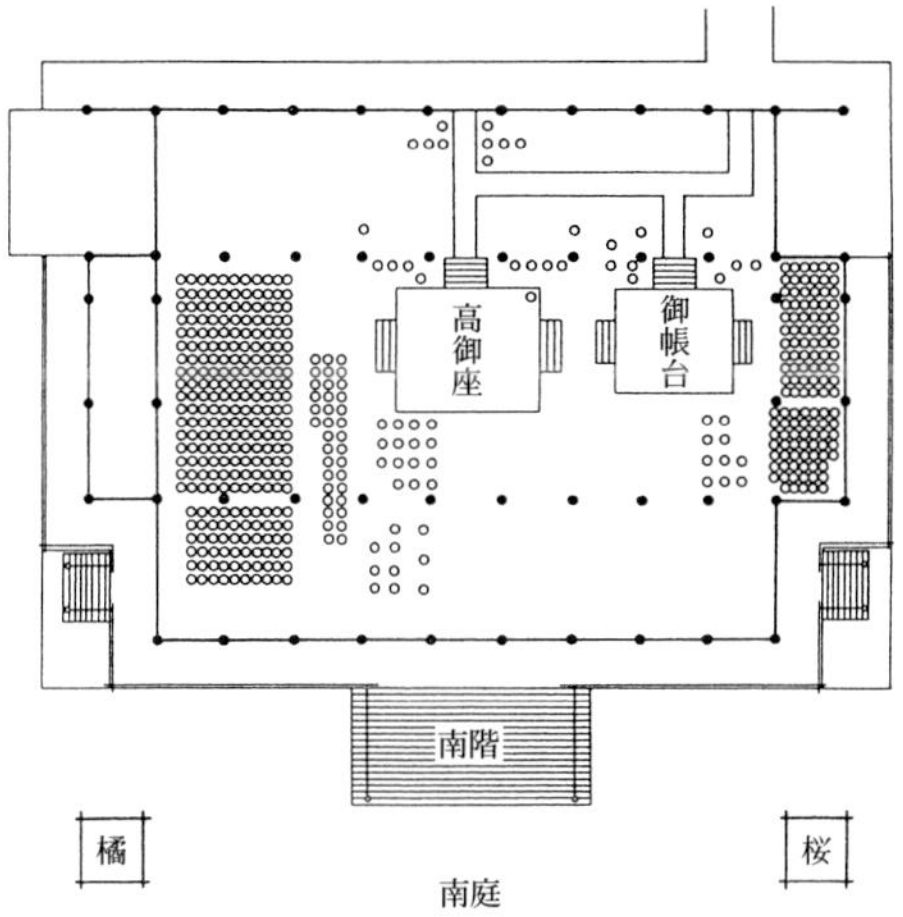

○は内閣総理大臣以下参列者の位置を示す

図1　紫宸殿の儀

天皇と名字——天皇に姓はあるのか

森　公章

天皇の名字

天皇に名字（姓）はあるのか。三世紀後半ころから倭国（日本）を統合するヤマト王権下では、地名（葛城《かずらき》氏、蘇我《そが》氏、出雲氏など）や朝廷の職務分担（大伴《おおとも》氏、物部《もののべ》氏など）に基づき、後の姓につながる諸家族の名称が生まれ、六七〇年成立の最初の全国的戸籍・庚午年籍《こうごねんじゃく》において中央・地方豪族の定姓が行われたと考えられている。中央集権的国家が成立した律令制下では戸籍は六年に一度作成され、古い戸籍は五比、すなわち三〇年で廃棄されたが、庚午年籍は氏姓の根本台帳として永久保存される規定であった。戸籍制度の完成にともなって豪族配下の無姓者は解消され、天皇と奴婢だけが姓を持たないことになった。その後、奴婢身分はなくなり、天皇以外のすべての民は姓を有することになる。

倭国王の姓

しかしながら、倭国の王権が世襲化する以前、五世紀代に中国南朝の宋に通交した倭の五王と呼ばれる倭王には姓があった可能性がある。倭の五王の通交の様子を伝える中国の史書『宋書』倭国伝には歴代の倭王が倭讃などと称していたことが知られる。讃の次の倭王珍の時、珍は倭隋ら一三人に将軍号の除正（正式な授与）を求めたとあり、倭隋の「倭」は倭讃の「倭」と同じく、姓を示すものではないかと考えられる。同時期に中国諸王朝と通交した朝鮮半島の高句麗《こうくり》・百済《くだら》は、それぞれ高某、余某と名乗っており、これらが各王室の姓になった。百済王の姓である余は扶余《ふよ》族出身であることを反映したものである。少し遅れて中国王朝への遣使を開始した新羅《しらぎ》は、金某を名乗っている（『隋書』新羅伝）。これら朝鮮三国の場合はその後も中国王朝との通交を続けており、中国風の高、余、金が各王室の姓として定着することになる。東アジアにおける君主の姓は、皇帝も姓を有する中国王朝に対する名乗りとして必要不可欠な形で生み出されたのであった。

ところが、倭国は四七八年に最後の倭の五王である武が宋に通交して以後、南北朝時代の混乱を終息させ、中国全土を統一する隋の出現まで、約一二〇年の間、中国王朝と通交しない時期があり、中国風の漢字一文字の「倭」が姓として定着する機会を逸してしまった。倭国が中国との通交を行わなかった背景には、有史以来、中国王朝に臣属し、倭王の地位を認めてもらうこと（冊《さく》封《ほう》）で、中国皇帝の勢力を後ろ盾として倭国の国内統一に利用してきた段階を脱して、大王として強力に国内統治を実現することができるようになったこと（倭王武は「大王」を称した最初の王であった）、また独自の世界観の形成（中国とは別の「天下」意識）などが考えられる。

遣隋使と王の姓名

しかし、朝鮮三国の抗争が激化し、隋を中心とする東アジアの国際関係が形成された段階で、倭国は再び中国王朝との通交を行わなければならなかった。

第一回の遣隋使は六〇〇年に派遣されたが、この遣使の様子を『隋書』倭国伝は、「開皇二十年、倭王で姓は阿毎《あめ》、字《あざな》は多利思比孤《たりしひこ》、号は阿輩雞彌《おほきみ》という者が使者を派遣し朝廷に詣《いた》った。お上《かみ》は所轄官庁に命じて、倭国の風俗を訪ねさせた。使者が言うには、『倭王は天を兄とし、太陽を弟としています。天がまだ明けぬうちに王宮に出て政事を聴きます。その間跏趺《あぐら》をかき不動の姿勢をとっています。太陽が昇ると、あとは弟に委ねるといってその政事を終えます』ということであった。これを聞いた高祖は『なんと道理にはずれたことか』と言って、使者に喩してこれを改めさせた」と描いている。この時の倭王の所称を中国風に号姓字の順に並べると、オオキミアメタリシヒコとなり、オオキミは大王、アメタリシヒコは「あまくだられたおかた」または「天上に満ち満ちたおかた」の意で、天孫降臨の思想を背景に成立した当時の倭王の称号を示している。倭国側は姓名を名乗ったつもりはなかったが、隋側は中国皇帝に対する当然の儀礼として、姓名を名乗って臣属を求めてきたものと理解した次第である。

隋の初代皇帝文帝（高祖）は倭国の「天」に関する理

解や夜明け前の政事（祭祀か）と「弟」への政務委任という政治構造に未開な部分を感じたのか、これを訓導して中国風に改めるように伝えたという。倭国で冠位十二階が制定されるのは六〇三年のことで、確かに六〇〇年の遣隋使以降に推古《すいこ》朝の諸改革が進められており、約一二〇年ぶりに中国に通交した倭国は、文明化への遅れを実感したことであろう。

ただし、文帝が倭王の所称を姓名と判断したように、こうした認識のズレは六〇七年の第二回目の通交の際に呈された著名な国書、「日出る処の天子、書を日没する処の天子に致す。恙《つつが》なきや云々」にも看取される。「日出る処」と「日没する処」はかつて喧伝されたような日の出の勢いと日没の衰退を暗示するという彼我の対抗的な関係を主張したものではなく、仏典『大智度論《だいちどろん》』に典拠があり、方角の東・西を示すだけの表現である。「致《ち》書《しょ》」（書を致す）は君臣関係がない場合にも用いる書式であり、「天子」も『翰苑《かんえん》』蕃夷《ばんい》部・倭国条に「阿輩雞彌《おほきみ》、自ら天児の称を表すなり」、「その王、姓は阿毎、号は阿《お》輩雞彌《ほきみ》と為す。華言は天児なり」とあることを参照すると、アメタリシヒコの漢訳語の可能性があるので、これらは必ずしも上下関係や対等姿勢を強調するものではなく、倭国側が独自の論理で、当時の国際慣行に合わない国書を作成してしまったと見ることができる。

しかし、「天子」の語はやはり隋側に不快感を与えたようであり、この国書を見た二代皇帝の煬帝《ようだい》は「蛮夷の書で無礼なものがあれば、二度と奏聞《そうもん》するでない」という感想を述べたという。ところが、当時の高句麗征伐を控えた国際情勢に鑑みて、隋は六〇八年に裴世清《はいせいせい》を倭国に派遣した。この隋使に対して、倭王は自分は「夷人」であり、「大国惟新の化」を学びたいと述べたというから、倭国側にはやはり対等外交を推進する意図はなかったと解する次第である。ただし、この頃から倭国は中国王朝の冊封を受けておらず、対中国外交に際して、王が姓名を名乗ることはなかった。

日唐関係と王の姓

六一八年に隋が滅亡して唐が興起した後、六三〇年に第一回遣唐使が派遣され、唐使高表仁《こうひょうじん》の来日が行われたが、「表仁には綏遠《すいえん》（遠い地方を鎮め安んじる）の才がなく、倭国の王と礼を争って、朝廷の命を伝えることなく帰国した」と記されている（『旧唐書』『新唐書』倭国伝、

『善隣国宝記』所引「唐録」など)。おそらくは唐側の冊封の意志を倭国が拒否したことを物語っていると思われる。

当時の唐はまだ北・西方の問題に忙殺されており、東アジアへの介入の余裕がなかった。ただ、倭国もこうしたトラブル再発を避けたのか、第二回遣唐使が派遣されるのは六五二年と、四半世紀近い間隔が設けられている。その後、東アジアは朝鮮三国の抗争を中心とする戦争の時代に入り、倭国も百済と提携して唐と戦闘を行い、六六三年白村江《はくそんこう》の戦で大敗北を喫するなどしており、安定した日唐関係確立は実現できなかった。七〇一年大宝度の遣唐使派遣の際に、日本側は二〇年一貢の朝貢形式を約束し、日本国号（「日本」国号の成立は天皇号の確立ともども七世紀末の天武《てんむ》・持統《じとう》朝頃と考えられる）への変更も認定され、遣唐使を通じた安定した唐文化移入がようやく可能になったのである。

ただし、日本が唐の冊封を受けることはなかった。天平度の遣唐副使中臣名代《なかとみのなしろ》帰国に際して付せられた唐の国書には「勅日本国王主明楽美御徳《すめらみこと》」とあり（『唐丞相曲江張先生文集』巻七）、これは天皇の和訓スメラミコトを示すものである。「主明楽美御徳」は好字《こうじ》を連ねたもので、同様の用字が日本側の史料に見えるから、日本側が示した表記であると思われる。つまり日本側には君主号の和訓で、唐側には日本国王の姓名と受け取らせることを期待した一種の詐術である。しかし、唐側も冊封はあきらめたのか、これを日本国王の姓名と解する姿勢をとったから、これ以上の問題にはならなかったようである。ただ、姓がないというのは中国側にはどうしても理解し難い事柄であり、一一世紀後半に宋（北宋）に渡航した僧成尋《じょうじん》の『参天台五《さんてんだいご》臺山記《だいさんき》』には、中国側から日本の君主の姓を尋ねられて、姓がない旨を答弁する場面が描かれている。また隋代以来の「阿母（毎）氏」とする理解とともに（『冊府《さっぷ》元亀《げんき》』巻九五九）、『宋史』日本国伝には「王」が姓だとする見解も示されており、中国側が姓の探究に熱心であった様子が窺われる。

以上のような過程で、倭国・日本国の対中国外交では国王の姓名を名乗ることはなかった。それゆえ、対外的に表明すべき君主の姓はついに定立されなかったのであり、天皇には姓がないという諸国の王室の中でまことに特異な形態になったものと思われる。

皇室の収入――前近代

池 享

屯倉・名代・子代・調・贄

天皇の政治的地位が時代により違っていたように、皇室（天皇一族）の財政事情も時代により異なっていた。

天皇号が成立する以前の大王《おおきみ》は豪族連合国家のトップだったが、最有力の豪族として、屯倉《みやけ》と呼ばれる直轄支配地を有し、名代《なしろ》・子代《こしろ》と呼ばれる隷属民の貢納や労役奉仕を収入としていた。また、国家的事業には多数の民衆が動員され、大仙《だいせん》古墳（伝仁徳《にんとく》天皇陵）の造営には、盛り土だけで延べ百数十万人の労働が費やされたと推定されている。

天皇号が成立する律令国家の時代になると、皇室財政も法的に制度化され、貢納物は調《ちょう》や贄《にえ》などの税目となった。徴収された税は中務省《なかつかさしょう》（内蔵寮《くらりょう》・縫殿寮《ぬいどのりょう》）や宮内省（大膳職《だいぜんしき》・大炊寮《おおいりょう》など）の管理の下で皇族の衣食に宛てられた。また労働に従事する職員も律令によって規定され、皇族などの健康を管理する典薬寮《てんやくりょう》には、医師一一人、医生四〇人、針・按摩《あんま》ら七八人などが勤務していた。

荘園・一国平均役・礼銭

律令制的土地制度が崩れ荘園制の時代を迎えると、租税は荘園の年貢や公事に転化したが、皇室は公家（貴族）・寺社以上に荘園を集積していった。荘園の設立には朝廷の許可が必要であり、その意思を最終的に決定する天皇（治天《ちてん》）は極めて有利な立場にあったのである。しかし、国家のトップが莫大な私有財産を集積するのは憚られたのか、後白河法皇が設けた持仏堂である長講堂の所領や、鳥羽天皇の皇女である八条院の所領といった形がとられた。また、贄を納めていた人々は供御人《くごにん》となり、後には天皇家の保護下で商業活動を行う座的集団となった。なお、即位・大嘗祭《だいじょうさい》の実施や内裏の造営といった国家的事業の費用として、一国平均役と呼ばれる租税が荘園・公領を問わず一律に賦課された。

武家政権が成立しても、鎌倉幕府は荘園保護政策をとったので、皇室領荘園からの収入は確保された。それだけでなく、御家人たちは肩書として官位をほしがったので、「成功《じょうごう》」という売官制度が広がり、朝廷の大きな収入となった。南北朝内乱以後は在地領主などの荘園侵略が顕著となったが、室町幕府は「半済令《はんぜいれい》」を出して侵略を規制するとともに、「禁裏・仙洞御料所《せんとうごりょうしょ》」を半済の対象から外し、皇室領荘園の保護を図った。しかし、一国平均役の賦課権が武家の手に移ったため、国家的事業の費用は幕府からの醵金《きょきん》により賄われるようになった。

応仁の乱を境として、皇室財政は決定的危機を迎えた。室町幕府の全国支配体制が解体したため、地方の荘園からの収入が途絶えてしまった。幕府からの醵金も滞るようになり、即位礼や大嘗祭という重要な皇位継承行事が中絶や大幅な遅延に追い込まれた。それどころか、天皇の葬儀を行うことすら困難になっていた。政庁である御所の維持も難しく、辛うじて生活の場である清涼殿は確保されたが、公的行事の施設である紫宸殿《ししんでん》は破損したまま放置された。そこで天皇は、独自の政治的機能である官位の授与と引き換えに礼銭を徴収するようになった。一種の売官だが、戦国大名などはステイタスシンボルとして官位を欲しがったので、なかなかの収入になった。

織豊徳川政権による保護策

皇室財政が安定を取り戻すのは、織豊期以降のことである。織田信長は、足利義昭との対抗上朝廷保護政策をとり献金などを重ね、残っていた所領の支配も保証した。豊臣秀吉は、自身が関白となり官位制によって武家を編成する方針をとったので、朝廷の地位の安定化を図った。そのため、正親町《おおぎまち》天皇の譲位を取り計らい、上皇のために仙洞御所を造営した。また、皇室を含む公家・寺社領を検地に基づき宛行った。徳川政権も、豊臣政権の政策を基本的に継承し、儀式の復興などを援助するとともに、「禁裏御料・公家領」合わせて一二万石程度を与えた。こうした武家政権の政策によって、皇室収入の安定化がもたらされたのである。

参考文献

奥野高廣『皇室御経済史の研究前編・後編』（国書刊行会、一九八二年）（原本は、一九四二・四四年刊行の畝傍史学叢書）
池享『戦国・織豊期の武家と天皇』（校倉書房、二〇〇三年）

皇室の収入——近現代

森　暢平

皇室財産の形成

近代になり、明治政府は、皇室の財政基盤強化を目指した。直接のきっかけは一八八一年（明治一四）の国会開設の勅諭である。自由民権派が将来の議会多数を占め、皇室に口出しする危険性を見た政府は、租税によらなくても皇室の歳出をまかなえる独立財源を求める方針を決めたのだ。具体的には、江戸幕府や旧藩から引き継いだ莫大な山林を「御料林《ごりょうりん》」として、皇室が直接、林業経営にあたることにしたほか、政府が保有していた日本銀行、横浜正金《しょうきん》銀行、日本郵船会社の大量の株を、政府から皇室に移譲して運用益を得ようとした。

このように、財政的に宮中を政府から分離して、皇室独自の財源を求めることを「皇室自立主義」という。ただ、政府からの国庫の定額も受け取ることになっており、これは大日本帝国憲法施行時で三〇〇万円。一九一〇年（明治四三）、四五〇万円に増額され、敗戦まで額は変わっていない。

皇室の財源のうち有価証券収入、林野収入が好調となるのは、第一次世界大戦による好況で、株価が高騰し、材木の需要が伸びた時である。一九一九年（大正八）には有価証券から一四六〇万円、御料林から九八一万円の収入があった。この頃、皇室の通常会計は一〇〇〇万円規模と考えられるから、国庫からの定額（四五〇万円）で足りない分を満たして余りのある額であった。皇室は、金のなる木を持っていた。

こうした余剰金は、国債や株式に再投資されて、さらに膨らみ、敗戦直後、天皇家が持つ現金と有価証券は二億七五一二万円に及ぶ。御料林などの不動産ほかを含め、皇室の財産は三七億円を超し、三井家、岩崎家のような財閥家よりもはるかに大きかった。

戦後の皇室経費

こうした財産集中の反省から、日本国憲法は、皇室に関する経費はすべて、国の予算とし、国会の承認を得ることとした。皇室経済は国会が統制する原則である。戦前の莫大な財産は没収され、皇居や御用邸など必要な土地は、皇室用財産という名の国の財産となる。

国会で承認される皇室の予算は、「宮廷費」「内廷費」「皇族費」の三項目からなる。予算の柱は、「宮廷費」で、国事行為に関わる費用など皇室の公的な活動のためにある。新憲法が施行された一九四七年度（昭和二二）は二八七〇万円であったが、二〇〇八年度（平成二〇）で見ると、六一億七〇二五万円まで膨らんでいる。宮殿の改修などの土木建築費、文化財管理費、外国旅費など使途は非常に広い。

「内廷費」「皇族費」は、私的な活動や生活に関わる予算である。分かりやすく言えば、天皇・皇族の〝サラリー〟と言える。現在は、五人の天皇家（天皇、皇太子の両夫妻、愛子内親王）のための「内廷費」が二〇〇八年度（平成二〇）で三億二四〇〇万円。その他の宮家皇族のための「皇族費」は一人あたりの定額が決まっており現在は三〇五〇万円。妃はその五〇％、成人前の子供は一〇％などと立場で計算方法が定められている。六宮家一八人の現在、総額は二億七九八四万円である。

新憲法施行当初、「内廷費」は八〇〇万円、「皇族費」の一人あたりの定額は二〇万円。連合国軍総司令部（GHQ）を意識した当初、「皇室の縮小」が目指されていた。しかし、皇室を通じた国家の威厳の回復、高度経済成長などがあり、予算の面の手当ては徐々に厚くなってゆく。「内廷費」「皇族費」の残りは、天皇家、宮家の私的財産として蓄えられた。昭和天皇が一九八九年（昭和六四）年に死去した際の資産は、株式投資などで膨らんだこともあり、およそ二〇億円に及んでいた。

参考文献

大沢覚『明治期皇室財政統計』（法政大学日本統計研究所、一九九二年）
大沢覚『戦前期皇室財政統計――内蔵頭名義の公社債・株券』（法政大学日本統計研究所、一九九五年）
川田敬一『近代日本の国家形成と皇室財産』（原書房、二〇〇一年）
黒田久太『天皇家の財産』（三一書房、一九六六年）
森暢平『天皇家の財布』（新潮社、二〇〇三年）

日の丸——起源・普及・強制の歴史

大日方純夫

日の丸の起源

太陽をかたどった丸い文様が旗に用いられたのは、記録上、大宝元年（七〇一）に大極殿で行われた朝賀の儀が最初であるとされるが、色・デザインとも日の丸とは相違する。赤色の日の丸紋は、源平時代、扇に用いられるようになった。現存する白地赤丸の日の丸旗の最古は、南北朝時代、後《ご》醍醐《だいご》天皇が臣下に与えたものとされる。戦国時代には、武士たちが日の丸をデザインした旗指物《はたさしもの》を多く用いるようになり（武田信玄・上杉謙信・伊達《だて》政宗《まさむね》らの使用が知られる）、江戸時代には、幕府が年貢米廻船の船印として用いた。

日の丸が日本国を表象するようになるのは、幕末開国後のことに属する。ペリー来航後の嘉永七・安政元年（一八五四）、薩摩藩主島津斉彬《しまづなりあきら》が異国船と区別するため、白帆に「朱の丸」の印をつけた小旗を掲げることを幕府に提案し、「白地日の丸幟」が「日本総船印」と定められた。維新後の一八七〇年（明治三）一月、郵船商船規則が定められ、日本の商船には日の丸を「国旗」として掲揚することが義務づけられた。また、同年、陸軍の旗（日章と一六条の旭光）、海軍の旗（日の丸）も定められたが、商船用と海軍用では、縦横の比や日の丸の直径・位置に相違があった。一八九九年、船舶法は日本船舶でなければ日本の国旗を掲げることはできないと規定したが、国旗が日の丸であるとは明示していない。一九三一年（昭和六）、帝国議会に日の丸を国旗とし、皇室の慶弔事や国の祝祭日・慶弔事に掲げることを規定しようとする「大日本帝国国旗法案」が提出され、衆議院は通過したが、貴族院で廃案となった。こうして、日の丸そのものが正式に国旗として法律で規定されたことはなかった。

日の丸の普及と膨張

日の丸は、祝祭や戦争を通じて国民の間に広がった。日清戦争・日露戦争に際しては、新聞・雑誌の挿絵や勝利を祝う祝祭に登場して戦意を高揚する機能を担った。ナショナルな日の丸イメージを決定づけたのは、一九一一年発行の『尋常小学校唱歌』(第一学年用)の「日の丸の旗」である。他方、一九一〇年発行の『尋常小学読本　巻四』(四年生用)は、天長節*について、「日ノマル　ノ　コクキ　ガ　アサ日　ニ　カガヤイテ　ヰル　ノ　ハ、イサマシイ　デハ　アリマセンカ」と記し、日の丸を天皇制と結びつけて、その祝祭機能を強調した。

他方、十五年戦争の本格化とともに日の丸の軍事的機能は急膨張していった。一九四一年刊の国民学校修身教科書『ヨイコドモ　上』には、「テキノシロニ、日ノマルノ　ハタガ　タカク　ヒルガエリマシタ」とあり、一九四二年刊の『初等科修身　一』では、「日本人のゐるところには、かならず日の丸の旗があります。(中略)敵軍を追ひはらって、せんりゃうしたところにまっ先に高く立てるのは、やはり日の丸の旗です」となっている。実際、新聞などには勝利・占領を〝祝う〟日の丸の写真や絵が頻繁に掲げられ、「大東亜地図」上の占領地には、「日の丸」の印がつけられていった。

敗戦後、占領軍は当初、日の丸の掲揚を制限したが、その後、規制をゆるめ、一九四九年一月には自由使用を許可するに至った。他方、文部省は一九五〇年、国旗掲揚と「君が代」斉唱を通達し、一九五八年には学習指導要領で国民の祝日などに儀式などを行う場合、「国旗を掲揚」することが望ましいとした。社会的にはテレビ放送やスポーツと結合して日の丸の浸透がはかられた。一九八〇年代半ばからは学校現場への強制が強まり、一九九九年八月、国旗・国歌法によって日の丸は正式に国旗とされた。強制しないとの政府答弁にもかかわらず、以後、卒業式等での「日の丸・君が代」の強制が強まった。

参考文献

伊本俊二『国旗　日の丸』(中央公論新社、一九九九年)
吹浦忠正『「日の丸」を科学する』(自由国民社、一九九五年)
歴史教育者協議会編『新版日の丸・君が代・紀元節・教育勅語』(地歴社、一九八一年)
歴史教育者協議会編『日の丸・君が代50問50答』(大月書店、一九九九年)

菊の紋章——菊花紋と天皇家

大日方純夫

天皇家の独占へ

平安時代、菊の花は宮中の鑑賞や薬餌などに供され、衣服や調度の文様としても大いに好まれた。鎌倉初期、後鳥羽《ごとば》上皇がとくに菊の文様を好んだことなどから、菊花紋は次第に天皇家の紋章として固定化されていったという。ただし、その使用が規制されていたわけではなく、貴族や大名にも様々な菊花紋を用いるものが多く、必ずしも皇室のみの紋章として限定されていたわけではない。また、功績のあったものに天皇が菊花紋を下賜することもあった。しかし、こうした状況は明治新政府の成立とともに一変した。天皇家以外が菊花紋を用いることを原則として禁止したからである。

まず、慶応四・明治元年（一八六八）三月、政府は提灯・陶器・着物などに「御紋」を私的につけることを禁止した。ついで翌年八月、親王家の菊花紋について、花弁は一四、五枚以下か裏菊等を用いて「御紋」と区別するように命じ、一六弁の菊花紋の使用を禁止した。また、これまで「菊御紋」を用いてきた社寺について、今後、神社は伊勢、八幡、上・下賀茂、寺院は泉涌《せんにゅう》寺・般舟《はんじゅう》院のほかは一切使用を禁止するとした。ただし、格別由緒のある社寺は由緒書をもって届け出よとした。そして、ついに一八七一年六月、今後、「菊御紋」は由緒の有無にかかわらず、皇族のほかは一部の社寺を除いて、すべて禁止するとしたのである。この時、一四弁一重裏菊が親王以下の皇族共通の紋章として図示された。また、「御紋」に紛らわしいものの使用も禁止した。

天皇家の菊花紋の形状は、一八八九年九月の宮内省通達で正式に図示され、菊花の中心の円の直径と菊花の大きさの割合は三対三八とされた。さらに、一九二六年（大正一五）一〇月公布の皇室儀制令で厳密化がはかられ、天皇・太皇太后・皇太后・皇后・皇太子・皇太子妃・皇太孫・皇太孫妃の紋章は、一六弁八重表菊と規定された。

取締りと規制

一方、一九〇〇年八月、内務省は「菊御紋章」禁制に関する基準を訓令して、命令に従わない者は行政執行法によって処分するとした。すでに前年三月公布の意匠法と商標法は、それぞれ登録を認めない意匠・商標の第一に、「菊花御紋章」と同一もしくは類似の形状・模様を持つものをあげていた。さらに内務省は一九二九年（昭和四）一〇月、「菊御紋章類似図形取締内規」を定めて、「類似図形」と見なして使用禁止の対象とすべきものを詳細に規定した。菊花紋様で花弁の数が一二弁以上、二五弁以下のものは、付帯物の形、花心の図様の如何を問わず、「御紋章類似」として取り締まるとしたのである。

一九三五年二月、取締当局がまとめた文書「菊御紋章其ノ他ノ取締」によれば、「菊御紋章」の使用が例外的に認められるのは、特定の社寺以外では、「国」にかかわる重要文書、建物設備、貨幣証券であり、①重要外交文書・旅券・外交官証の類、国において発給する重要賞状・褒状・功績状・賞牌の類、医術開業免状・薬剤師免許状等、②裁判所庁舎、大公使館・領事館、軍艦、庁府県庁舎、③紙幣、貨幣、兌換券公債証書・印紙・切手、がそれにあたる。

ちなみに、紙幣に「菊御紋章」がはじめて登場するのは、一八六八年五月発行の太政官札から、切手の場合は一八七二年九月発行の通称「桜切手」からである。他方、一九四五年八月の敗戦後も紙幣・切手に菊花紋は残っていたが、紙幣は一九四八年五月発行の五銭札から、切手は四八年一月発行の二円切手から消えた。一方、旅券（パスポート）の菊花紋は、占領期、一時消えていたが、五一年一一月、発給権の回復とともに表紙中央部に復活している。

なお、皇室儀制令は一九四七年五月二日に廃止されたため、現在、皇室の紋章に関する法的規定はない。

参考文献

今永清二郎責任編集『日本の文様1　菊』（小学館、一九八六年）
大日方純夫「近代天皇制と二つの花」（『歴史評論』六〇二、二〇〇〇年六月）
額田巌『菊と桐』（東京芸術、一九九六年）
沼田頼輔『日本紋章学』（新人物往来社、一九七二年）

君が代
――「国歌・君が代」と万世一系思想

保立　道久

「君が代」の源流

「君が代」の直接の原型は『古今集《こきんしゅう》』の賀部冒頭に「題しらず読人しらず」としておさめられた「わが君は千代に八千代にさゞれ石の巌となりて苔のむすまで」という和歌である。「賀部」とは年中行事における謹賀の祝歌をおさめた部のことをいう。『古今集』序文、仮名《かな》序《じょ》に「鶴亀につけて、きみをおもひ、ひとをもいはひ」と説明されていることからすると、賀部冒頭四首は「君を思ひ」という天皇賛歌であると考えられ、この「君」は本来の文脈では天皇を意味する（新井 一九七五）。それは、『古今集』真名序《まなじょ》に「陛下（醍醐《だいご》天皇―筆者注）の御宇《ぎょう》、今に九載、仁は秋津州《あきつしま》の外にまで流れ、（中略）砂長じて巌《いわお》となるの頌、洋々と耳に満つ」とあることでも明らかで、この和歌は九世紀末期の醍醐天皇の即位時には天皇賀歌としてさかんに歌われたのである。

つまり、この和歌は九世紀に宮廷儀式の中に根づいていったと考えられるのであるが、もちろん、その源流は王の長寿と繁栄を祈る和歌や宣命《せんみょう》のフレーズとして古くにさかのぼる。たとえば、「やすみしし　我が大君《おおきみ》の　隠ります　天の八十陰《やそかげ》　出で立たす　御空《みそら》を見れば　万《よろづ》代《よ》に　かくしもがも　千代にもかくしもがも　畏《かしこ》みて　仕へ奉らむ」（『日本書紀』推古紀二〇年正月条）という蘇我馬子の寿歌《じゅか》などは、基本的に同じ言葉遣いである。これらのフレーズが、直接に『万葉集』に流れ込み、そして『古今集』の「我が君は」という和歌に流れ込み、さらに現代の「国歌・君が代」にまで継続しているということになる。

その意味では、「君が代」は賀詞や宣命にふくまれた現人神《あらひとがみ》＝天皇の神聖を讃美する神話的な歌としての性格をもっているのである。

万世一系の讃歌

さらに問題なのは、君が代の「わが君は千代に八千代に」という詞章が、直接に天皇の万世一系を賛美する日本独特の国家イデオロギーを表現していることである。もちろん、この「千代、万代」という用語は、中国伝来の「千秋万歳」という言葉を和語化したものであって、それ自身の意味は、本来、具体的な存在としての王の長寿を祈禱する点にあった。神話的な存在としての王が長寿を期待されるべきことは当然であったといえよう。

しかし、ほぼ九世紀以降、「千代に八千代に」という詞章は、その範囲をこえて、日本の天皇の血筋・家系を誇る独特な意味をもつようになった。それをよく示すのが、次にかかげた九世紀半ばの天皇、仁明《にんみよう》天皇の四〇歳をいわう「算賀《さんが》」の祝賀会に興福寺僧侶によって捧げられた長歌の一節である。

御世御世《みよみよ》に相承襲《あいうけかさね》て、皇《すめら》ごとに現人神《あらひとがみ》と成り給ひいませば、四方《よも》の国、隣の皇は百嗣《ももつぎ》に継ぐといふとも、何にてか等しくあらむ。（中略）帝《みかど》の御世、万代に重ね飾りて、栄えさせたてまつらむ（『続日本後紀《しよくにほんこうき》』）。

ここでも天皇は「現人神」と捉えられていることがわかるが、重要なのは「四方の国、隣の皇は百嗣に継ぐといふとも、何にてか等しくあらむ」という一節であろう。つまり、隣国の王は「百嗣」であるというのは、天命をうけた王の家系は百代にもわたって続くという東アジアの政治思想、いわゆる「百王思想」を前提としている。それに対して日本の天皇はさらに「万代」も続くというのである。これこそ「万世一系」思想そのものである。

九世紀は唐・新羅《しらぎ》などの東アジアの諸王朝にとっては王権の危機と崩壊の時代であり、一〇世紀に入れば旧来の王朝で残ったのは日本と渤海《ぼつかい》のみとなる。そういう中で、平安時代に「君が代」のフレーズが盛んに流行したのである。こうして、万世一系という論理は、単に国内的な国制意識のあり方ではなく、「君が代」の詞章とともに、前近代を通じて東アジアに対して日本の国制の独自性を主張する時の決まり文句となったのである。

鎌倉期以降の「君が代」の変容

なお、「君が代」の詞章に現れる「君」自身はかならずしも天皇を意味するのではなく、「君が代」が歌われる宴席の主となれば誰でも「君」であったという理解がある。それは山田孝雄『君が代の歴史』（一九五六年）によったものであって、山田は、「この歌にいう『君』は祝賀をうける人を誰でもさしている」、「この『君が代』の歌は一般の人々の年寿を賀する歌であり、而してそれは天皇皇族に限らぬものであった」、「これは年寿を賀した歌であって、それは上下一般に通用した歌であった」と述べている。そう論じた上で、山田は「これを民主主義に反した思想を表した歌だとするのも、その人の無智なることを表示するに止まる」という。たしかに、山田が史料を蒐集しているように、鎌倉時代以降、和歌「君が代」は、宴席の場所で歌われるものになっており、天皇の「旧王」化とともに、江戸時代になれば、その政治性は表面から消失し、一種の習俗のレヴェルでの寿歌としての側面を強めていることは事実である。

しかし、たとえばイギリスの国歌である「God Save the Queen」は王に神の恵みがあるようにという歌である。それが祝賀の席で歌われる場合、その趣旨は、王のみでなく、その祝賀の席に列座する人々にも神の恵みがあるようにという祈りを含んでいる。しかし、その本質は君主の幸運と長寿を祝することにあるのであって、それと同時に祝宴の主催者を褒め称えるという論理になる。国歌「君が代」も同じことであって、それについて考える場合、まず必要なのは、「君が代」がその成立の時代、つまり平安時代にはどのような本質をもっていたのかについて立ち入って検討してみることであろう。

天皇と摂関家の一体性を歌う

さて、右の山田の主張は、「清慎公《せいしんこう》（藤原実頼《さねより》）五十賀《ごじゆうのが》し侍りける時の屏風に」書かれたという「君か代を何に譬へむさゝれ石の巌とならむ程もあかねば」という和歌（『拾遺集《しゆういしゆう》』賀部）の解釈によったものである。「臣下に対して『君が代』と詠んだ歌が有る」というわけである。たしかに、ここにいう「君」は、この五十賀の主人公である藤原実頼自身を意味するものであって、天皇を意味してはいない。しかし、だからといって、「これは年寿を賀した歌であって、それは上下一般に通用した歌であった」とまでいうことはできない。そもそも実頼は、この年、天暦三年（九四九）、自身の五〇の賀会の直前に王を後見する摂関家長者の地位についている。このような地位にある実頼であったからこそ、本来は天皇に対する寿歌である「君が代」が歌われたのである。少なくとも、はじめは、君が代の朗詠の背景には、天皇と摂関家の一体性を歌い上げる雰囲気があったのである。

こういう観点からいうと、『拾遺集』が、この実頼五十賀の前に、村上天皇の四〇歳の算賀において興福寺(山階寺《やましなでら》)に送った鶴の彫刻の敷物に記された和歌、「山しなの山のいはねに松をうへて　ときはかきはにいのりつる哉」という和歌を配していることを重視するべきであろう。実頼五十賀の「君が代を何にたとえようか。さゞれ石が巌となるという永遠の時間さえも比べものにならない以上」という前述の和歌と、右の村上天皇の四十賀の「山科山の磐根が堅固であるから、そこに生えた松が常盤に緑であることを祈ることができるのである」という和歌の二つをならべてみると、そこには「王権＝常盤の松」を藤原氏が「巌＝磐根」として支えているという論理が浮き出てくる。

そう考えると『拾遺集』の村上天皇の四〇歳の算賀に「声たかくみかさの山ぞよばふなる　あめのしたこそたのしかるらし」という歌が現れることの意味もわかる。つまり、「三笠山」が声高く天皇を祝福しているという訳であるが、この三笠山とは山階山《やましなやま》と同じことで、春日山の別名であり藤原氏を指し示す比喩なのである。そもそも平安時代においては「三笠山」とは天皇の後見者・護衛者としての近衛《このえ》の将を意味する言葉であったことも注意したい。

なお『金葉集』に採録された藤原頼通が営んだ歌合においても、「君か代はくもりもあらし三笠山　みねに朝日のさゝむ限りは」「君か代は天《あま》つ児屋根《こやね》の命より　祝ひそ初し久しかれとは」(『金葉集』賀部)という和歌が詠まれたことが知られるが、これも同じ論理の和歌であることになる。ここに天児屋根命が登場することも興味深い。天児屋根命が藤原氏の祖先神であって、春日神社の祭神であることはいうまでもない。ここには神としての天皇と神としての藤原氏が遥か昔から契約を積み重ねてきているという論理も表現されているのである。平安時代においては、やはり「君が代」の「君」の本来の意味は天皇なのである。

参考文献

新井栄蔵「古今和歌集部立攷」(『文学』四三―八、一九七五年八月)
山田孝雄『君が代の歴史』(宝文館出版、一九五六年)

伊勢神宮
―内宮・外宮成立の由来

竹内 光浩

伊勢神宮とは三重県伊勢市を中心に位置する皇太神宮（内宮）と豊受神宮（外宮）ならびに別宮・摂社・末社・所管社等の総称で、現在、神社本庁には「神宮」という名称で登録されている。

伊勢神宮の成立については諸説あるが、内宮については『日本書紀』（七二〇年）の記載が、外宮については『止由気宮儀式帳』（八〇四年）の記載が最も古い。

内宮成立の由来

内宮成立の由来は『日本書紀』によれば、崇《す》神《じん》のとき、それまで宮中に祀られていたアマテラスを、豊鍬入姫《とよすきいりひめ》に託して大和の笠縫邑《かさぬいむら》に移した。ついで垂仁《すいにん》のとき、今度は倭姫命《やまとひめのみこと》に託してアマテラスは大和・近江・美濃を巡歴した後、伊勢国の五十鈴川に至り、そこに宮を建てたのが内宮のおこりとされている。

大和笠縫邑から各地を転々として最後には伊勢に落ち着いたという話をどのように理解するかは従来から様々な解釈がある。第一に各地を移動したという話をどう読むか、第二に伊勢にアマテラスが祀られた意味、第三に天皇家の祖先神としての伊勢神宮の成立時期の三点が主たる争点となった。

内宮成立の諸説

『書紀』の話を史実の反映として、内宮の成立を三世紀後半、外宮の成立を五世紀後半におく所功説があるが、直木孝次郎はヤマト王権の東方計略の橋頭堡として伊勢を位置付け、伊勢神宮の成立を六世紀前半においた。岡田精司は内宮の成立を雄略《ゆうりやく》期におき、五世紀後半の国際的危機をその契機としている。この時期、慶州南方に「神宮」という名称をもつ祭祀施設が創設された背景に新羅《しらぎ》の高句麗《こうくり》から北魏への冊封《さくほう》体制の変容をみ、半島・列島双方において国際的契機が祭祀形態の変容をもたらしたとした。外宮については南伊勢度会《わたらい》氏の守護神であり本来は男性神としての太陽神ではなかったかと推測している。内宮が伊勢に祀られたのは直木同様、東国経営との関係を重要視している。筑紫申真は『続日本紀《しょくにほんぎ》』文《もん》武《む》二年一二月条にある「多気大神宮を度会郡に遷す」の記載を重視して、これを内宮の成立とみなす。多気大神宮については従来多気大神宮寺のことであるとみなされてきたが、筑紫は「寺」は後世の加筆とみなしている。この文武二年（六九八）を内宮の成立とみなす見解は江湖の了解を得ているわけではないが、内宮の成立発展に壬《じん》申《しん》の乱における大海人《おおあま》＝天武《てんむ》の逃避行の経路を含め、天武・持統《じとう》そしてその子の文武の時代が重要な時期であるとの指摘は傾聴すべき見解である。また、伊勢神宮の成立時期を論じたものではないが、伊勢にアマテラスが祀られた意味について、西郷信綱は伊勢神宮の位置をヤマト王権の東方計略や大和の東方・太陽の昇る場としてのみ理解するのではなく、大和の香具山《かぐやま》を中心として西の出雲大社との位置関係・宇宙軸を重視して考察している。

伊勢はアマテラスを祀っているのではなく天を祀っているという久米邦武の画期的な指摘が日本における歴史学の黎明期に「神道は祭典の古俗」（『史学会雑誌』二三―二五、一八九一年）という論文でなされたが、この論文が天皇家に対し「不敬」にあたるとして久米が帝国大学教授の職を追われたいわゆる久米事件のため、その後五〇年以上にわたって伊勢神宮の研究は深められることはなかった。

天皇家の祖神を祀るという意味での伊勢神宮の成立時期については発掘調査の結果などから神宮周辺に後期古墳が増加する六世紀以降というのが妥当性を持つ。土着の伊勢の神はアマテラスが主神となる以前は伊勢大神と呼ばれた神であった可能性が高い。すなわち、雄略紀・皇極《こうぎょく》紀によれば伊勢には伊勢大神が祀られており、大神を祀る祠は伊勢大祠・伊勢祠と記されアマテラスと同一視されることはなかった。さらに天智《てんじ》紀には抑制される伊勢大神の姿が描かれ、所領も極めて限られたものであった。しかし、壬申の乱によって軍事力で王位を獲得した天武の時代になると伊勢大神の様相は一変する。しかし天武朝には未だに伊勢大神が伊勢国の調役免除を願う話もあり、伊勢神宮が土着神の殻を脱ぎ捨てて天皇家の祖先神（内宮）として確固とした基盤を確保するためには持統朝から文武朝を待たねばならなかった。

外宮成立の由来

外宮の由来については見るべき研究はないが、久米邦武は宣長・真淵の説を引いて「外宮は豊受姫を祀るに非ず。磯宮の外宮なり。又磯宮は天照大神を祀るに非ず。其大宮の跡に神鏡を斎奉りたるなり。」と述べているが、この指摘もその後深められることはなかった。

『記』の天孫降臨譚に「登由気神　此は外宮の度会に坐す神ぞ」とあるが後世の加筆と考えられている。『止由気宮儀式帳』には、雄略の時代に、皇大神宮に食事を供する神としてトヨウケノカミを、丹波国与謝郡比沼(治)真奈井原から迎え、伊勢の山田原に祭ったとある。

この外宮の由来については伊勢神道(外宮の度会氏を中心として唱えられ、度会《わたらい》神道ともいう)において積極的な脚色がなされたが、その内容の荒唐無稽さのためか、外宮の由来について正面から論じられることは少なかった。伊勢神道の神典ともいうべき神道五部書(この名称は近世になってからのもの)の一つ『倭姫命世記《やまとひめのみことのせいき》』によると内宮のアマテラスが笠縫から最初に遷座した先が丹波になっている。平安期の外宮遷座譚が内宮遷座譚に滑り込んだものと思われる。外宮は内宮同様、本来伊勢の土着神であったものが昇華したものと考えられるが、土着神を奉じた度会氏と丹波・丹後とのかかわりは不明である。大和笠縫から近江・美濃を経由して伊勢に至る内宮の遷座譚については天武の逃避行なくしては成立しなかったであろうが、なぜ丹波国から外宮が遷座してきたという話が創作されたかは今後の研究をまつしかない。

アメノウズメとサルタヒコ

伊勢神宮成立に伊勢の土着神として重要な位置をしめるのがアメノウズメとサルタヒコである。アメノウズメは天の岩戸譚で、サルタヒコは天孫降臨譚で登場するが、共に伊勢土着の首長で兄妹関係にあったと考えられる。天の岩戸・天孫降臨神話での両者の活躍は伊勢地方に勢力をはっていた豪族のヤマト王権への服属儀礼の神話的表現として記紀神話で説話的に語られたものとされる。土着勢力としては宇治《うじ》土公《つちぎみ》の存在も無視できない。

伊勢神宮研究の課題

伊勢神宮は古代ヤマト王権の全国支配と密接なかかわりを有する以上、他の神社に比べて伊勢一社だけで完結しない様々な問題を抱えている。伊勢と同体と考えられる日前《ひのくま》・国懸《くにかかす》神社、伊勢との対比で論じられることの多い、出雲や熊野。天皇位のレガリアを祀る場としての内《ない》侍所《しどころ》や熱田との関係。伊勢地域の土着神との関係で重要視される瀧原宮《たきはらのみや》・伊雑宮《いざわのみや》などの別宮・摂末社等の問題。

さらに大きな問題として、皇祖神を祀るがゆえに制度化された斎宮《さいぐう》の制度。仏閣建築を模倣して始まったとされる神社建築であるにもかかわらず、仏閣とは異なりほぼ二〇年ごとの遷宮が断絶はあったにしても神宮成立からほど遠からぬ時期にはすでに始められ継続していることなど解明すべき問題は多い。

古代においては私幣禁断*とされながら、一〇世紀にはすでに貴賤群集するような光景を現出し（『大神宮諸雑事記』）、王権の衰退に伴う神宮の経済的危機においては、新興武士勢力の援助（平氏・源氏は無論のこと地方の荘園公領には役夫工米《やくぶたくまい》が課せられた）をはじめ、熊野御師にならった伊勢御師の活動で近世の伊勢参宮の盛行をもたらしたことなど、伊勢神宮の歴史は中・近世の社会経済史の問題としても興味深い素材を提供する。

また、もともと仏教のような教義をもたない「神道」が僧侶の力を借りて、荒唐無稽・複雑怪奇な「神道説」を構築するのも伊勢神宮を嚆矢とする。伊勢神道・度会神道とよばれる新興の「中世神道論」（中世日本紀ともよばれる）がその後の日本の思想史に与えた影響は計り知れない。

伊勢神宮研究と学問の危機

伊勢神宮研究史において逸することのできない事態が一九六〇年代初頭に起きる。戦後の伊勢神宮研究に先鞭をつけた直木孝次郎が藤谷俊雄と共著で一九六〇年に『伊勢神宮』（三一新書）を発表するや、翌年の神道学会大会講演において、瀧川政次郎はこの書を「共産主義者の宣伝文書」と決めつけ、学問への政治的統制の必要を主張した。この暴言に学問の危機を感じた岡田精司・西垣晴次によって、ただちに『歴史評論』誌上において戦後の伊勢神宮研究の学問的整理がなされることになる（同誌一九六二年九月・六三年四月・六四年一月号）。

この論攷は戦前の成果も踏まえながら戦後自由になった歴史学研究の成果を十二分に紹介すると共に、政治的立場に固執して史料の恣意的な読みをする研究者を容赦なく批判の俎上に載せ、その後の伊勢神宮を中心とした宗教史や政治経済史研究に多いに裨益するものとなった。

三種の神器
——皇位の象徴の変遷

亀谷　弘明

三種の神器とは

三種の神器とは、皇位の象徴として天皇家に伝わる八咫鏡《やたのかがみ》、草薙剣《くさなぎのつるぎ》、八《や》坂瓊曲玉《さかにのまがたま》という三種の宝物の総称である。ただし、「神器」ということばは、『古事記』『日本書紀』（以下、『書紀』と略すこともある）などの古代の史料にはみえず、『書紀』神代下第九段（第一の一書）に「八坂瓊曲玉及八咫鏡草薙剣三種宝物」、『古語拾遺《こごしゅうい》』に「八咫鏡及草薙剣二種神宝」というように、「宝物」、「神宝」とみえる。このように「三種の神器」という呼び方が一般的になるのは中世以降と考えられている。そこで、小論でも古代の記述では神宝と呼ぶことにする。

すでにお気付きの読者もおられるかもしれないが、先述の『古語拾遺』では神宝は三種ではなく、八咫鏡と草薙剣の二種であるとする。実は記紀の天孫降臨神話で三種の神宝がみえるのは、『古事記』と『書紀』第一の一書のみであり、『書紀』本文では神宝に全く触れないのである（なお、『書紀』第二の一書が神鏡には触れている）。さらに、養老神祇令13践祚《せんそ》条でも、神宝は「神璽の鏡剱」というように、鏡と剣の二種である。むしろ、奈良時代までは神宝が三種であるとする方が例外的とも考えられる（この点については後述）。

これらの神宝は、天孫降臨神話ではアマテラスから皇孫のニニギノミコトに授けられ、ニニギノミコトが天降るとされる。その後、『古語拾遺』によれば、崇神《すじん》の時、皇祖神の神威を畏れて、宮中にあった鏡・剣は倭《やまと》の笠縫《かさぬいの》邑《むら》に遷し、形代《かたしろ》（レプリカ）を作ったとあり、さらに垂《すい》仁《にん》朝に鏡・剣を伊勢に遷したとある。なお、景行《けいこう》朝のヤマトタケル東征の際、伊勢神宮で剣を得、没後尾張の熱《あつ》田《た》に納められたとされる。以上の伝承等からは、現在伊勢神宮に伝わる鏡と、熱田神宮に伝わる剣が正体《しょうたい》ということになる。曲玉については、宮中から遷されたこともなく、現在まで伝わるとされるが、実見した者もいないため詳細は不明である。

宮中の神器と伊勢・熱田の鏡・剣との関係は神話や伝承の世界の話であり、両者の関係も後付けとする説もある。真実は闇のなかなのである。

藤原氏と神宝

養老神祇令13践祚条によれば、「凡そ践祚の日には、中臣、天神の寿詞奏せよ。忌部、神璽の鏡剱上《たてまつ》れ」とあり、律令制成立以降皇位継承の際、中臣《なかとみ》が天神寿詞《あまつかみのよごと》を奏上し、忌部《いんべ》が神璽の鏡剱を奉ることになっていたことがわかる。「神璽の鏡剱」の神璽は曲玉のことを示す場合もあるがここでは皇位のしるしという意味であり、養老令では神宝は鏡と剣の二種であったことがわかる。この条文は大宝令（七〇一年制定）にもあったと考えられるので、八世紀初の皇位継承の際、鏡と剣が渡されていたと推測される。ここで玉つまり曲玉がみえないことに注意しておきたい。なお、中臣の天神寿詞奏上、忌部の剣鏡の奉上は、『書紀』持統《じとう》四年（六九〇）正月朔条に、「物部麻呂朝臣、大盾を樹《た》つ。神祇伯中臣大嶋朝臣、天神寿詞読む。畢りて忌部宿禰色夫知、神璽の剣・鏡を皇后に奉上《たてまつ》る。皇后、即天皇位《あまつひつぎしろしめ》す」とあり、七世紀末まで遡る。持統の皇位継承に際しても、剣と鏡の二種しか奉上されていないことに注意したい。

このように奈良時代には神宝は鏡と剣であり、三種と決まっていなかったらしい。黛弘道は、七世紀末から九世紀初までは忌部氏が皇位継承にあたり、鏡と剣を奉上することになっており、中臣氏は玉を皇位のしるしの一つとして認めさせることに失敗したとする。そして、藤原不比等《ふひと》が記紀編纂に際し、玉も神宝に加え、神宝は三種とする説を天孫降臨神話に挿入することに成功したとしている。また、直木孝次郎は、神宝は天智《てんじ》朝（近江令に規定されたか）には三種であったが、天武《てんむ》・持統朝（飛鳥《あすか》浄御原令《きよみはらりょう》段階）以降二種となったのではないかとしている。

以上のことは近世から議論があり、難しい問題である。大宝令施行段階に二種と定められたことは確かだが、律令制以前の皇位（王位）継承のレガリア（王権の象徴）は特定のものに決まっていたかも実は明らかではない。『書紀』の皇位継承記事には、「璽符」「璽」「鏡剣」「璽印」などがみえる。ただし、「璽」「璽印」は印章ではなくしるし（象徴）のことであろう。「鏡剣」「剣鏡」と具体的な宝物がみえるのは継体《けいたい》、宣化《せんか》の即位時であるが、両者は皇位継承上問題があった王であり、後世の潤色も考えなくてはならない。

また、律令制の皇位の象徴として、同様に重要なものに鈴印があった。鈴は「駅鈴」であり、印は「内印」（天皇御璽）である。天平宝字八年（七六四）の恵美押勝《えみのおしかつ》の乱では、鈴印の争奪が勝敗の鍵を握った。文書行政や、中央集権国家の象徴である「鈴印」が律令制下ではもう一つの皇位のしるしとして重視されたのである。

即位儀礼の変化と神器

平安時代になると、皇位継承のありかたも変化する。古代の即位儀礼は、律令制当初は即位儀・大嘗祭《だいじょうさい》の二つから構成されていたが、桓武《かんむ》朝に践祚が成立する。これにともない即位儀で行われていた寿詞・鏡剣奉上は大嘗祭に移行する。践祚で神璽・宝剣が先帝から新帝へ渡御されるためである。この「剣璽《けんじ》渡御《とぎょ》」を取り仕切るようになったのが、内侍司《ないし》の女官である。そして、忌部による鏡剣奉上も九世紀中頃には行われなくなる。さらに大きな変化は、遅くとも宇多《うだ》朝頃には神鏡が内侍所《ないしどころ》（賢所《かしこどころ》）で祀られるようになったことである。鏡が皇祖神アマテラスの御霊代《みたましろ》として重視されるようになったのである。即位儀において従来鏡と剣が継承されていたのが、剣と玉に変わるのも、内侍所に鏡が安置されることと関わるとする説もある。玉がレガリアとしての地位を復権するとともに、鏡がアマテラスの写し身であるという観念が強調されたことにも注意したい。黛のように、その背景に藤原氏の力を想定する説もあるが、ここでは、光仁《こうにん》天皇即位以降、天武系から天智系に皇統が変わったことを重視したい。ここにいたり、鏡・剣・玉が皇位の象徴の神器として定着する。

ところが、平安時代には、幾度か三種の神器が内裏火災の罹災を蒙っている。天徳四年（九六〇）、寛弘二年（一〇〇五）、長久元年（一〇四〇）の内裏の火災で鏡は原形を失ってしまう。寛弘二年の時には、損傷した鏡について藤原道長《みちなが》は改鋳すべきと主張したが、他の公卿の反対にあっている。いずれにしても、最終的には鏡が新造されたか、別のものが神鏡とされたと考えられる。

源平合戦と三種の神器

寿永二年（一一八三）七月に、木曽義仲《きそのよしなか》の上洛により、平家一門が都落ちし、安徳《あんとく》天皇とともに三種の神器は京都を離れる。文治元年(一一八五)壇ノ浦の戦で安徳天皇とともに三種の神器も海中に没し、玉と鏡は海中から浮かび上がり宮中に戻される。前後して、寿永二年八月二〇日には、神器がないまま後鳥羽《ごとば》天皇が即位し、安徳天皇と二帝が並び立つ事態となった。後鳥羽天皇即位に際しては、神器がないにもかかわらず後白河《ごしらかわ》法皇の「伝国の詔宣」が正統性の根拠とされた。この時皇位の象徴としての神器がないのに皇位継承がなされた意味は大きい。なお、壇ノ浦で失われた剣の代わりに、最終的には伊勢神宮にあったものを神器とした。

南北朝の内乱と三種の神器

先に平安時代初期に鏡・剣・玉が神器として定着すると述べたが、この三種の宝物を「三種の神器」と呼ぶようになったのは、南北朝時代以降とみられる。

北畠親房《きたばたけちかふさ》は、『神皇正統記《じんのうしょうとうき》』のなかで三種の神器について伊勢神道の影響を受けながら、独自の解釈をしており、現代にもその影響は小さくない。親房は三種の神器は正直、慈悲、知恵の三徳を現わすもので、鏡が三徳を包摂する根本のものとした。さらに宮中に伝わる鏡が火災に遭ったり、壇ノ浦の戦で安徳天皇とともに剣は海中に没するが、それらはいずれもレプリカであり、伊勢神宮や熱田神宮に伝わる正体の方は無事であること、曲玉は元来本物で壇ノ浦の戦でも海中より浮かび上がって現在まで伝わっていると述べている。以後、親房の主張のように、政治思想上でも三種の神器が重視されることになる。この時期には、政治思想のみならず現実にも神器が重視され、両朝によりしばしば神器の争奪が行われた。また、神器の真偽が問われることもあった。

世界史的には王権の画期や危機にあたりレガリアが重視される傾向にあった。日本(倭)でも壬申の乱後(六七二年)や南北朝時代など王権の危機に神宝(のちに三種の神器)が重視されるのである。

参考文献

稲田智宏『三種の神器』(学研新書、二〇〇七年)
今谷明「天皇家の宝」(『歴史読本』二〇〇一年五月号)
直木孝次郎『日本神話と古代国家』(講談社学術文庫、一九九〇年)
黛弘道「三種の神器について」(『律令国家成立史の研究』吉川弘文館、一九八二年)
村上重良『天皇の祭祀』(岩波新書、一九七七年)

御物――廃仏毀釈と「帝室御物」の成立

木村 茂光

御物《ぎょぶつ》とは

聞き慣れない用語であるが、辞書などでは〈ぎょもつ、ごもつ〉とも読み、

> 天子の用いる品物という意の中国古代からの用語。日本でも天皇の所有品に襲用。室町時代以降は将軍の宝物にも用いることになる。足利義政にちなんだ東山御物《ひがしやまごもつ》、徳川将軍家の柳営御物《りゅうえいごもつ》など。正倉院宝物も明治以降皇室の所管となり、正倉院御物《ぎょぶつ》と称されてきた。

と説明している（『岩波日本史辞典』）。また、別に「帝室御物」という項を立て、

> 明治期以後の天皇家の御物に対する呼称。帝室（皇室）に属する由緒もしくは歴史的・美術的価値のある書画骨董《こっとう》で、正倉院御物・法隆寺献納宝物などをふくむ。一八九〇年（明治二三）世伝御料となり、一九三〇年（昭和五）御物調査委員会で規定を明確化した。

と説明する辞書もある（『角川新版日本史辞典』）。以下、本項で扱う「御物」は後者の「帝室御物」のことである。

御物の構成と成立

一九四七年の調査に拠れば、皇室財産は、御料地一三七万余町歩のほかに、絵画・書蹟・彫刻・金工・陶瓷・漆工・染織・考古の列品関係が八万点余、絵画などの未整理品が一万点余、法隆寺献納宝物が三〇〇件余で、当時の金額で四億五〇〇〇万円弱になるという。これらの文化財の中には当然正倉院御物が含まれている（昭和二〇年「皇室財産関係書類」）。これら厖大な財産はどのようにして集められたのであろうか。その経緯のわかりやすい法隆寺献納物と正倉院御物をみてみよう。

一八七五年（明治八）三月、宮内庁は正倉院の宝器類

は「伝来ノ御物」で「国家ノ宝器」であることから、これまでの東大寺による管理をやめることを上申した。これを受けて、同年四月、正倉院などの勅封宝物《ちょくふう》が、約一ヵ月前に誕生した内務省所管博物館の所管となったのである。また、法隆寺献納物は、翌一八七六年に法隆寺が皇室に献納を申し入れ、翌々七八年に献納「許可」と引き替えに一万円が下賜されることによって御物となった。

このように、正倉院と法隆寺の宝物が御物となったのはほぼ同時期で、一八七五―七八年のことであったことがわかる。では、現在においても日本を代表する二つの寺院の宝物がこの時期に御物となったのはなぜだろうか。

廃仏毀釈《はいぶつきしゃく》と文化財調査

一八六八年（明治元）三月一四日、戊辰《ぼしん》戦争の最中、明治新政府は「五ヵ条の誓文」を発し新政方針を明らかにした。その前日には祭政一致と神祇官再興の布告がだされ、一七日には神社における僧形の神官らの還俗《げんぞく》（僧侶などが再び俗人にもどること）が命じられた。そして、二八日にはいわゆる神仏分離令が発布され、奈良時代以来の日本の長い伝統であった神仏習合が否定され、仏よりも神に中心的な価値をおく宗教政策が強硬されることになった。その結果、単なる分離に止まらず、仏教排斥・寺院破壊の運動が全国各地で起こった。

寺社王国であった奈良県はこの影響をもっとも強く受けた。興福寺の僧侶たちはこぞって春日神社へ出仕し、多武峰《とうのみね》（妙楽寺）は談山《だんざん》神社と姿を変えた。山辺《やまのべ》の道沿いにあった竜福寺・永久寺・平等寺・大御輪寺などは廃絶した。廃寺となった興福寺の五重塔（現国宝）が五〇円（二五円とも、五円ともいわれる）で売りに出されたが、解体費用の方が高かったので売れなかったとか、火を放って五重塔に用いられている金物を取ろうとしたことを奈良町の人々が押し止めた、というような逸話が生まれたのも明治四、五年の頃であった。

このような状況であったから、廃仏毀釈が寺院の宝物を中心とする古美術にも大きな打撃をあたえたことは言うまでもない。政府もそれを察知し、一八七一年（明治四）に「古器旧物《こききゅうぶつ》保存法」を布告するとともに、各寺社に文部省吏員を派遣して所蔵の器物を調査した。法隆寺でも八月より調査が開始され、目録が作成された。しかし、この時期の法隆寺は「近来、院内（寺内）逐次衰微《すいび》仕《つかまつ》」り、財政も苦しく、聖徳太子相伝の寺宝すら「手《て》当等《あて》モ行届兼《ゆきとどか》」ねるありさまであった。そこで法隆寺が、寺宝を維持し寺院の経営を立て直すことを意図して案出した「秘策」が、寺宝のすべてを皇室に献納するということであった。前述のように一八七六年（明治九）に出された願い出は明治一一年に許可され、飛鳥時代から江戸時代までの第一級品の寺宝三〇〇件余が皇室財産となり、それに対して一万円が法隆寺に下賜され、寺の経営と維持の費用にあてられたのであった。

法隆寺の事例といい、興福寺の五重塔の売却逸話といい、廃仏毀釈のなかで寺院がいかに窮地に立たされていたか十分理解できよう。そのようななかで「古器旧物保存」を名目に文化財調査が行われ、その結果、法隆寺の場合が典型のように、寺宝が「保存」の名の下に皇室財産化されていったのである。正倉院宝物が御物化される詳細な過程は不明だが、法隆寺の場合と大きな違いはないであろう。

また、「水戸徳川家献上御物」なども存在しているから、徳川幕府が崩壊し、維新政府が出来上がる過程で、旧幕閣《ばっかく》や藩主などから宝物が献上され御物となったものも多いに違いない。

御物と博覧会

江戸時代においては三万石程度の禁裏《きんり》御料《ごりょう》しか持っておらず、歴代の宸翰《しんかん》（天皇の直筆の文書）類以外にさしたる宝物をもっていなかった貧乏な朝廷にとって、一九世紀後半の国際社会で、イギリス・オーストリア・ロシアなどの君主制国家と競うために、法隆寺・正倉院宝物の御物化は天皇の権威を文化的に飾り整える重要な役割をになったのである。その文化的権威を具体的に表現するために用いられたのが御物の展覧である。

近代の博覧会は一八七二年（明治五）に東京の湯島聖堂で行われたのを最初に、京都・奈良・広島・和歌山などで次々に開催された。近代天皇制国家の文化的権威と殖産興業政策という二つの意図がからみあって実現されたのである。

なかでも注目される一つが、一八七三年の京都博覧会である。なんと会場は京都御所であった。天皇が東京へ遷ったとはいえ、まだ六年しか経っていない。それまで民衆にとってはまったく「縁」のなかった場所が会場となったのである。民衆に「御一新《ごいっしん》」であることを体感させるに十分な仕組みであった。

第二は、一八七五年四月に始まった奈良博覧会である。東大寺大仏殿と廻廊《かいろう》を会場に八〇日間開催された。奈良県の寺社や旧家が所蔵していた什宝《じゅうほう》・書画や名産品などとともに、正倉院御物と法隆寺献納物が出陳されたことが注目される。なぜなら、正倉院宝物が御物になったのが同年三月であったからである。すなわち、本来奈良の東大寺が所蔵していた寺宝が、翌月には「御物」として博覧会に出陳されたのである。そして、主催者に出品申請をさせ、宮内庁が太政官の許可を得て出品するという仰仰《ぎょうぎょう》しい手続きをとって実現した。これほど、天皇の権威を民衆の前に具体的に示すことはないであろう。おりから行幸中の天皇が博覧会を見学し御物を見ると同時に、正倉院宝庫に入ったのである。これによって、正倉院宝物の御物化という実際的な認定が行われたのであった。

歴史的遺産の独占

これ以後、金沢・秋田の博覧会にも御物の一部が出陳されており、奈良の場合も一八八一年の第六次博覧会まで出品されているが、それ以後は出品が許可されなくなった。そしてそれに代わって創設されたのが、一八八三年から始まった正倉院の曝涼《ばくりょう》の制度である。これは、今後年に一回「宝庫ノ風入レ」＝曝涼の期間を設け、その時期に限って御物を拝観させることにしたのである。この制度を導入する際の史料に拠れば、正倉院宝庫は「世界無比ノ珍宝」であり、「其名遠ク欧米各国ニ輝キ」、近年は日本に来た外国王侯貴紳で拝観を請う者が多いので、曝涼の期間に限って外国人の拝観を許すことにしたとある。

この言い分の背景には、訪日外国要人の拝観願いを口実にして曝涼を実施する一方で、それによって一般国民の観覧を拒否して、歴史的遺産を独占している皇室の尊厳を国民さらには外国要人に示そうという明治天皇制国家の意向が見て取れるであろう。

参考文献

高木博志『近代天皇制の文化史的研究』（校倉書房、一九九七年）
同『近代天皇制と古都』（岩波書店、二〇〇六年）
「特集　近代日本の文化財問題」（『歴史評論』第五七三号、一九九八年一月）

天皇と家族——皇后制の成立を背景として

服藤　早苗

「天皇一家」の肖像

宮内庁のホームページの「新年をお迎えになったご一家のご近影」（二〇〇八年）には、天皇・皇后を中心に、皇太子夫妻と愛子内親王《ないしんのう》、秋篠宮《あきしののみや》夫妻と二人の内親王と悠仁《ひさひと》親王が写っている。他の皇族、たとえば、天皇の弟の常陸宮夫妻は入っていない。ましてや、結婚し皇籍を離れた黒田清子《さやこ》（旧清子内親王）は入っていない。「天皇一家」とは、「天皇夫妻と男子たち夫妻とその子どもたち」なのである。

ところで、我々が、「貴方のご一家は？」と聞かれたら、どの範囲までを答えるであろうか。比較家族史学会編『事典家族』（弘文堂）で「一家」を引くと、最初に「一つの家。一家族。家族全体」とあり、中世からの歴史を説明した上で、「共同生活の空間である家（住居）を共有する構成員とみる理解が現在の一般認識に最も近いと考えられる」、とある。しかし、写真の「天皇一家」は、全員が同居してはいない。ゆえに、「現在の一般認識」ではないようである。たしかに、「一家」をインターネットで検索してみると、「自分の家族」で使用している用例が圧倒的だった。「天皇一家」の場合、普通「家族」としての意味で使われる「一家」ではないのである。

「天皇一家」像の創作

明治初期、男子禁制の後宮で数十人の女性に囲まれ、薄化粧をしていた天皇の姿が、多くの錦絵に登場していた。しかし、明治政府は、欧米と対等な近代国家建設のため、あるいは富国強兵や徴兵のため、軍服を着て髯《ひげ》を蓄えた天皇の御真影《ごしんえい》を設計し創作する。と同時に、良妻賢母の「妻」表象として皇后像も活用するために二人の肖像画が作られ、皇后の役割も創設されたことが、近年の研究で明らかになっている。一夫一婦制の近代的夫婦像が創られ、対外的、国内的に流布されていくのである。実際にも、美子《はるこ》皇后は、内助の功を守る良妻、日本の伝統文化保持者、女子教育と国民福祉への献身者として振る舞う。しかしながら、明治中期までは、「儲君」（一八八九年以降皇太子）明宮嘉仁《よしひと》親王の生母権典侍柳原愛子《やなぎわらなるこ》が、美子皇后や皇太后と同一画面に印刷される図像も発行されていた。

姿を消した生母像

明治二三年教育勅語発布とともに、天皇・皇后像の御真影は全国の学校に下賜された。御真影と教育勅語謄本を火事や戦災から死守するために多くの犠牲が払われたことは、広く知られている。明治二三年以後、皇室像は、天皇・皇后・皇太子となり、生母柳原愛子は姿を消す。皇室系図にも皇太子は、皇后の実子として記される。近代的夫婦像を系譜の捏造により完成させたのである。実際に明治天皇の一五人の子どもを産んだのは、華族から選ばれた女官たちであり、美子皇后は一人も出産していない。もっとも、実際に天皇が一夫一婦になるのは、大正天皇以後である。

皇后制の変遷

明治以降、皇后は天皇の妻であり、大正天皇以降は、天皇のただ一人の配偶者である。天皇が亡くなれば、皇后は皇太后となり、新天皇の妻が皇太子妃から皇后となる。これは、明治の皇室典範《こうしつてんぱん》により制定されたが、実際に規則的にシステム化されるのは、大正天皇以降なのである。では、以前の皇后はどのようであったのか。

皇后制が確実に導入されたのは、古代の大宝律令からであり、「天子の嫡妻」（『令義解《りょうのぎげ》』）と説明され、内親王しか皇后になれない規定であった。他のキサキはいわば女官であり性的奉仕者であり、皇位継承者を確実に確保するための存在であった。しかし、八世紀中頃の聖武《しょうむ》天皇の皇后に藤原不比等《ふひと》の娘光明子《こうみょうし》（安宿媛《あすかべひめ》）が冊立され、皇族以外からの皇后がはじまった。九世紀中頃の仁明《にんみょう》天皇から九世紀末の宇多《うだ》天皇まで、皇后は立てられなかった。また、天皇が退位し、新天皇が即位しても直ちにキサキの一人が立后することはなかった。さらに、一条《いちじょう》天皇の時、すでに藤原道隆の娘定子が皇后として冊立されているにもかかわらず、弟道長《みちなが》の娘彰子が中宮に立てられ、「天子の嫡妻」が二人という先例がつくられる。

皇后の概念が大きく変容するのは、一一世紀末堀河《ほりかわ》天皇の同母姉媞子《ていし》内親王（郁芳門院）が天皇の准母として立后された時である。配偶者ではない皇后が出現したのである。

中世になると、立后する儀式や、皇后宮職組織維持のための費用を確保することが困難になったこともあり、南北朝以後、皇后は冊立されなかった。江戸時代になると二代将軍徳川秀忠《ひでただ》の女和子《かずこ》が後水尾《ごみずのお》天皇に入内し皇后に冊立され復旧した。しかし、多くの側室的キサキである女官が天皇の子どもを産む体制は、明治天皇まで変化が無かった。

皇太子の結婚式と神前結婚式の普及

現在の皇太子と雅子妃の結婚式は、一九九三年六月九日に行われた。束帯姿の皇太子と、十二単衣《ひとえ》を着た小和田雅子が、皇居の中の神殿である賢所《かしこどころ》に赴く姿がテレビ等で公開されていた。いわゆる神前結婚式である。じつは、これも一九〇〇年（明治三三）四月に公布された皇室婚姻令に基づき、同年五月一〇日に行われた皇太子（のちの大正天皇）と九条節子との結婚式が最初である。この「伝統の創出」は、元東宮大夫で華族女学校長細川潤次郎の『新撰婚礼式』（一八九九年）の提案であり、当時としては大がかりに行われた。その後、神前結婚式取り入れが各自治体から地域社会に要請されていく。なお、それまでの我が国の結婚式は、天皇家の場合も含め人前結婚式であり、これが「歴史的伝統」なのである。

律令制が制定された八世紀以降の天皇とキサキの結婚式のあり方は不明である。史料的には一〇世紀以降、天皇へのキサキの入内儀式《じゅだい》が出てくる。摂関家の娘の場合は、入内すると女御宣下《にょうごせんげ》が出される。複数の女御の中から、有力な後見人をもつ女御が、以後、皇后や中宮として冊立されるのである。すなわち、皇后ゆえに違った儀式があったわけではなく、いわば側室的女御たちも同様な結婚式としての入内儀式を行ったのである。皇太子の場合、皇太子妃との名称が実態的にあらわれるのは、先の嘉仁皇太子の結婚後からである。

天皇家の家族

天皇家の場合、夫と一人の妻と子どもたちの同居集団としての家族は、嘉仁皇太子時代からであった。現在の「天皇一家」とは、各家族が写真撮影のために集合して出来た姿である。しかも、婚出した娘家族は包摂しない形の父系直系の一家であり、現在の皇室典範の「皇位は皇族の男子がこれを継承する」に対応している。

天皇の地位が、時には、二・三世代もどる場合があるものの、父系直系の子孫から連続的安定的に継承されるようになったのは平安時代からであり、小さな家の連続性を実現したのは一二世紀の院政期であるとされている。八世紀の大宝律令では、手本とした中国の律令とは相違して、女帝の子どもの規定があり、女系も認める規定であったことが近年明らかにされている。父系直系皇位継承理念は、平安時代以降なのである。時には兄弟相続を内包しながらも、父系直系の男子が皇位を継承する組織としての天皇家が確立するのも平安時代である。

父系保持のための安全装置

天皇家の父系直系的連続性を保持するためには、男子を確保する必要があり、性的に奉仕する多くの女性が要請された。さらに、中世末から近世になると、直系の天皇家に男子が誕生しなかった時のために、いくつかの宮家が創設された。多くのキサキ的女官と皇統維持のための複数宮家が男子確保を保障したのである。近代でもいくつかの宮家が創設され、敗戦直後には十八宮家が存在していた。一九四六年（昭和二一）の皇族経済改革や翌年の宮家の臣籍降下により、昭和天皇と兄弟宮家のみが残された。現在宮家が六家あるものの、二〇〇六年に誕生した秋篠宮家の悠仁《ひさひと》親王が、現在の皇室典範に基づく現実的な皇位継承者の唯一の男子であることはあまりにも明らかである。

ホームページに載る「天皇一家」の肖像は、我々普通の家族像とは相違していた。それは、父系直系男子の皇位継承を理念とする「天皇家」と、同居し生活を共にする「家族」を結合しなければならない現在の皇位継承問題を象徴的に表象しているのである。

参考文献

荒木敏夫『可能性としての女帝』（青木書店、一九九九年）
片野真佐子『皇后の近代』（講談社、二〇〇三年）
近代日本思想研究会編『天皇論を読む』（講談社現代新書、二〇〇三年）
仁藤敦史『女帝の世紀』（角川学芸出版、二〇〇六年）
服藤早苗編『歴史のなかの皇女たち』（小学館、二〇〇二年）
若桑みどり『皇后の肖像』（筑摩書房、二〇〇一年）

皇族と宮家——皇位継承の保障の装置

森岡 清美

皇親の範囲

皇族とは天皇の親族（皇親）であって、天皇家の家族のほかに宮家の当主と家族を含む。大宝令の継嗣令《けいしりょう》では、天皇の兄弟と皇子を親王、姉妹と皇女を内親王《ないしんのう》とよび、皇孫から皇玄孫までの男子を王、女子を女王とよんだ。以上は皇親であるが、五世以下は王を称しても皇親の扱いは受けない、と定めている。親王・王の範囲は時代とともに変化してきた。

近世の皇族

鎌倉時代以降、皇族の範囲は世襲宮家に限られた。近代まで続いた世襲宮家としては、北朝三代目の崇光《すこう》天皇皇子栄仁親王に発する伏見宮《ふしみのみや》がもっとも古く、正親町《おおぎまち》天皇皇孫智仁親王を祖とする桂宮《かつらのみや》と、後陽成《ごようぜい》天皇皇子好仁親王に発する有栖川宮《ありすがわのみや》がこれに次ぎ、そして新井白石の献策に基づき将軍家宣《いえのぶ》の奏請によって創立された東《ひがし》山《やま》天皇皇子直仁親王を祖とする閑院宮《かんいんのみや》がいちばん新しい。総称して四親王家あるいは四宮家とよぶ。天皇家の分家であって、継嗣は天皇の猶子《ゆうし》となって親王宣下《しんのうせんげ》をうけ、代々親王を称した。皇統が絶えるとき宮家から入って大統を継ぎ、宮家の継嗣がないとき皇子が入るという関係にあった。皇統ないし宮家や高格公家の継嗣あるいは継嗣夫人にならない皇子女・王子女は、新たに宮家を創立することはできず、京都および周辺の門跡寺院や比丘尼《びくに》*御所《ごしょ》*に入った。門跡寺院に入る王子は、天皇の養子となって親王宣下をうけ、入寺得度した。これを入道親王という（王子が入寺得度したのち天皇の養子となって親王宣下を受けた場合、法親王《ほっしんのう》という）。門跡寺院から入道親王あるいは法親王の里宮に対して毎年相応の献納があり、宮家の家政はこれで大いに潤った。江戸開府後、徳川氏と関係が深い浄土宗総本山知恩院《ちおんいん》、日光東照宮の祭祀を主管する天台宗輪王寺《りんのうじ》が門跡寺院に加わり、優位を占めた。

近代の皇室典範制定までの皇族

幕末、国事多端のさい有能な門跡の朝議参与が求められ、幕府が皇子出家の旧慣改廃を奏議したのをうけて、一八六三年（文久三）正月青蓮院《しょうれんいん》門跡入道尊融《そんゆう》親王（仁《にん》孝《こう》天皇養子）が還俗して名を朝彦《あさひこ》、号を賀陽宮《かやのみや》と賜り、一八六四年正月前勧修寺《かじゅうじ》門跡入道済範《さいはん》（光格《こうかく》天皇養子）が還俗し、孝明天皇の猶子として親王宣下があり、山《やま》階宮晃《しなのみやあきら》と命名された。さらに、一八六七年一二月仁和《にんな》寺《じ》門跡純仁《じゅんにん》親王（仁孝天皇養子）が還俗して、名を親王宣下のとき賜った嘉彰に復した。こうして、四宮家以外に皇族が出現し、一八六八年四月、宮・堂上の子弟を器に応じて登庸すべきをもって僧侶となすを禁ずとの布告が出たあとは、他の入道親王もあいついで還俗して皇族がふえることが予想された。かくて同年閏四月、皇兄弟・皇子をもって親王、親王より四世までを諸王、五世以下は王名があっても皇親の限りにあらずとの、大宝令継嗣令の原則が確認されたが、これでは四親王家の慣行に抵触し、還俗親王の待遇も定かではない。そこで、この布告につぎの具体的処置が盛り込まれていた。

伏見宮・有栖川宮の嫡子は従来のごとく天皇養子として親王宣下、閑院宮は嫡子相続のせつ先蹤に従い天皇養子として親王宣下がある（桂宮は当主が独身女性ゆえ言及なし）。そして、賀陽宮（朝彦）、山階宮（晃）、聖護院宮《しょうごいんのみや》（雄仁）、仁和寺宮（嘉彰）、華頂宮《かちょうのみや》（博経）、照高院宮《しょうこういんのみや》（信仁）、梶井宮《かじいのみや》（守脩）は、親王宣下の後であるので旧のごとく皇族に留まり、嫡子以下姓を賜わって臣籍に列す、ただし照高院宮は聖護院宮の附弟ゆえその子として相続し、以降嫡子賜姓、列臣籍と達示された。このようにして、三宮家に世襲宮家の特権を認め、他の還俗親王は当主一代だけ宮家として認めることで、事態の解決が図られたのである。還俗親王はことごとく子福者の伏見宮貞敬か同邦家の子弟であった。

ところが、一八七六年（明治九）華頂宮が重患に陥ったとき、維新以来の勲功により嫡子が皇族に列せられ、命終《めいじゅう》の日に明治天皇養子として親王宣下をうけて二代皇族が出現した。一八八一年二月には、東伏見宮（仁和寺宮）が維新以来の殊勲により世襲皇族に、山階宮が維新の勲功によって二代皇族に列せられた。梨本宮《なしもとのみや》（梶井宮）は病身でこれという功績がなかったが、その死後特旨をもって養嗣子が諸王に列せられ、二代皇族となった。このようにして一代皇族であったはずの還俗親王七家も世襲皇族か、少なくとも二代皇族に列せられていった。

皇室典範における皇族

一八八九年（明治二二）二月大日本帝国憲法の発布と同日に制定された皇室典範《こうしつてんぱん》は、皇族とは太皇太后、皇太后、皇后、皇太子、同妃、皇太孫、同妃、親王、同妃、内親王、王、同妃、女王とし（第三〇条）、皇子より皇玄孫（四世）までは男を親王、女を内親王、五世以下は男を王、女を女王と定めて皇族の範囲を拡大するとともに（第三一条）、親王の家格を廃止した（第六〇条）。かくて、世襲宮家（近世以来の三宮家と東伏見宮）と還俗二代宮家の格差は廃止されて、みな永世宮家となった。他方、皇族は養子をなすことをえずと規定したため（第四二条）、どの宮家も後継男子がないとき断絶することとなった。この新制によって、桂宮は絶えたまま再興されず、維新の殊勲第一の有栖川宮家、第二の東伏見宮家なども断絶に至るが、永世宮家制のもとで皇族人口増加と成人次三男皇族による新宮家創設の圧力が高まり、国庫負担増大の危惧が切実になっていく。

一九〇一年（明治三四）以降皇男孫がつぎつぎと誕生して皇統継承に憂いがなくなった機に、処遇が問題であった宮家継嗣以外の男子の臣籍降下の道を講じたのが、一九〇七年二月制定の皇室典範増補であって、王は家名を賜い華族に列せしむることあるべし（第一条）、と規定された。これにより、該当者はほぼすべて臣籍降下し、宮家次男クラスは侯爵、三男クラス以下は伯爵を授けられた。

同じ頃懸案であったのは四人の直宮内親王の婚嫁先である。皇統と同じく宮家も男系であるから、内親王による宮家創立はありえない。そこで、皇族男子の次三男クラスに新宮家を創立させて内親王婚嫁の受け皿とした。すなわち一九〇六年に竹田宮《たけだのみや》、朝香宮《あさかのみや》、東久邇宮《ひがしくにのみや》が創立され、この三宮と既設の宮家では北白川宮《きたしらかわのみや》に一九〇八年からつぎつぎと内親王が婚嫁した。以後の新宮創立は大正天皇の三皇子による大正から昭和にかけてのものであった。皇族男子は稀に神宮祭主となった外、すべて陸海軍人となって天皇を補弼《ほひつ》した。天皇家は国会開設を控えた一八八八―九〇年の国有山林の帝室財産編入等によって、日本最大の地主となり、また巨額の有価証券を保有した。これが莫大な恩賜金の下賜を可能にし、国庫支給の定額皇族賄料で不足する宮家への賜金もこのお手許金から支出された。

第二次大戦後の皇族

一九四七年一月公布の皇室典範は、皇族を嫡男系嫡系に限り、親王・内親王を皇子と皇孫に限るとともに、内親王・王および女王はその意志に基づき、およびやむをえない特別の事由があるときは皇族の身分を離れうる、と定めた。GHQの「皇族の財産上における特権の剝奪」指令により多数の宮家を維持できなくなったことを受けて、同年一〇月秩父《ちちぶ》・高松《たかまつ》・三笠《みかさ》の三直宮家を除く一一宮家五一名が皇籍を離脱して平民となった。これに先だって同年五月に施行された日本国憲法は、華族その他の貴族の制度はこれを認めないと定める（第一四条）一方、明治憲法を踏襲して皇位は世襲と定めたので（第二条）、嫡男系の皇位継承者を確保するため、明治皇室典範よりも限られた形であるが、改正典範で皇族を規定して、宮家の制度を存続させた。

その後、昭和天皇の第二皇子正仁《まさひと》親王が一九六四年常陸宮《ひたちのみや》家、三笠宮の第三王子憲仁《のりひと》親王が一九八四年高《たか》円宮《まどのみや》家、同第二王子宜仁《よしひと》親王が一九八八年桂宮家、現天皇の第二皇子文仁《ふみひと》親王が一九九〇年秋篠宮《あきしののみや》家を創立した。他方、秩父宮家と高松宮家は継嗣がないため断絶して、現在では五宮家が存在する。文仁親王誕生の一九六五年から同第一王子悠仁《ひさひと》親王誕生の二〇〇六年まで、一人も男子皇族の誕生がなかったことから、皇族の範囲や皇位継承権者の範囲と優先順位を見直す議論が始まった。なお、一九四七年五月施行の皇室経済法の定めるところにより、皇族のうち天皇家にかかわる経費は国庫支弁の皇室内廷費で、宮家にかかわる経費は同じく皇室皇族費でまかなわれる。

参考文献

宮内庁『皇室制度史料』（皇族一、三、四）（吉川弘文館、一九八三年、一九八五年、一九八六年）

万世一系――皇統譜の成立とよみかえの歴史

亀谷 弘明

近代の「万世一系」イデオロギー

大日本帝国憲法（明治憲法）の第一条には、「大日本帝国ハ万世一系ノ天皇之ヲ統治ス」とあり、第三条には「天皇ハ神聖ニシテ侵スヘカラス」とあるように、明治憲法下では、天皇の統治・支配権を明記し、天皇の神聖性を強調している。その思想的背景は、近世の水戸学や国学の中の「国体」論であった。

「国体」とは、日本が天照大神《あまてらすおおみかみ》の創った神国であり、「万世一系《ばんせいいっけい》」の天皇が統治する国であるという独自のなりたちを示すものとされる。この「国体」論が明治憲法に取り入れられるのには紆余曲折があるが、いずれにしても「国体」や「万世一系」という考え方がその後、敗戦後さらに現代まで日本の国家や社会に大きな影響力を持ち続ける。

ここでは、主として前近代に形成され、明治国家の政治思想の支柱ともなった「万世一系」イデオロギーの形成過程についてみてみたい。

記紀における「万世一系」的皇統譜の成立

『古事記』『日本書紀』は、それぞれの文体や編纂方針等に大きな違いがあり、各神話の世界観も全く別で、「記紀」というように一括して扱うべきではないという見解もあるが、いずれも天皇支配の正統性を示すために編纂されたものである（→「記紀神話」）。この記紀は、『古事記』序文によれば帝紀《ていき》（帝皇日継）や旧辞《きゅうじ》（本辞、先代旧辞）をもとにして撰録されたものであることがわかる。帝紀と旧辞については同一のものとする説もあるが、一般には帝紀が天皇の系譜や簡単な事績を記したもので、旧辞が天皇や英雄の物語とされる。

現在残されている記紀の記述や外国史料から、天皇の系譜（＝皇統譜）を検討し、原帝紀の復元を試みようとする研究はかなりの蓄積がある。その原点は津田左右吉《そうきち》の記紀批判であることはいうまでもない。津田は記紀が政治的述作の大きいものとし、神代史にメスを入れた。そして、津田は『古事記』の旧辞的部分が顕宗《けんぞう》記で終わることなどから、旧辞の成立を継体《けいたい》・欽明《きんめい》朝頃としたのである。

戦後になり王朝交替論*などが華々しく登場するが、それは神武《じんむ》以来皇統が「万世一系」で続いてきたとする皇国史観*へのアンチ・テーゼであった。その中で井上光貞は、記紀以外の金石文や外国史料を用いつつ、『日本書紀』神功《じんぐう》皇后六二年条所引の『百済記』にみえる「沙至比跪」が葛城ソツ彦であるとし、その女イワノヒメが仁徳の大后《おおきさき》で、ソツ彦と同世代の応神《おうじん》も実在するとした。この井上の研究にみられるように、戦後の記紀の皇統譜研究は、どこからが実在の天皇（大王）であるのかということが半ば目的化してしまった。そして、現応神天皇陵（誉田御廟山古墳《こんだごびょうやま》）や現仁徳《にんとく》天皇陵（大仙陵古墳《だいせんりょう》）という巨大古墳の存在から応神・仁徳に強大な権力があり、王朝交替論者のみならず、古代史研究者もその実在性を認める傾向が強かった。

ところが、皇統譜の研究から、以上の応神・仁徳の実在性にも再検討をせまる研究が登場する。川口勝康は、四、五世紀史を原帝紀の成立から詳細に論じ、記紀に記された帝紀が、五世紀代の王統とつながらない二つの大王家の系譜と、継体を始祖とする大王家の系譜、という三つの王統譜を一系的に統合したものとした。

この原帝紀の成立時期については諸説あり、雄略《ゆうりゃく》朝から推古《すいこ》朝と各論者により時間幅がある。近年では五世紀後半の埼玉県稲荷山古墳出土鉄剣銘にみえるオホヒコからヲワケ臣に至る八代の系譜の存在から、原帝紀の成立を同時期の雄略朝とする説もあるが、稲荷山鉄剣の系譜も「地位継承次第」と考えれば、原帝紀の成立はそこまで遡らないと考えられる。私見では継体を始祖とする大王系譜が加わり、欽明を中心とした世襲王権が確立する六世紀前半と想定する。

以上のように、「万世一系」的な皇統譜は欽明朝頃成立し、さらに七世紀後半の天武《てんむ》朝の修史事業により整備されたと考えられる。

この「万世一系」的な皇統譜は、文武《もんむ》即位宣命《せんみょう》（『続《しょく》日本紀《にほんぎ》』同元年〈六九七〉八月庚辰条）に、「天下公民」「現御神」「大八嶋国」「高天原」「天津日嗣」などの『古事記』の神話的な範疇がみられるように、記紀神話のイデオロギーとともに、皇位継承の正統性や、天皇支配の根拠を示すものとなった。

ところが、「万世一系」イデオロギーの成立にはもう少し時間が必要であった。

「万世一系」イデオロギーの成立

奈良時代後半の称徳《しょうとく》朝の宇佐八幡神託事件（七六九年に同八幡より道鏡《どうきょう》を天位につけよとの神託が下り、再度和気清麻呂が確認したところ、「天の日嗣は必ず皇緒を立てよ」との神託が下った→「道鏡と天皇位」）や、天武系の皇統の行き詰まりという王権の動揺を契機として、「万世一系」イデオロギーも成立するのである。記紀の皇統譜は「万世一系」的なものであったが、宇佐八幡神託事件における称徳・道鏡の関与はひとまずおくとしても、この事件の背景には貴族層の天皇観の変化もある。

それと前後して藤原仲麻呂《なかまろ》政権には、「籍田親桑」（天皇が自ら祭祀に用いる稲をつくり皇后がカイコを育てるという儀礼）に象徴される儒教的な徳政（天子が徳をもち民に恩恵を与える政治）や天命思想が強調され、さらに天智《てんじ》系の光仁《こうにん》・桓武《かんむ》が即位するにいたり、本格的な徳政思想や宗廟の観念（天子の祖先を祭る中国的な思想）が導入される。このように奈良時代後半に「万世一系」イデオロギー成立の画期があるといえよう。

平安時代後半、永観元年（九八三）に入宋した奝然《ちょうねん》は皇帝太宗の諮問に、日本の王朝は「国王一姓、相伝六十四世」と答えた（『楊文公談苑』）。奝然は入宋に際し「本国職員今（令）・王年代紀各一巻」を携行し、皇帝に献上している（『宋史』日本伝）。

この頃には日本の天皇が易姓《えきせい》革命（天命を受けて統治する天子の家に不徳の者が現われた時、別の姓の者が代わって新王朝を興すこと。実際王朝の交替はしばしば行われた）のある中国と異なり、「一姓」の国王が六四代続いてきたという意識が定着し、「万世一系」イデオロギーも確立したものと考えられる。それより前、嘉祥二年（八四九）に仁明《にんみょう》天皇の四〇歳を祝う「算賀」（長寿を祝う儀）で詠われた長歌には、隣国の王は「百嗣（百代）」継ぐが、日本の天皇は「現人神《あらひとがみ》」で「万代」栄えるとある（『続《しょく》日本後紀《にほんこうき》』同年三月二六日条）。

この歌に象徴されるように、平安時代、鎌倉時代には

「君が代」「千代・万代」という賀詞を含む和歌が数多く創られた（↓「君が代」）。これと相俟って「万世一系」イデオロギーは強化されていく。

『神皇正統記《じんのうしょうとうき》』のなかの「万世一系」

中世にいたると、「万世一系」イデオロギーはどのように変化していくのであろうか。南北朝期に北畠親房《きたばたけちかふさ》が記した『神皇正統記』からその一端をみてみたい。

『神皇正統記』における正統は天照大神の血統をひく「百王一姓」（同じ姓の王家が長きに支配してきたこと。百は数が多いことを示す）であり、親房は中国の易姓革命を継承しなかったのが日本の皇統の特色としている。だが、武烈《ぶれつ》や、称徳、陽成《ようぜい》など悪名高い天皇についてはその不徳により家系が断絶したとし、不徳の君主が現われると有徳の君主がとってかわるとし、易姓革命を認めているようにもみえる。

このように一見相矛盾した歴史観にもみえるが、そこには親房独自の正統観があり、正統の天皇と傍系の天皇を明確に区別する。神武から後醍醐《ごだいご》にいたる父子間相続の連鎖を正統とし、そこから派生する皇統を傍系と考えたのである。不徳の君主が現われるなど革命が必要な時、傍系から正統へ復古するというのである。ここに親房による皇統譜の読み替えがみられる。

以上、前近代の「万世一系」イデオロギーの成立についてみてきた。現象としては、皇統は幾度か交替したとみられるが、各時代に北畠親房の歴史観のような皇統譜の読み替えが行われてきたともいえよう。

参考文献

井上光貞「帝紀からみた葛城氏」（『井上光貞著作集』第一巻、岩波書店、一九八五年。初出一九五六年）
川口勝康「五世紀の大王と王統譜を探る」（『巨大古墳と倭の五王』青木書店、一九八一年）
小路田泰直「『神皇正統記』的皇統譜の読み方——近代的万世一系の起源」（小路田泰直・広瀬和雄編『王統譜』青木書店、二〇〇五年）
津田左右吉『神代史の新しい研究』（『津田左右吉全集』別巻第一、岩波書店、一九六六年。初出一九一三年）
仁藤敦史「王統譜の形成過程について」（前掲『王統譜』）
保立道久「現代歴史学と「国民文化」——社会史・「平安文化」・東アジア」（『歴史学をみつめ直す——封建制概念の放棄』校倉書房、二〇〇四年）
渡辺治「国体」（原武史・吉田裕編『岩波天皇・皇室辞典』岩波書店、二〇〇五年）

天皇と仏教
——天皇儀礼における仏事と神事の相克

井原今朝男

近代宮中儀式と非仏教

前近代における天皇の宮中儀礼は、仏事・神事・諸節供からなりたっていた。しかし、明治憲法では、天皇は神聖不可侵で「万世一系の天皇之を統治す」と規定された。「天子様ハ天照皇大神宮様ノ子孫様ニテ」「神様ヨリヨリ尊ク、一尺ノ地一人ノ民モミナ天子様ノモノ」（奥羽人民告諭）と諭され、天皇の神性は天照大神《あまてらすおおみかみ》の子孫によるものとして、国民の神道信仰による悠久なものとされた。そのため宮中儀礼も廃仏毀釈《はいぶつきしゃく》・神仏分離により、仏教的要素はすべて排除された。もちろん、辻善之助『日本仏教史之研究』（金港堂、一九一九年）のように、孝《こう》謙《けん》（称徳《しょうとく》）天皇は在位中仏門に入り諡号《しごう》がないこと、聖《しょう》武《む》天皇をはじめ天皇の多くが仏教徒であり、歴代天皇が仏教保護政策の推進者であったことなどを主張する見解はあったが、学問の世界で知られるにすぎなかった。戦前では、神道による現人神《あらひとがみ》の天皇像が社会意識になっていた。

敗戦で天皇は人間宣言により「現御《あらみ》神《かみ》」とする観念を自ら否定し、現行憲法では天皇の地位を「国民の総意」によるものとした。しかし、「皇室典範」はそのまま存続したため、宮中儀礼は神道による「伝統」的儀式が存続し、天皇や皇族の宗教・信仰の自由は憲法の規定外にある。昭和天皇の葬儀は、一九八九年皇室儀式として神道によって行われ、わずかに「葬場殿の儀」以後の儀式は「国葬」とし、政教分離の原則から鳥居など神道色を撤去して実施した。このため、現在でも皇室儀式からは仏教が排除され、神道による近代からの「伝統」行事が継続している。

天皇像の変遷

一九五〇—八〇年代冷戦構造の下で、学問や天皇像にも保守革新の対立が持ち込まれた。近代天皇制ファシズムや寄生地主制研究が進展し、天皇と仏教との関係も史実にもとづいて教科書にも登場するようになった。他方、象徴天皇制に即応した不親政の伝統を抽出する石井良助『天皇』(弘文堂、一九五二年)や民衆の伊勢信仰が尊王思想を支えたとする和辻哲郎『尊皇思想とその伝統』(岩波書店、一九四三年)などの保守的天皇論も根強かった。民俗学では柳田国男や折口信夫らによる日本人の祖先崇拝を基盤にして天皇霊や五穀霊の継承を大嘗会《だいじょうえ》と解釈する山折哲雄『天皇の宗教的権威とは何か』(三一書房、一九七八年)や宮田登『生き神信仰』(塙書房、一九七〇年)などの研究が出た。しかし、ふたつの天皇像をめぐる学術的討論や論争はなく、両者は没交渉の分裂状態のままであった。

八〇年代後半から九〇年代になると、歴史意識や歴史認識の多様性を是認する議論や歴史像を読み解く社会史や民衆生活史などの歴史ブームが到来した。昭和天皇の死去・代替り・国旗国歌法の制定など国家儀礼の盛業とともに、人類学における儀礼国家論の提起から人文社会科学分野で、王権論や国家論が高揚した。網野善彦『異形の王権』(平凡社、一九八六年)は、後醍醐《ごだいご》天皇が法衣《ほうえ》を着し天皇の仏教化が進展していたことを図像とともに紹介した。神道と結びついた天皇像ばかり見せられていた市民やジャーナリズムには一種のカルチャーショックであり、網野社会史ブームの契機となった。神道学の分野でも、岡田荘司『大嘗の祭り』(学生社、一九九〇年)は、大嘗会の真床覆衾《まどこおぶすま》を死の王から祖霊神を継承する儀礼とする折口説を否定し、平安期の神事の中に仏事との融合儀礼が多いことを具体的史料によって裏付けた。こうして、ようやく、近代国家の創り出した神道的天皇像と、古代・中世・近世と続いてきた仏教的天皇像とを史料にもとづいて解明する諸研究が登場するようになった。

天皇の職務と神道・仏教

九世紀、宇多《うだ》・醍醐《だいご》・村上《むらかみ》天皇の代に、天皇の国政運営は神事・仏事・諸節供《せっく》からなる年中行事を執行することと一体化した。延喜《えんぎ》・天暦《てんりゃく》の治は理想的国政と言説化され、宮中神事は祈年祭・新嘗祭や諸社奉幣・諸神叙位など、宮中仏事では御斎会《ごさいえ》・後七日御修法・太元帥法の三つの仏教行事が毎年正月の恒例護国法会《ほうえ》として、各時代を通して実施された。一一九一年(建久二)公家新制には「攘災招福《じょうさいしょうふく》に仏教にしくなし」（三代制符）とあり、宮中仏事が盛業した。御斎会《ごさいえ》は顕教の衆僧により最勝《さいしょう》王経《おうきょう》を講じる大極殿や治部省での五穀豊穣のための仏教行事であり、至徳四年（一三八七）奉行広橋兼宣の記録が最後である。空海により創設された後七日御修法《ごしちにちのみしほ》は密教によって天皇の身体安全＝玉体安穏を祈禱する護国法会で、長禄四年（一四六〇）宮中真言院の再建が不可能になって中絶した。仁寿元年（八五一）常暁により創設された太元帥法《たいげんのほう》は、国家を外敵から防衛・異国降伏のための護国法会で、天皇のみが主宰できるものとされた。戦国期でも「天下万民のため退転なき御祈り」とされ、ただ一つ中絶することなく宮中仏事として小御所や陣座《じんのざ》、阿闍梨《あじゃり》の住坊理性院《りしょういん》で実施され、近世の宮中仏事に継続した。元和九年（一六二三）に、南殿《なでん》での後七日御修法と小御所での太元帥法が復興して以後明治まで継続している。近代天皇が軍隊を統帥し「大元帥」の称号をもったのは、仏教の太元帥法から出たものである。

即位の仏教儀礼

天皇が退位して出家した事例は多く、高僧から仏教流派の秘伝を伝授する儀式である伝法灌頂《でんぽうかんじょう》を受けて阿闍梨となったものは宇多・円融《えんゆう》・後白河《ごしらかわ》・亀山《かめやま》・後宇多《ごうだ》院などが知られる。近年では、即位に際しての仏教行事が解明されつつある。即位とともに一代一度の大仁王会《だいにんのうえ》を行い仁王護国般若波羅蜜多経《にんのうごこくはんにゃはらみたきょう》の講読をした。貞観二年（八六〇）清和《せいわ》天皇から建長四年（一二五二）後深草《ごふかくさ》天皇までの大仁王会が知られる。季節ごとの季仁王会《きのにんのうえ》や民間で虫払いの行事としても仁王経（講）会が実施された。即位に先立って高僧から秘印と真言を伝授され、即位式で秘印を結び真言を唱えるという即位灌頂《そくいかんじょう》も行われた。伏見《ふしみ》天皇が正応元年（一二八八）三月一三日に関白二条師忠《もろただ》から秘印を伝授され一五日即位式をあげた。永徳二年（一三八二）一二月後小松天皇が即位灌頂をおこない仏教的儀礼での即位作法が恒例化した。

天皇の仏教葬儀

古代の天皇は在位のまま死去したので殯《もがり》や葬儀が国家行事として営まれた。村上天皇までが「天皇崩」といった。しかし、平安から織豊期の天皇は退位して上皇として死去する事が慣例となった。在位のまま長元九年（一〇三六）死去した後一条天皇の場合は「如在之儀《にょざいのぎ》」として譲位をしたと解釈し、太上天皇として葬儀を行った。

明応九年（一五〇〇）後土御門《ごつちみかど》天皇が腫物で在位中死去すると「譲位の儀なきを以って崩御の条更に先規あるべからず」と一〇月後柏原《ごかしわばら》天皇が践祚したあとで、一一月に院司らが「旧主御葬送」を行った。四条天皇が泉涌寺《せんにゆうじ》に陵墓をつくってから天皇家の菩提寺といわれるが、中世では固定しておらず、後花園院《ごはなぞのいん》も文明二年（一四七〇）聖寿寺仏前で火葬して丹波山国常照寺に陵墓をつくっている。中世では天皇の死はなく、上皇の死として扱われ、仏教式葬儀は院司による家政行事として行われた。

護持僧と宮主

公家御祈のときは、神祇官が八神殿に宮主《みやじ》として「斎籠」するのと対応して、宮中には天皇の護持僧が昼夜を問わず詰め玉体安穏の祈禱を行った。後三条《ごさんじよう》天皇からは代始護持僧が延暦寺・東寺・園城寺から一人ずつえらばれた。伊勢神宮の棚橋法楽寺は勅願寺となり、建治元年（一二七五）には内宮法楽舎と外宮法楽舎を造営し、二〇〇名以上の供僧をおいて神宮祈禱を恒常化した。前近代の天皇と国家儀礼は神事と仏事が相並び、仏教と神道の二つとともにあった。長享二年（一四八八）七月、後土御門天皇が中絶していた盆供の仏事を復興しようとしたとき、前中納言親長は『禁秘抄』に神事優先とあることを理由に「御盆供再興無益之由」を申入れている（『親長卿記』）。当時の宮中儀礼の慣習法が窺われる。

天皇の機関化

院政から織豊期の天皇は、神と仏によって守護され、かつ儀礼王であったから、非人間化・国家機関化がはじまり、玉体への針治療は忌避することが慣例になりつつあった。嘉吉二年（一四四二）一〇月一七日後花園天皇が腫物により重体になったとき、幕府の管領畠山持国が参上させた針医師「下郷」が治療しようとした。医師久阿・内薬者清阿・本道医師らは「玉体は針を憚るので、どうすべきか」と反対し、論争になった。三条・中御門・中山三中納言らが談合して大学者清原業忠の意見を聞いて針治療を実施した（『康富記』）。しかし、後土御門天皇の代には針治療なく腫物で死去している。「御針ヲハ玉躰憚ル」という玉体神聖化のイデオロギーは、昭和天皇の罹病でも問題になった。

参考文献

井原今朝男『中世寺院と民衆』（臨川書店、二〇〇四年）

記紀神話——近年の研究をめぐって

亀谷　弘明

記紀神話ということば

日本列島に住む我々の祖先の神話は、『古事記』『日本書紀』、さらに『出雲国風土記《いずものくにふどき》』などの風土記等に記録され、現在まで伝えられている。

この列島の神話は、日本神話とも言われたりするが、体系的な神話が『古事記』『日本書紀』に文字化して記録されていることから、記紀神話と呼ばれることも多い。

ところが、文学の立場からこの記紀神話という呼び方、さらに日本神話という概念に問題があるとして「天皇神話」と呼ぶことを提唱し、「古代天皇神話」論を展開しているのが、神野志隆光である。『古事記』や『日本書紀』に記録された神話は天皇支配の正統性を示すためにまとめられたもので、それらの神話が民族の神話そのものではないとし、「天皇神話」と呼ぶべきだとした。そして、神野志は、「日本神話」論や「記紀神話」論の問題点として、第一に『古事記』『日本書紀』のテキストとしての全体を問わないで、個別の話を取り上げて「記紀批判」がなされていること、第二に「記紀批判」からそのまま「日本神話」として、他民族の神話と比較している点を挙げている。さらに、『古事記』『日本書紀』の神話は全く別の世界観を構成しており、それぞれの神話の検討には、テキスト全体を視野にいれなくてはならないとした。

神野志の「天皇神話」論は、特に戦後研究の進展してきた吉井巌、益田勝美、大林太良らによる「日本神話」論を先鋭的に批判したものであるが、津田左右吉《そうきち》以来「記紀批判」を継承してきた歴史学に対する批判でもあった。

神話研究をめぐる議論

神野志の「天皇神話」論については反響も大きく、上代文学、神話学、歴史学などの各分野で評価する向きと、批判的な向きがあった。例えば、神話学の松前健は、直接神野志の名前を挙げていないが、『古事記』などの一つの神話文献を研究の焦点とし、他を排するその方法を批判している。また、溝口睦子も、はたして『古事記』というものがすみずみまで独自の論理が行き渡った「ひとつの完結した作品」なのか疑問とし、『古事記』を複雑な方法で編纂された均質ではない内容を抱えたものとしている。

そのようななか、神野志が『歴史評論』(以下『歴評』)に「「記紀神話」と律令祭祀――パラダイム転換のために」という論文を発表すると(同六二六号、二〇〇二年六月号)、歴史学の側から榎村寛之が「神話と伝承――日本古代史と隣接諸科学の関係」(同六三〇号、同年一〇月号)において、神野志論文に触れ、批判している。『歴評』の「七・八世紀古代史論の再構成」という特集の巻頭の神野志論文は、自身の「記紀神話」論批判、「祭儀神話」論批判を展開し、『古事記』と『日本書紀』の神話の世界観が全く別のものであることを強調する。そのなかで『古事記』では高天原《たかまがはら》という天の世界がすでにあり、イザナキ・イザナミが天神の命を受けて天降るが、『日本書紀』には高天原という世界も命令を下す天神も存在せず、明らかにそのはじまりから物語全体の構造が異なるとした。そして、神野志は「記紀神話」を研究史上の制度(ないしパラダイム)であるとした。一方、榎村の論文は、神野志論文への直接的な批判論文ではないが、そのなかで、神野志の「天皇神話」論は必ずしも画期的ではなく、『古事記』『日本書紀』の神話が政治的物語とする考え方は歴史学ではすでに直木孝次郎以来語られてきたことであるとする。神野志と直木では同じ出発点に立ちながら、神野志が作品分析に入り、直木はそれらが天皇支配を正統化する神話として「記紀神話」と一括りにする。榎村は、歴史学においては神話を生み出した社会がどのような社会であったのか、七世紀社会の各層、各局面のもっていた「神」への認識を明らかにし、その共通性や階層的相違性を社会構造論に転化し、国家論に昇華していくことが必要であるとする。そして、六・七世紀の王権と社会の関係を表す政治神話として「記紀神話」という概念は依然として有効であるとする。

以上のように、神野志の「天皇神話」論については、上代文学、歴史学などで評価が分かれるが、小論では『古事記』『日本書紀』で神話の世界観に大きな違いがあるものの、六・七世紀の政治神話としての「記紀神話」という概念は有効であると考えている。ただ、榎村による神野志への批判のなかで、神話を生み出した社会の検討がないとする点については、神野志も全くそれを志向していないわけではなく、作品から社会構造や歴史を明らかにする際に性急な作業を戒めているようにもみられる。

神野志の近著『漢字テキストとしての古事記』では、『古事記』を成り立たせた八世紀初頭の列島の文字世界について、外国語の漢文が訓読されるべきものとして読み書きされ、その過程で七世紀後半から非漢文（漢文の文法に則らず日本語の語順から構成された文）が生まれ、漢文と非漢文が並立の関係にあったとしている。さらに漢文と非漢文という訓読されるべきものが形成する読み書きの空間における訓読のことばは、生活のことばと異なることを強調する。このような読み書きの空間が『古事記』を成り立たせた基盤であるとした。ここに神野志の八世紀の文字世界に関する構想の一端が窺われる。

正統神話としての『古事記』論、「祭儀神話」論について

最後に歴史学の水林彪が提唱した正統としての『古事記』、異端としての『日本書紀』という説に触れたい。水林は即位儀などの宣命《せんみょう》が『古事記』神話（以下記神話）の詞《ことば》を駆使して語られている点、八世紀前半に没した天皇の国風諡号《しごう》に記神話固有の「倭根子日子」の観念が認められることから、八世紀前半には『日本書紀』正文ではなく、記神話が正統神話であったとした。さらに、水林は、王権中枢部の、当該期の新興氏族藤原氏に破格な特権を与える天皇・藤原氏の二頭体制への反発が、そのまま天照大御神《あまてらすおおみかみ》・高御産巣日神《たかみむすひのかみ》の二元制を基軸とする記神話の構想への反発へとつながり、高皇産霊尊一元論、国神《くにつかみ》邪神論をとる『日本書紀』正文に帰結したとした。

八世紀前半の政治体制についてはひとまずおくとしても、水林の正統神話としての『古事記』論は、のちに『日本書紀』は講書（殿上で読まれ、解釈が示される）され、しばしば王権内で読まれるが、『古事記』は中世まで全くといっていいほど参照されなかったという史実に一定の解釈を示したという点で評価できる。

ただ、記神話にみえる祭儀が古くからの王権の祭儀を

反映しているという「祭儀神話」論については、問題がある。

例えば、毎年二月に行われる祈年祭《きねんさい》の主たる祈願の対象神である御年神《みとしがみ》は、民間で信仰されていた農業神であり、元来王権が奉斎してきた神ではない。つまり、祈年祭は天武《てんむ》・持統《じとう》朝に新たに国家的祭祀として創始されたものと考えられる。この時期に民間信仰などを取り入れていくつかの国家的祭祀が創始され、その際、記紀神話の記述がその正統性、伝統性を示すために利用されたのだろう。ただ、その内容は編纂段階に改編されたものと考えられる。

神話研究のこれから

以上、近年議論が活発な神話論について、神野志、水林の説を中心に取り上げた。『古事記』『日本書紀』の両神話が大きく異なる点は神野志、水林の研究で明らかになったが、いずれにせよ記紀神話は、天皇支配の正統性を示すためにまとめられた政治神話であることには変わりはない。記紀の神話や伝承は、七世紀の王権によって新たに改編された部分が多く、その意味で列島に住んでいた人びとの間に伝えられた民族の神話そのものとは言いがたい。

ただ、記紀神話からその編纂以前の社会や、「神」観念を明らかにする試みは全く無駄なのだろうか。神話のなかから支配者、民衆の生活、信仰、自然観の一端を見出していくことは可能であろう。これらは今後も検討すべき課題と考える。

参考文献

神野志隆光『古代天皇神話論』（若草書房、一九九九年）
神野志隆光『漢字テキストとしての古事記』（東京大学出版会、二〇〇七年）
直木孝次郎『日本神話と古代国家』（講談社学術文庫、一九九〇年）
早川庄八『天皇と古代国家』（講談社学術文庫、二〇〇〇年）
松前健「神話の研究法について」（『松前健著作集第五巻　日本神話原論』おうふう、一九九八年。初出一九九二年）
水林彪「律令天皇制の皇統意識と神話」（『思想』二〇〇四年一〇・一一月号）
水林彪「古事記と日本書紀」「アマテラスとタカミムスヒ」（原武史・吉田裕編『岩波天皇・皇室辞典』岩波書店、二〇〇五年）
溝口睦子「あとがき」（『王権神話の二元構造』吉川弘文館、二〇〇〇年）

出雲神話——その特質と成立過程

菊地 照夫

記紀の中の出雲神話

『古事記』・『日本書紀』（以下記紀と略す）の神話の中で出雲を舞台として語られる神話を、一般に出雲神話という。出雲神話は『日本書紀』よりも『古事記』の方が詳しく語られており、『古事記』の神話の実に三分の一を占めている。『古事記』によってその内容をみると、①スサノオが高天原《たかまのはら》から出雲に降り、八岐大蛇《やまたのおろち》を退治して霊剣草薙剣《くさなぎのつるぎ》を獲得する物語、②オオナムチが兄神たちの虐待やスサノオの試練を克服して、スサノオから葦《あし》原中《はらなか》ツ国の王者オオクニヌシと認められる物語、③ヤチホコの神（オオクニヌシ）の越のヌナカワヒメへの妻訪いと正妻スセリヒメの嫉妬が歌で展開される物語、④オオナムチがスクナヒコナの協力を得て国作りする物語、⑤オオナムチが高天原の使者タケミカヅチの要求を受け入れて国譲りする物語の五つの物語から成る。このうち『書紀』には②③の物語は全くみえず、④も『書紀』本文にはなく、わずかに「第六の一書」（別伝の一つ）にみえるのみである。したがって『書紀』本文の出雲神話は①⑤の内容のみで構成されている。

スサノヲの原郷

出雲神話は出雲を舞台としてはいるが、出雲地方の地域的な伝承が記紀に取り込まれたという性格のものではない。奈良時代の天平年間に編纂された『出雲国風土記』は出雲地方の在地の神話、伝承を数多く伝えているが、この中に八岐大蛇の話をはじめとする記紀の出雲神話の物語は一切みえず、逆に『出雲国風土記』に語られる壮大なスケールの国引き神話や神秘的な佐太大神《さだのおおかみ》誕生の神話などは記紀には採用されていない。また記紀の出雲神話の主人公となる神々はもとから出雲地域で信仰されていた神ではない。スサノオは『出雲国風土記』にも登場し、通説では出雲国飯石郡《いいしぐん》の須佐の地を原郷とする「須佐の男」の名義の出雲の在地神が中央の神話に取り入れられたとされている。しかし神話学の松前健が指摘するように、その原郷は紀伊国在田郡《ありたぐん》の須佐の地であり、大和王権の祭祀に関与した紀伊の忌部《いんべ》などを媒介として中央の宮廷神話に取り入れられたものとみるべきであろう。

また出雲大社の祭神として鎮座し『出雲国風土記』に「天の下造らしし大神大穴持の命」として登場するオオナムチ（オオクニヌシ）も出雲固有の土着神ではない。オオナムチはスクナヒコナとともに本来大小の対をなす神で、『播磨国風土記』や『伊予国風土記』逸文など各地に伝承がみられるように広く民衆の間に知られていた国土創造神話の主人公であった。『万葉集』にこの神の国土創造を詠み込んだ中央貴族の歌もあることから大和地方にもこの神の信仰はかなり定着していたことがうかがわれる。出雲大社は大和の王権が創祀した神社でありそこにオオナムチを祀ったのである。

出雲神話の実像

出雲神話は各地の地方神話が集約され、地域の神々がその系譜に結合されて形成されたものである。オオナムチは、アシハラシコオ、ヤチホコ等いくつもの名前をもつが、これはそれぞれの名をもつ各地の首長層の神話をオオナムチの神話に統合した結果である。オオナムチにそうした諸地域の地方神格を集約したものがオオクニヌシという神格である。またスサノオやオオナムチの神裔系譜には『延喜式《えんぎしき》』神名帳にみえる各地の神社の祭神名と一致するものが多数みられ、地方の神々が系譜によって統合されている。

このように記紀の出雲神話はその系譜も含めて地方神話の集合体という性格があった。オオナムチや出雲神話のこうした性格は、記紀神話の構想（宗教的世界観）にもとづくものである。記紀神話では天上世界（高天原）に王権の権威と権力の根源を置き、地上世界（葦原中ツ国）は天皇によって支配されるべき国土として位置づけられており、高天原の主神アマテラス、タカミムスヒが葦原中ツ国の主神オオナムチにその支配権を譲渡させることによって天孫ホノニニギが中ツ国の支配者として降臨することとなるが、こうした世界観の中で出雲神話は葦原中ツ国に関わる神話として設定されていた。すなわち民間で広く国作りの神として伝承された神であるオオナムチに各地の首長層の祭る神やその神話を統合し、さらに各地方神を系譜の中に組み入れて葦原中ツ国が構想されたのである。その支配権は高天原の側に譲渡されることになるが、この各地の地域神の神格を統合したオオナムチ（オオクニヌシ）による国譲りは全国の地方首長が王権に服属することの神話的表現にほかならなかった。記紀の出雲神話は天皇の支配すべき国土の形成と王権によるその支配権獲得の物語であったといえる。『日本書紀』本文に②③④のオオナムチの物語がないのは、この部分が服属する側の物語であったからであろう。国家の正史である『日本書紀』は支配者である王権側の歴史であり、神代史においても支配される側の歴史は必要がなかったのである。

出雲神話の形成過程

それでは以上のような記紀の出雲神話はどのように形成されたのであろうか。また葦原中ツ国の神話の舞台がなぜ出雲とされるのであろうか。かつて出雲に強大な権力が存在しそれを大和王権が制圧した史実の反映とする理解もあるが、根拠は全くない。この問題は出雲の側に原因があるのではなく、大和王権がその王権の宗教的（神話的）世界観の中で出雲を特殊な地域として位置づけたことによるのである。

大和王権にとって出雲が特殊な地域となるのは六世紀中葉の欽明《きんめい》朝期である。この時期、世襲王権が成立し、国造《くにのみやつこ》制・部民制が整えられて地方支配が進展し、王権の祭祀体制も整備されていく。こうした中で王権の玉作の体制に大きな変革がおこった。五世紀後半～六世紀初期まで大和王権は全国各地から翡《ひ》翠《すい》・瑪《め》瑙《のう》・碧玉《へきぎょく》・琥《こ》珀《はく》・滑石《かっせき》などの石材を大和の王権直属の玉作工房に運ばせて、しかもその産出地から玉作工人も同行させて玉作を行っていた。奈良県橿原市の曽我《そが》遺跡がその工房址である。ところが六世紀中葉、世襲王権の成立にともなう祭祀体制の転換により列島各地でも玉の生産がおこなわれなくなり、大和の玉作工房も消滅する。この現象は王権による宗教政策の一環ととらえることができるのだが、こうしたなか、列島内で唯一出雲でのみ玉作が行われていた。すなわち出雲が王権の玉作工房の地となり、出雲で作られた玉が王権に供給されるようになるのである。出雲から王権に貢納された玉はミホギ玉とも称され、大王に霊威を付与する神聖な玉であり、出雲はそのような性格の玉を生産する地として王権の宗教的世界観の中で特殊な位置を占めることになった。

スサノオを主人公とする神話はこの段階の宗教的世界観に基づくものである。『書紀』にはスサノオがアマテラスに「八坂瓊《やさかに》の曲玉《まがたま》」を進上する神話がみえる（第六段第二の一書）。またスサノオは出雲で八岐大蛇を斬殺し、その尾から出現した「草薙剣」をアマテラスに献上しているが、この太刀は後にヤマトタケルの東国平定に用いられているように、王権の武力の霊威を象徴するものであった。このようなスサノオの神話は王権に属する霊威が出雲からもたらされるという観念に基づいて成り立っているのである。

図1　出雲大社（拝殿・本殿）

記紀の出雲神話の成立

その後七世紀中葉の孝徳《こうとく》朝期、一般に大化改新とも称される大きな体制変革がおこなわれるが、そのなかで地方に評《こおり》という新たな行政区画が設けられ、それまでの国造による地方支配が否定されていく。それに伴い王権は国造の奉斎していた神々をひとつの神格に統合し、その神格を国土創造の神として広く知られていたオオナムチに代表させて、斉明五年（六五九）にこれを出雲に祀った。このようにして創祀されたのが出雲大社である。

オオナムチが葦原中ツ国の支配権を天上の高天原の側に譲り渡して出雲の地に隠棲するという神話はこの段階で形成されたものである。

七世紀後半、壬申《じんしん》の乱に勝利した天武《てんむ》天皇は律令国家の樹立を推し進め、それとともに歴史書編纂事業に着手するが、この作業の中で出雲を舞台とするスサノオ神話とオオナムチ神話の統合がおこなわれる。記紀の出雲神話はこの段階で成立するのである。

参考文献

石母田正『日本古代国家論』第二部（岩波書店、一九七三年）
岡田精司「出雲神話の神々」（『新版古代の日本　4　中国・四国』（角川書店、一九九二年）
菊地照夫「古代王権と出雲の玉」（『玉文化』二、二〇〇五年）
松前健『日本神話の形成』（塙書房、一九七〇年）

巨大古墳と天皇陵
――大王墓の移動とヤマト政権

亀谷　弘明

天皇陵と治定

近畿地方を旅行していると、いたるところで巨大な古墳を目にする。現仁徳《にんとく》天皇陵の大仙陵《だいせんりょう》古墳（大阪府堺市）は誰もが知っている古墳であろう。日本列島では、三世紀後半から七世紀まで東北北部・北海道、南島を除く各地域に前方後円墳などの古墳が築造され、その時期が古墳時代と呼ばれている。

今、現仁徳天皇陵としたが、実はこの古墳は近年の考古学的な研究からは五世紀の中頃に近い時期の古墳とされ、『古事記』『日本書紀』や中国史料などの文献によれば、五世紀初め頃の天皇（大王）とされる仁徳の墓とすると時期がかなりずれてしまうのである。

このように、現在天皇陵とされる巨大古墳が誰の墓であるか治定することは難しく、関連史料も古いものでは『古事記』『日本書紀』の陵墓記事の他、平安時代の法令集『延喜式《えんぎしき》』の「諸陵墓式《しょりょうぼしき》」くらいしかないのである。江戸時代以来これらの史料や古墳に基づく研究が行われてきたが、特に幕末に尊王思想から近畿地方を中心に陵墓の修造が行われるに至って、巨大古墳にも関心が高まる。そして、政府により主として「延喜諸陵墓式」の記載と当時残っていた古墳を対応させる作業（治定作業）が行われて天皇陵が定められ、現在でもそれがほぼ踏襲されているのである。現仁徳天皇陵も含めて、それぞれの陵墓がどの天皇（大王）の墓であるのかということは、検討の余地が残されている。さらに、現在宮内庁により陵墓や陵墓参考地とされる古墳には一般の立ち入りは禁止され、研究調査による立ち入りも行うことができない。そこで巨大古墳の被葬者が誰であり、年代がいつ頃かという点については、測量図による墳型の研究や、宮内庁による陵墓の修復に伴う調査などにより出土した埴輪等の遺物から検討が行われ、一部の資料により検討されてきたといっても過言ではない。この陵墓の公開については本書の別の項目（→「創られた「天皇陵」」）でも取り上げられているが、文献・考古学的に古墳で被葬者が確実なものは、奈良県明日香《あすか》村の現天武《てんむ》・持統《じとう》合葬陵と、天皇陵ではないが、筑紫君磐井《つくしのきみいわい》の墓とされる福岡県八女《やめ》市の岩戸山《いわとやま》古墳ぐらいであることを指摘しておきたい。

さきほど、現在〇〇天皇陵とされる陵墓が正式に治定されたのが、近代になってからであると述べたが、いずれにしても古墳時代、特に大仙陵古墳の造られた五世紀には近畿地方を中心に巨大古墳が多く築造される。ゼネコンの大林組の試算によれば、現在、大仙陵古墳を同様な工法で造るとすれば、一日当たり二〇〇〇人、延べ六八〇万七〇〇〇人を動員しても、一五年八ヵ月を要するという。以上のデータは最も規模の大きい同古墳のものであるが、そこまでいかなくても、巨大な古墳が各地に造られたことは、相当な労働力を動員しうる強大な権力の存在を示している。

大王墓の移動と河内王朝論

ここで、近畿地方の他の巨大古墳にも目を転じてみたい。これまで天皇陵と便宜的にいってきたが、実は七世紀以前の支配者は大王《おおきみ》であり、大王から天皇に称号が変わったのは天智《てんじ》朝、あるいは天武朝のことと考えられるので、大王墓とした方が適切であろう。いずれにしても、近畿地方の巨大古墳の多くが大王墓や、后、王子、さらに豪族などの墓であるのはいうまでもない。そのなかで当該期の大王墓がどの古墳なのかという点が問題となる。

大王の在位期間、存命期間なども考慮に入れなくてはならないが、同一時期の最大規模の古墳が大王墓と一応考えておく。

そうすると、近畿地方では三世紀後半頃から四世紀までは大和盆地南東部の箸中《はしなか》古墳群、柳本《やなぎもと》古墳群、大和《おおやまと》古墳群に大王墓が築造される。箸墓《はしはか》や現景行《けいこう》天皇陵の渋《しぶ》谷向山《たにむかいやま》古墳などである。ところが、四世紀になるとこの地域では大王墓が造られなくなり、大和盆地北部の佐《さ》紀《き》古墳群に大王墓が移る。次に四世紀末から五世紀には大阪平野の大仙陵古墳を中心とした百舌鳥《もず》古墳群と誉田《こんだ》御廟山《ごびょうやま》古墳（現応神《おうじん》天皇陵）を中心とした古市《ふるいち》古墳群に大王墓が移る。さらに五世紀後半には摂津地域に移動する。そして、最後には大和盆地に戻る（図1）。

このように、大王墓と考えられる巨大古墳が、大和盆地南東部→大和盆地北部→大阪平野→大和盆地というように移動する。巨大古墳の移動について、大和盆地に本拠を置いていたヤマト政権が大阪平野に進出したとする説や、単に大王家の墓域が大和盆地から大阪平野へ移動したのだとする説もあるが、それ以外学史上重要な説として、大阪平野の地域勢力が大和の勢力から政権を奪取したとする河内王朝（政権）論がある。

河内王朝（政権）論は多くの論者が様々な説を出しているが、門脇禎二は次のように学説を整理している。

(i)九州勢力が東に移動し河内に上陸、王朝を樹立。
(ii)河内の勢力が成長、独自の王朝を樹立。
(iii)大和南部の政権が衰退、河内の勢力が王朝を樹立。
(iv)河内南部の勢力がヤマト政権の同盟主となる。

(i)と(iv)の説は厳密にいうと、河内王朝（政権）論ではないが、それらの説も含めて検討したい。まず、(i)の説は九州勢力が五世紀に東へ移ってきたとする点が仮説の域をでない。(ii)の説は、八十嶋祭《やそじまさい》や国生み神話など天皇家の始祖神話と難波との関わりが大きいことから注目される。だが、河内王朝を支える氏族とされる大伴《おおとも》・物部《もののべ》氏の本拠地は大和とする説も有力であり、古市古墳群・百舌鳥古墳群以前の古墳群も規模が小さく、政権を奪取したとしては問題があろう。また、(iv)の説は大王墓の移動をもって、政権の本拠地の移動が説明できるのかという問題がある。墳墓だけではなく、王宮の所在地も考える必要があろう。そして大王墓が築かれるのは后の出身地とする説も参考になろう。

近年の研究では、世襲王権は六世紀以降に成立するという説が有力であり、それ以前は天皇家（大王家）も成立していなかったとも考えられる。ただ、その場合でも王宮は一つとは限らず、有力氏族の拠点も複数あったと考えられるので、五世紀以降河内に大王墓が造られても、ヤマト政権の本拠地は大和盆地にあったと考えてよいのではないか。五世紀の大阪平野の開発により河内にヤマト政権の拠点がつくられたと考えられよう。

文化財としての天皇陵

以上、現在天皇陵とされる古墳も、実は何天皇（大王）の陵であるのかは難しく、現在のような名称になったのは近代以降であること、大王墓とされる巨大古墳の移動から何がわかるのかみてきた。

考古学では限られた資料のなかで埴輪や墳型、古墳の築造企画について詳細な検討が進展してきてはいるが、そのなかで大王墓とみられ現在天皇陵とされる巨大古墳が宮内庁の管理のもとに広く公開されているとはいえず、そこで古墳の編年や、さらに古墳時代史を考える上でのネックとなっている。

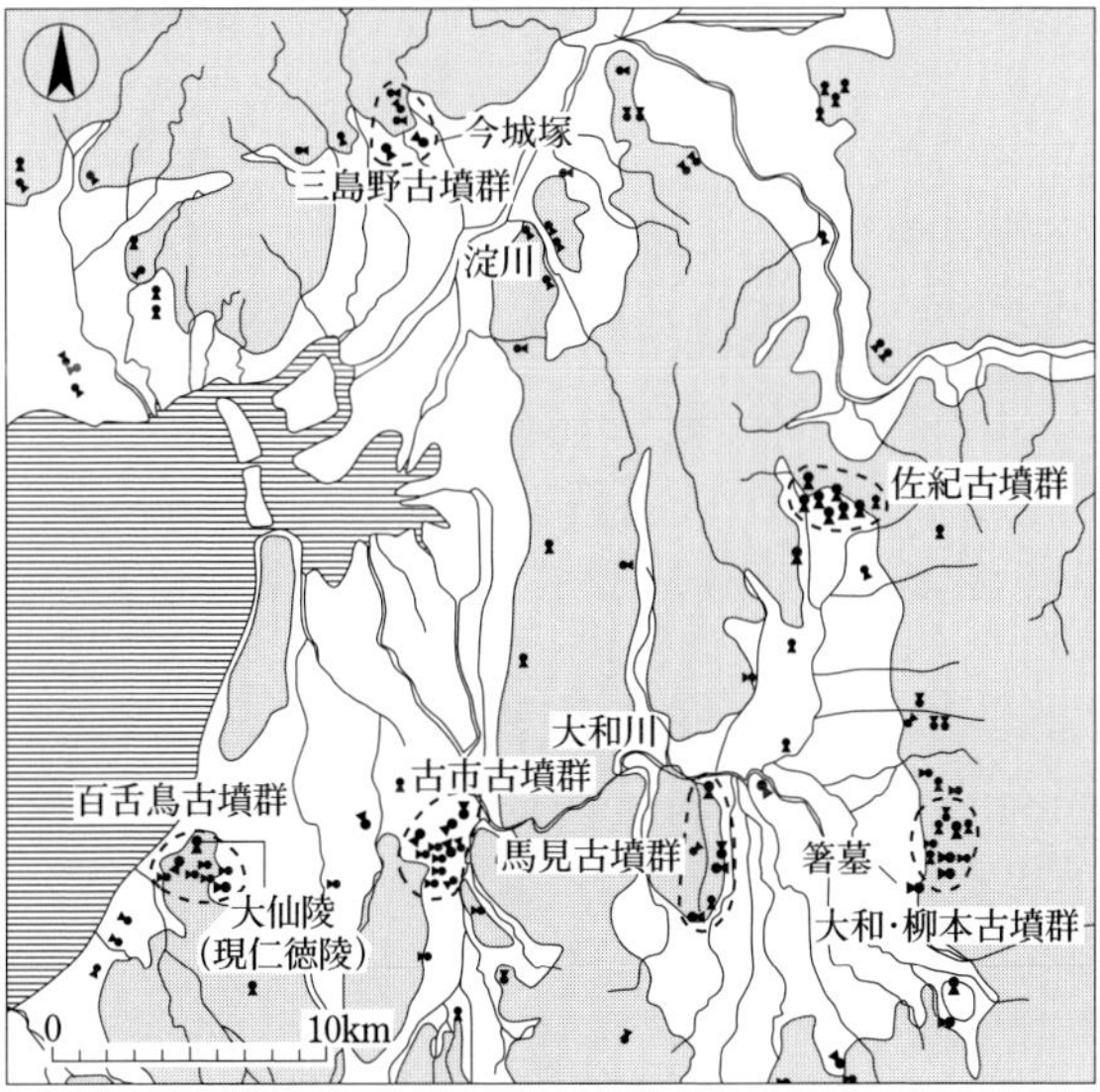

図1　大王墓の移動（白石 1999 に加筆）

陵墓は、古墳時代には大王というひとりの権力者のために造られたものであるが、現在では国民共有の歴史的文化財である。そして、大仙陵古墳は高さではピラミッドなどには及ばないものの、面積では世界でも最大級の墳墓である。その点だけからも、世界遺産としての価値があるといえよう。日本史、世界史の正しい理解のためにも、陵墓の調査・保存が進むことを期待したい。

参考文献

大塚初重、吉村武彦編『古墳時代の日本列島』（青木書店、二〇〇三年）
門脇禎二他『再検討「河内王朝」論』（六興出版、一九八八年）
白石太一郎『古墳とヤマト政権』（文春新書、一九九九年）
森浩一『巨大古墳の世紀』（岩波新書、一九八一年）

継体天皇——越からきた天皇

亀谷　弘明

最近の「女性」天皇論と「万世一系」

二〇〇一年に皇太子の第一子愛子が誕生したのをきっかけに、一九六五年生まれの秋篠《あきしの》宮（礼宮）以来男子皇族が誕生していなかったことから、皇位継承者がいなくなるという危機感が生じ、世論に「女性」天皇待望論が生まれた。そして、小泉純一郎元首相を中心とした皇室《こうしつ》典範《てんぱん》改正論が登場したが、その動きも男子新宮悠仁《ひさひと》の誕生により頓挫する。

このような最近の皇室典範改正の論議や「女性」天皇論では、改正に賛成の立場、反対の立場ともに、天皇や天皇制についての知識が必ずしも正しいとはいえず、当事者の皇族からも、「神話の時代の初代・神武天皇から連綿として一度の例外も無く、『男系』で今上陛下迄続いて来ている」という発言があり、皇室典範改正論議に波紋を広げた。ところがこの神武《じんむ》以来「男系」で今の天皇まで皇位が継承されているとする点については疑問が残る。というのも、まず古代においても、『日本書紀』によれば武烈《ぶれつ》崩後、応神《おうじん》の五世孫で越前から迎えられた継体《けいたい》がおり、書紀の所伝が史実としても、五代前の天皇（大王）の子孫では血統からいえばかなり遠く、皇統が断絶し新王朝が成立したといっても過言ではない。さらに、書紀の所伝には潤色があり事実上近江・越前の豪族が新王朝を樹立したとする説もある。そこで、小論では継体の即位までの事情を検討したい。

継体即位の事情

『日本書紀』継体即位前紀によれば、継体（男大迹《をほど》天皇）は、応神の五世の孫であり、父は彦主人《ひこうし》王で母は振《ふる》媛《ひめ》であるという。なお、振媛は垂仁《すいにん》の七世孫とする。近江国高島《たかしま》郡の三尾別業《みおのなりどころ》にいた父の彦主人王は、三国（越前国坂井郡）から振媛を呼び、振媛は継体を生む。継体が幼いうちに父彦主人王は亡くなり、振媛は実家の越前に戻り継体を養育する。

その後、武烈が五七歳で同八年一二月八日に亡くなり、男子、女子ともにおらず継嗣が途絶えようとしていた。そこで、大伴金村《おおとものかなむら》大連が議って丹波国桑田郡にいた仲《ちゅう》哀《あい》の五世孫の倭彦《やまとひこ》王を迎えることとしたが、倭彦王は迎えの兵に驚き逃げてしまった。そこで継体元年一月四日にまた群臣で議し、金村は継体がふさわしいと述べ、物部《もののべの》麁鹿火《あらかい》大連・許勢《こせの》男人《おひと》大臣も同意した。六日に臣・連が節《しるし》（君命を受けたしるしの旗）を掲げ、御輿を用意して三国へ迎えにいった。ところが継体はにわかに即位の招請とは信じず承知しなかった。最終的に同意し、一二日河内国交野《かたの》郡樟葉《くすは》宮に到着した。

二月四日金村はひざまずいて天子《すめらみこと》の鏡剣の璽符《みしるし》を奉って即位をお願いした。ところが継体は固辞した。再度金村らが謹んでお願いしたところ即位を承諾した。

その後、樟葉宮から、山背国の筒城《つづき》（綴喜）、弟国《おとくに》（乙訓）の順に宮を移し、即位二〇年を経て大和国の磐余《いわれ》玉《たま》穂《ほ》に都を置いた。継体の妃には、皇后に武烈の妹手白香《たしらか》皇女がおり、他に尾張連草香《おわりのむらじくさか》の娘目子《めのこ》媛などの妃がいた。目子媛はすでに、のちの安閑《あんかん》・宣化《せんか》を生んでいた。

以上のように『日本書紀』には継体（男大迹天皇）即位の経緯が記されている。なお、『古事記』では継体段は旧辞的部分を欠くので即位事情については伝えないが、その前の武烈記には「品太天皇の五世の孫、袁本杼《をほど》命を近つ淡海国より上りまさしめて、手白髪命に合はせて、天の下を授け奉りき」とあり、継体の父母など具体的な系譜は示さないものの、品太《ほんだ》天皇（応神）の五世孫であることは伝えている。

『日本書紀』の所伝で、継体がすぐに大和に入らなかったとする点も注目されるが、内容が物語的であり潤色をうけている部分が多いと考えられる。また、継体が応神の五世孫とする系譜についてもその信憑性が問題となろう。

継体王朝新王朝説

戦後になり記紀にみえる継体即位の記述にはその即位の正統性を示すための潤色がみられるとして、継体が近江・越前の豪族出身であるとする説など多くの説が出された。

まず、水野祐が王朝交替論の中で武烈崩後、応神王朝が滅亡し、前王朝と血縁関係にない継体が新王朝を樹立したとした。継体が応神の五世孫とする点に疑問をもち、『日本書紀』では継体が二〇年も大和に入れなかった点は新王朝に抵抗する勢力が存在したためとした。また、直木孝次郎は継体が近江・越前の豪族出身であり、武烈崩後のヤマト政権の分裂に乗じて、応神の五世孫を名乗り近江・尾張などの勢力の支持をえて、まず、河内に進出し、二〇年かかり大和の磐余玉穂を都としたと唱えた。さらに岡田精司により、継体が近江の豪族息長《おきなが》氏の出身であるとする説も出された。

これらの継体王朝新王朝説は、記紀の記述の問題点から出発した大胆な仮説であり興味深いが、『釈日本紀《しゃくにほんぎ》』に引く『上宮記《じょうぐうき》』一云の系譜から、継体が応神の五世孫とする『日本書紀』の所伝の信憑性を解き、継体王朝新王朝説を否定する説も出された。

『釈日本紀』は一三世紀に成立した『日本書紀』の注釈書であるが、この書に引用された『上宮記』の系譜的記述（図1）には、乎富等大公王（継体）が凡牟都和希王の五世の孫であると書かれている。この凡牟都和希王が応神（実名がホムタワケ）とする説が出されたのである。

なお、『上宮記』は仮名遣いや用字法が藤原宮木簡よりも古いという指摘があり、比較的古い系譜を伝えている可能性が高い。だが、凡牟都和希はホムツワケと訓めるが、ホムタワケとは訓めない。ホムツワケは記紀の系譜では垂仁のこととされるので問題が残る。

さらに平野邦雄は、継体息長氏出身説を認めた上で、息長氏が皇親的な氏族であるとし、継体王朝新王朝説を否定している。一方大橋信弥は、息長氏の出た近江坂田の六世紀以前の古墳分布等からは、息長氏は継体の出身母体としては勢力が小さいとし、継体の本拠は畿内であり近江高島の三尾氏、越前の三国氏を支持勢力として即位したとしている。

このように、継体の出身氏族や支持勢力については諸説あるが、近年では皇親的氏族の出とする説が有力である。

だが、皇親という概念自体いつ頃に成立したのか不明であり、継体以前の五世紀に皇親概念が成立していたとは考えにくい。帝紀《ていき》・旧辞《きゅうじ》が成立したとされる六世紀の欽明朝以降でないと大王家の系譜も完成していなかったのではないか。私見では継体息長氏出身説を支持するが、五世紀のヤマト政権では世襲王権は確立しておらず、大和盆地の葛城《かずらき》氏などの有力豪族も大王と勢力が拮抗し、天皇家（大王家）というものは成立していなかったと想定している。ただ、誰でも大王になれるというわけではなく、複数の有力豪族集団の中から選ばれたのであろう。そこで、『古事記』雄略《ゆうりゃく》段にみられるように、兄弟間などの抗争があり、大和での混乱に乗じて近江・越前の地域豪族による政権が成立したものと考えられる。このような意味で継体朝は新王朝であったといえよう。

以上、記紀など文献史料を中心に継体即位の事情や継体王朝新王朝説について検討した。近年、見事な埴輪列や埴輪祭祀が確認された大阪府高槻《たかつき》市の史跡今城塚《いましろづか》古墳が、継体の墓であるとする説が有力となっている。文献史料の少ないこの時期の王権や社会の実態を解明するには、今城塚古墳も含めた考古学的資料の検討が進むことが必要であるのはいうまでもないが、記紀などの文献の再検討も必要であろう。

参考文献

大橋信弥『日本古代国家の成立と息長氏』（吉川弘文館、一九八四年）

岡田精司「継体天皇の出自とその背景」（『日本史研究』一二八、一九七二年）

坂本太郎「継体紀の史料批判」（『日本古代史の基礎的研究』上、東京大学出版会、一九六四年。初出一九六一年）

直木孝次郎「継体朝の動乱と神武伝説」『日本古代国家の構造』（青木書店、一九五八年）

水野祐『増訂日本古代王朝史論序説』（小宮山書店、一九五四年）

吉井巌「ホムツワケ王」（『天皇の系譜と神話』2、塙書房、一九七六年。初出一九七〇年）

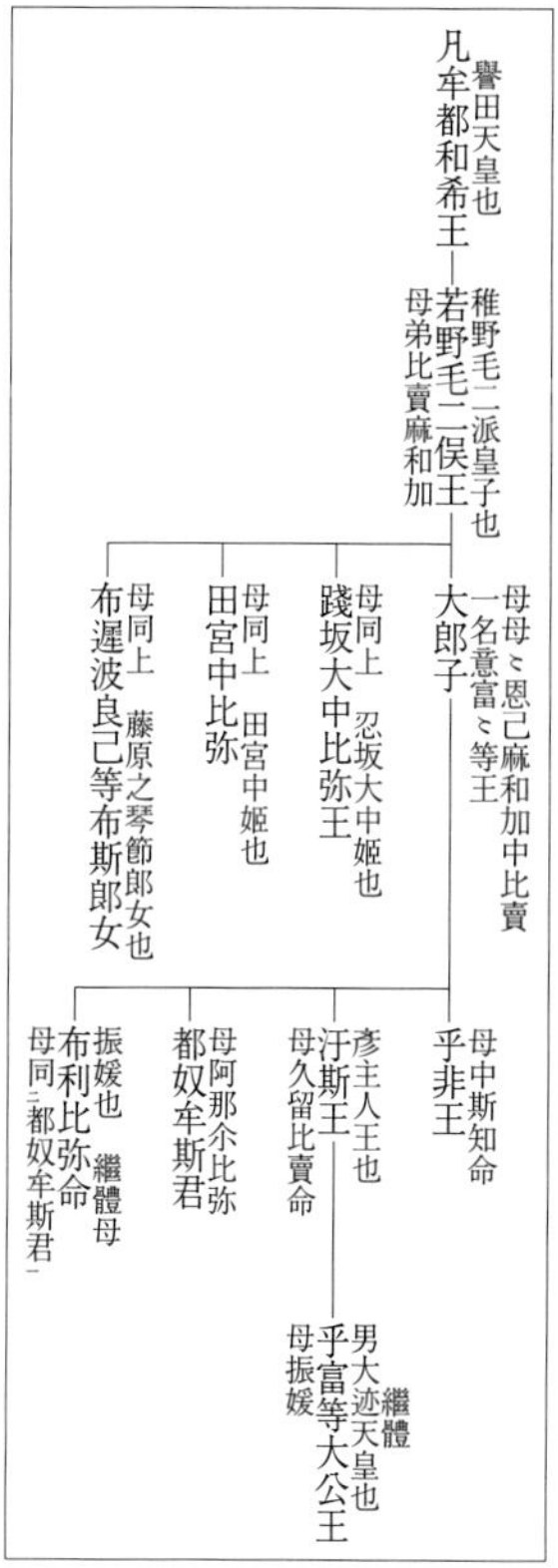

図１　『上宮記』一云系譜

皇位継承——次の天皇はどのように決めたのか

仁藤　敦史

天皇家のルーツを探る

現代の皇室は、古代以来、天皇（古くは大王）という日本（古くは倭国）の君主の地位を世襲した家系と伝承される。「魏志倭人伝《ぎしわじんでん》」にみえる邪馬台国《やまたいこく》の所在地の問題とも関連し、皇族がいつ、どのようなプロセスで有力化したかについての共通見解はまだ存在しない。少なくとも天皇の前身である大王の称号が五世紀後半以降用いられ、後に畿内と呼ばれる政権の首長として存在したことは確認される。『古事記』『日本書紀』の皇祖天照大神《あまてらすおおみかみ》が孫の瓊瓊杵尊《ににぎのみこと》を我が国の統治者と定め、高天原《たかまがはら》から降臨させたという伝承は、奈良時代の支配層が自己の権力の正統性を主張するために造作されたものと考えられている。さらに、初代の神武《じんむ》天皇が日向から大和へ入り二千六百年以上前に橿原《かしはら》宮で即位したことも同様である。綏靖《すいぜい》から開化《かいか》までの八代についても父子相続、名号、事績の欠如などから実在性は疑問とされている。

ほぼ確実なのは『宋書』にみえる倭の五王に比定される応神《おうじん》から雄略《ゆうりゃく》以降であるが、首長に就きうる家系は、まだ一つに固定されていなかった可能性が高い。五世紀の「倭の五王」段階における男系世襲という議論は、「記紀」を前提に中国史料たる『宋書』の倭王の朝貢記事を解釈することにより成り立つ議論であり、必ずしも自明なことではない。「倭讃」「倭隋」などの用例からは、倭王の姓が「倭」であると考えられるが、同姓であることが必ずしも現実の血縁関係にあったとは限定できない。倭王の「倭」姓は、百済《くだら》の「余」姓、高句麗《こうくり》の「高」と同様に、対中国外交において自称する場合に限定的に用いられている特殊なものである。中国側の記録自体を吟味する必要があり、百済王の事例によれば、朝貢により爵号を受けた王を単純に父系継承で系譜化したもので、朝貢しなかった王は記録されておらず、父子の記載があっても父子関係にない王が確実に交じっており、逆に血脈記載がない場合は王統上の断絶が確認される。また、近年の系譜研究によれば、稲荷山古墳出土鉄剣銘（口絵1）の系譜は父子関係ではなく地位継承次第であり、古い時代の天皇系譜の父子直系系譜も、王の継承次第を後に父子関係に読み替えたものと推定される。おそらく「倭の五王」段階では、巨大前方後円墳の動向をも加味するならば、少なくとも二つ以上の王系が存在し、王位を継承していたことが想定される。したがって、欽明《きんめい》朝以降に明瞭化する王統と比較するならば、王位や王権自体は存在しても王族や皇親氏族の概念は確立していなかったことになる。聖王仁徳《にんとく》から悪逆な武烈《ぶれつ》という王朝交替を意識した系譜は、潤色された可能性が高く、複雑な過程により成立したことが想定される。神武以降の漢字二字による天皇号表記も、奈良時代に淡海三船《おうみのみふね》が選定したもので同時代に使用されたものではない。

世襲王権の成立

『古事記』『日本書紀』の伝承によれば、武烈天皇の後、子孫が絶えたので、応神天皇の五世孫たる継体《けいたい》を越前から迎えたとある。継体の出現は倭の五王段階における男系世襲の未確立という前提を抜きにしては語れないものであり、王系の交替という意味に限定するならば継体の位置付けはそれほど革新的ではなかったと考えられる。すでに、顕宗《けんぞう》や仁賢《にんけん》のように丹波や播磨と関係した大王が即位したり、丹波にいた仲哀《ちゅうあい》五世孫と伝える倭彦《やまとひこ》王の即位を計画したり、当時の王統から空間的にも血縁的にも隔たった人物を迎え入れることは、「倭の五王」段階における男系世襲、畿内政権という前提をはずして考えるならば異常な選択ではなかったことになり、継体の出現も一連の動きのなかで相対化されうる。

子の欽明天皇以降において現在の皇室につながる確実な皇族という家系が確立されたことになる。欽明朝以降において、大王位が一つの固定された王統により世襲されるという新たな段階は、継体朝までの「外向きの軍事王」という体制（人格資質に卓越した王が異なる王系から選択される段階）とは異なる世襲王権段階に至ったことを示している。『上宮聖徳法王帝説《じょうぐうしょうとくほうおうていせつ》』には、欽明から敏《び》達《だつ》・用明《ようめい》・崇峻《すしゅん》・推古《すいこ》の五代が他人をまじえることなく天下を統治したとの記載がある。この場合の「他人」とは欽明系以外の王系の大王を意味すると解釈される。欽明系王統が五代連続することにより、欽明を祖とする世襲王権の観念が生じたことを表現したものと考えられる。蘇我《そが》氏の娘を母とする用明・崇峻・推古などの天皇が続いた後、皇族内部で純化した婚姻を重ねた敏達天皇の子孫が続くことになる。やがて壬申《じんしん》の乱（六七二）で勝利した大海人《おおあま》皇子が天武《てんむ》天皇として即位すると、この系統が奈良時代の王系となる。天皇号が公式の称号として用いられたのはこの頃とする説が有力である。ちなみに、大友《おおとも》皇子を弘文天皇とするのは、『大日本史』の説で、一八七〇年（明治三）に天皇として認定されたもので、『日本書紀』に即位の記載はない。この時期に推古・皇極《こうぎょく》（斉明《さいめい》）・持統《じとう》・元明《げんめい》・元正《げんしょう》・孝謙《こうけん》（称徳《しょうとく》）という女帝が輩出し、皇極天皇以降は生前譲位が行われていることも注目される。女帝は父子継承を前提とする「中継ぎ」の役割を担ったと理解されることが多いが、十分な執政能力を持ち、幼少な皇太子や天皇を、譲位後も太上天皇としても後見している点は無視できない。古代の法律である律令の継嗣令《けいしりょう》には「女帝」の存在が明記され、女帝の子とその兄弟を諸王よりも皇位継承権が高い親王として扱うことが規定されている。女系継承の可能性が明文化されている点は重要である。とりわけ、元明天皇（夫は非即位の草壁《くさかべ》皇子）から元正天皇への母娘間での皇位継承は、母系継承を容認した継嗣令を法的根拠にしたものと考えられる。基本的に継嗣令の規定は前近代を通じて機能し、近世の女帝たる明正《めいしょう》天皇と後桜町《ごさくらまち》天皇即位の法的根拠ともなっている。明治の「皇室典範」により初めて女帝の存在が法的に否定された。

平安時代の皇位継承

平安時代の皇室は、女帝称徳天皇の死去により天武系の皇族が絶え、光仁《こうにん》天皇の即位で天智《てんじ》天皇の子孫に皇位は移動する。「新王朝」を標榜したとされる桓武《かんむ》天皇においても皇統における父と母という双方的正統性は必要であり、卑母たる高野新笠《たかのにいがさ》の出自は「和氏譜」により百済王氏に求められ、天武系王統との連鎖も否定できなかった。『続日本紀《しょくにほんぎ》』の記載対象が前王統の称徳朝までではなく、自己の治世の途中までを対象としていることは、その書名に示されるように天武系との連続性をむしろ強調していることを示す。嵯峨《さが》天皇以降、遷都や遠方への行幸は行われなくなり、儀式にも出御することは少なくなっていく。以後、九歳で即位した清和《せいわ》天皇のような幼帝が出現し、摂政・関白の補佐を必要とするようになった。文徳《もんとく》天皇の系統が陽成《ようぜい》で途絶えると、五五歳の光孝《こうこう》天皇が緊急避難的に即位し、さらに一度は臣籍降下した宇多《うだ》天皇が即位した。そして、村上《むらかみ》天皇の二人の息子であった冷泉《れいぜい》天皇と円融《えんゆう》天皇の兄弟間における皇位継承問題のもつれから、両者の子孫が交互に即位する両統の迭立《てつりつ》が、後朱雀《ごすざく》天皇の即位までしばらく続いた。

古代の皇位継承の特質

古代の大王・天皇の継承ルールは、時代と共に変化し、皇位継承の在り方を定めた明文は存在しなかった。『古事記』『日本書紀』によれば、まず伝承的な神武天皇から履中《りちゅう》天皇までは直系継承が基本となっている。以後は、履中・反正《はんぜい》・允恭《いんぎょう》天皇などのように兄弟間の継承が卓越し、皇極（斉明）・孝徳《こうとく》天皇まで続く。斉明以後は、再び直系継承がしばらく卓越する。平安初期には、一時的に兄弟継承が行われるが長続きせず、朱雀《すざく》天皇までは基本的に直系継承が維持される。朱雀以降は直系継承と傍系継承が入り交じり統一的なルールは見られない。通説では「記紀」の成立期に指向された直系継承を過去に遡って理想として架上した系譜と考えられている。ただし、近年の系譜研究にしたがって血縁継承系譜と考えてきた記紀系譜伝承の大前提が崩れたとすれば、血縁継承が明確となる継体―欽明期の前後で、系譜意識は区分する必要が生じる。そのうえで、神武天皇以降の「欠史八代」の系譜が八世紀的な直系継承を単純に父系系譜として架上したものと考えるのではなく、職位の継承を本来は含意していた可能性も指摘できる。古代には近代の「万世一系」の観念とは異なるものの、「世々」という表記に代表される王位の連続性の観念が強固に存在したことも事実であり、それが単なるヤマト王権内部の王系の交替を隠蔽するためだけに行われたのではない側面にも注目する必要がある。

参考文献

仁藤敦史「ヤマト王権の成立」『日本史講座』一（東京大学出版会、二〇〇四年）

仁藤敦史「王統譜の形成過程について」小路田泰直他編『王統譜』（青木書店、二〇〇五年）

仁藤敦史『女帝の世紀』（角川書店、二〇〇六年）

聖徳太子——虚像と実像

小野 一之

聖徳太子のイメージ

聖徳太子は日本の平和的な政治・文化を体現してきた偉人と言われるが、本当だろうか。聖徳太子に付されたイメージは、政治的に創作され、宗教活動に利用され、各時代に再生産を続けながら肥大化し、支配層にも民衆層にも扶植されて今日に至っている。近年登場した聖徳太子架空人物説を待つまでもなく、太子は数々の伝説のベールに包まれた存在で、実像はほとんど見えてこないのが現状である。ただ、聖徳太子の果たしてきた歴史的な役割の一つに、過去の理想的な皇太子像として、近代天皇制国家のイデオロギーをソフトなイメージで支えてきた点があることも見過ごすわけにはいかない。

聖徳太子については、一般的に次のように説明されるであろう。飛鳥時代、推古《すいこ》天皇治世下の皇太子で、かつ摂政として政治を主導した。冠位十二階や十七条憲法を制定して国家体制の基礎を作った。小野妹子《おののいもこ》を遣隋使として中国に派遣し、新しい文化を積極的に取り入れるとともに、堂々とした自立的な外交を展開した。また、仏教を篤く信仰し、法隆寺や四天王寺を建てたり、三経義《さんぎょうぎ》疏《しょ》を著したり、仏教文化の普及に努めた。たいへん聡明で、一度に一〇人の話を聞き分けたというエピソードも有名である。

こうした聖徳太子像は、おおかた『日本書紀』に書かれた記事に沿って、いくぶん拡大して解釈したものである。しかし、その『書紀』の太子関連記事にほとんど信憑性がないのは今や学界の常識である。それにも関わらず、このイメージが現在もなかなか崩れないのは、それを必要とした政治的・社会的な基盤が長く続いていたからであろう。

ひとつ言えるのは、聖徳太子が活躍したとされる飛鳥時代の国際的な状況を、明治の近代国家樹立時の状況と対比することができる点である。聖徳太子の視覚的なイメージとして今も突出しているのは、いわゆる唐本御影《とうほんみえい》（宮内庁蔵）を元にした旧一万円札の肖像だが、これが明治天皇に似せて書かれたというエピソードが興味深い。こうしたことは、聖徳太子像が近代天皇制のもとで再構築されていた可能性を示すものである。

律令国家と聖徳太子の誕生

聖徳太子は架空人物だとする学説では、八世紀初頭の『日本書紀』編纂の段階で理想的な君主像として、「厩戸王《うまやとおう》」をベースに「聖徳太子」が創作（捏造）されたとする。当時の政権を担っていた両雄、藤原不比等《ふひと》と長屋王《ながやおう》の意向を受けて、渡唐経験のある僧道慈《どうじ》が『書紀』の太子関連記事を作成した。目的は、天皇中心の律令国家の完成に向けて、中国皇帝の理念を体現した理想的な人物が過去の天皇家にいたことを示そうとした点で、直接的には、当時の皇太子・首皇子《おびと》（後の聖武天皇《しょうむ》）の即位を目論んでのことであった。こうして古代天皇制と律令国家の成立とともに、極めて政治的な意図のもとに聖徳太子像は誕生したことになる。

『日本書紀』の一連の記事は、太子を超人的な人物として描く先行の太子伝を材料にして書かれたとするのが通説である。確かに、偉人としての聖徳太子を示す史料はすべて信憑性の薄い伝説的なものか、後代のものである。同書崇峻《すしゅん》即位前紀（五八七年）に見える蘇我《そが》・物部《もののべ》戦争で太子が活躍した話（一六歳の少年太子が四天王像を作り戦勝祈願し、戦後に四天王寺を建立した）については、四天王寺の縁起類が用いられている可能性が高い。

また、法隆寺金堂の薬師如来像光背銘《やくしにょらいぞうこうはいめい》（丁卯年＝六〇七年、推古天皇と聖徳太子が亡くなった用明《ようめい》天皇のために薬師像を造立した）や釈迦三尊像光背銘《しゃかさんぞんぞう》（法興元三一年＝六二一年に太子の母が、翌年には太子と妃が亡くなり、彼らの冥福を祈って釈迦像が造立された）は、当時未成立の天皇号が用いられるなど用語に不審な点が多く、太子生前あるいは没年頃の文章とは認められない。これらの金石文は七世紀末以降の成立である可能性が大きく、架空人物説では『書紀』完成後の八世紀前半とした。

太子の実在を示す史料が皆無であることを理由に、聖徳太子自体が創作されたとは必ずしも断定できないものの、八世紀初頭までの間に、モデルの有無や虚構部分の大小に関わらず、聖徳太子像をクローズアップするための行為が、四天王寺や法隆寺を含めた律令国家によって組織的に行なわれていたことは間違いなかろう。

聖徳太子と天皇制

天皇制とともに誕生した聖徳太子だが、近代以前には、天皇制の枠内で太子像が微妙な関係に置かれていたことも否定できない。

聖徳太子（厩戸王）の父用明天皇と母穴穂部《あなほべ》間人《はしひと》皇女はいずれも欽明《きんめい》天皇の子で、蘇我稲目《いなめ》の女の堅塩《きたし》姫《ひめ》と小《お》姉姫《あねぎみ》をそれぞれ母にしている。自身も蘇我馬子《うまこ》の女の刀《と》自古郎女《じこのいらつめ》との間に山背大兄《やましろおおえ》王《おう》を儲《もう》けるなど、大王家の王族とはいえ蘇我氏との繋がりは極めて大きい。その山背大兄王一族は、亡き父から伝領した斑鳩《いかるが》宮において蘇我入鹿《いるか》や諸皇子らの攻撃により滅ぼされ（六四三年）、蘇我本宗家も乙巳の変で中大兄《なかのおおえ》皇子と中臣鎌足《かまたり》らによって滅亡させられた（六四五年）。聖徳太子一族の後継は続かなかったのである。太子を傑出した人物に描く必要があったとしても、先祖を敬慕することとは意味が異なる。七世紀末以降の天皇制律令国家の皇統を継承した天武《てんむ》系にとっても、過去の太子一族は少し遠い存在であった。

また、古代天皇制国家成立の正統性を示したはずの『日本書紀』にしても、聖徳太子を偉人化し過ぎたために天皇制の枠組を逸脱してしまったとも見受けられる記述がある。特に推古天皇二九年（六二一）の太子死亡記事では、諸王・諸臣から天下の百姓に至るまで、愛児か慈父母を失ったかのようにその死を悼んで慟哭したという。「日月輝を失ひて、天地既に崩れぬ。今より以後、誰をか恃《たの》まむ。」とまで言ってしまう。他のどの天皇の死に際してもこれほどまでの記述はなく、太子の存在は天皇を凌駕してしまっているのである。中世の天皇制思想を代表する『神皇正統記《じんのうしょうとうき》』が、このあたりの太子記事を踏襲しつつ、「皇位をもつぎましますべかりしかども、権化《ごんげ》（天照大神の化神）の御ことなれば、さだめてゆへありけんかし」と述べた点に、著者の多少の困惑も感じられて興味深い。

こうした天皇制のなかでの太子の位置付けが、許容範囲を超えたところに、近世の儒学者・国学者による聖徳太子批判があった。林羅山《はやしらざん》・熊沢蕃山《くまざわばんざん》・荻生徂徠《おぎゅうそらい》らは、太子が蘇我馬子の崇峻天皇暗殺（五九二年）を容認したとして厳しく断罪した。その馬子が太子とともに推古天皇の詔を受けて三宝興隆を図ったこと（五九四年）も彼らには気に入らないらしく、仏教中心の政策や女帝の即位の責任までが太子に帰せられることになった。一〇世紀に成立しその後の太子伝普及に大きな影響のあった『聖徳太子伝暦《しょうとくたいしでんりゃく》』に、太子が崇峻に短命を予言したり、不用意な発言を戒めたりする記述があるが、ここで太子は天皇の命運を弄《もてあそ》ぶ存在にまでなっているのである。

戦後に生き延びた聖徳太子像

古代国家の誕生とともに生まれた聖徳太子像は、その後に続く天皇制の枠の内外で揺れ動く存在だった。しかし、その間に広く浸透した民衆レベルでの「太子信仰」を前提に、近代天皇制の確立とともに、ブレることのない偉人、日本の国家や文化の基礎を作った恩人として再登場してきた。

このことは、歴史上の人物評価が大きく入れ替わった戦後一九四五年以降においても変わらなかった。「日本は新憲法によって、戦争を放棄し、平和的な文化国家として再生することを決意した。文化国家を口にするは易いが、これを実現する方途は如何。日本文化の先達聖徳太子の事績を想起し、その精神を研究することの必要が、ここに最も現実的な課題として起るのである」（『聖徳太子と日本文化』序、一九五一年）と述べられたように、太子に延命装置が働いたのである。十七条憲法の「和を以って貴しとし」から、山背大兄王に伝えられたという反戦思想までが動員されて、「平和を好む聖徳太子」のイメージに塗りかえられていく。新羅《しらぎ》に対する軍事行動の挫折（六〇三年）についても、仏教を信仰する太子が賛成しなかったのではないか、とする説も現れた。敗戦直後の天皇制存続の危機のなか、戦争責任が回避され「平和主義者」としての昭和天皇像が前面に押し立てられていくのと軌を一にしていた。聖徳太子は、特にプリンスとしてソフト・イメージを国民の間にアピールしつつ、天皇制存続の社会基盤を側面から支えてきたのである。

参考文献

大山誠一編『聖徳太子の真実』（平凡社、二〇〇三年）
大山誠一『聖徳太子と日本人』（角川ソフィア文庫、二〇〇五年）
新川登亀男『聖徳太子の歴史学』（講談社選書メチエ、二〇〇七年）
吉村武彦『聖徳太子』（岩波新書、二〇〇二年）

天皇号の成立——成立と意義

河内 春人

津田左右吉の「天皇考」

天皇制の成立を考える上で称号としての天皇号の成立は、それ以前のオホキミと名のっていた段階とは一線を画するひとつの画期である。称号の変化の背景にはその地位に関わるシステムの変化が想定できる。たとえば秦の始《し》皇帝《こうてい》は戦国七国を統一した後に、それまでの「王」を超えた新たな地位を創出するために「皇帝」号を定めた。このように、政治体制の変革とそれを社会に対してアピールする際に君主の称号は変えられる。

これまでの研究では「大王から天皇へ」というシェーマのもとに、その主たる論点は、①天皇号の成立の時期、②「天皇」の語義の二点に集約される。

天皇号に関する研究は津田左右吉《そうきち》の「天皇考」から始まる。津田は『日本書紀』の用字を批判的に捉え、丁卯年（六〇七）の年記をもつ法隆寺金堂薬師《ほうりゅうじこんどうやくし》像銘《ぞうめい》に「池邊大宮治天下天皇」とあることから推古《すいこ》朝の成立を論じた。『日本書紀』に拠らず金石文における記述から天皇号を論ずるという方法論が津田によって始められたのであり、以後の研究に大きな影響を及ぼしている。さらに津田は「天皇」の語義を道教に由来するものと考察しており、以後の研究に続く大まかな論点はすでに「天皇考」において言及されている。しかし、近代において津田に続く研究はほとんどない。それは、一九四〇年に津田の記紀批判が不敬にあたるとして攻撃を受けその著書四冊が発禁処分とされたような社会状況によるものであろう。皇国史観の高まりの中で天皇を歴史学の考察の対象にすること自体がタブー化していくため、天皇号研究は停滞的にならざるを得なかったのである。

戦後の「天皇号」研究

戦後になるとそうした制約から解放されて天皇号研究

は大きく進展し、膨大な研究史を積み重ねるようになる。九〇年代前半までの研究概要は森公章の研究に詳しい。

　成立時期についてこれまで提示された学説を整理すると、欽明《きんめい》朝説、推古朝説、大化改新説、天智《てんじ》朝説、天武《てんむ》朝説、持統《じとう》朝説、大宝律令説となる。このうち欽明朝説は『日本書紀』が引用する百済《くだら》史料を重視してこれに依拠する。また、大化改新説は大化元年七月の高句麗《こうくり》や百済に対する詔において「明神御宇日本天皇」とあることを根拠としている。この両説は『日本書紀』の記述に拠っているが、八世紀の編纂史料である『日本書紀』への依拠は慎重でなければならない。特に個別の単語は潤色を被りやすく、『日本書紀』の記事をほぼ唯一の根拠とするこれらの説は説得力が低い。一方、持統朝説と大宝律令説は、持統朝説が浄御原令《きよみはらりょう》を念頭においていることをあわせて考えると、いずれも律令法に規定されたことを重視する見解であるといえる。しかし、一九八五年に飛鳥京跡から天武一〇年の頃のものと推定される「大津皇」と記された木簡が出土した。この木簡では天武の子の大津に対して「皇子」と書き記していることになる。「皇子」という称号の背景に「天皇」号を見て取ることは容易く、天武一〇年段階で天皇号が成立していたことになる。その後、飛鳥池《あすかいけ》遺跡から「天皇聚□〔露ヵ〕弘寅□」と書かれた木簡が発見され、天皇号が天武朝まで遡ることがほぼ確実となった（口絵2）。ゆえに持統朝・大宝律令説は成立時期の問題としては成り立たない。とはいえ、君主の称号が法的規定をもって確立するという意義から考えれば、その説くところは軽視されてはならないだろう。

　残る推古・天智・天武の三説が争点となっている。天武朝説は壬申《じんしん》の乱を勝ち抜くことによって強大な権力を有するようになった天武が新たな称号として天皇号を用いたと見なすものである。唐の高宗の天皇大帝の称号の影響や天渟中原瀛眞人天皇《あまのぬなはらおきのまひとのすめらみこと》という天武の和風諡号《しごう》が道教と結び付けられて論じられている。推古朝説は『日本書紀』や天寿国繡帳《てんじゅこくしゅうちょう》、『隋書』倭国伝の遣隋使記事から対隋外交において天皇号が始まったとする。天智朝説は野中寺《やちゅうじ》弥勒造像銘《ろくぞうぞうめい》・船首王後墓誌《ふねのおびとおうごぼし》など金石文から導き出されている。それぞれの時期はいずれも七世紀において画期となり得る時期であり、天皇号の成立について蓋然性を持つ。ただし、天武朝説では唐の天皇大帝と結びつける場合、皇后の称号が問題となる。高宗が天皇大帝となると同時にその皇后の則天武后《そくてんぶこう》が天后となっており、なぜ天皇号のみ継受して天后号が捨象されたのか説明が必要である。また天武期には称号を切り替えるのに該当するような出来事が見当たらない。推古朝説では『隋書』が言及する君主号は天皇号ではなく天子号であり、天皇号に関しては『日本書紀』の記事に依拠せざるを得ないという点が弱い。天寿国繡帳はその成立について七世紀前半と七世紀後半の二説が対立しており決着を見ていない。天智朝説は近江遷都など称号を始用する政治的契機の上では理解しやすいが、野中寺造像銘の信憑性に疑問が呈されるなど史料的に問題点をはらんでいる。現在のところもっとも支持を得ているのが天武朝説である。

右のように表記としての「天皇」を中心に研究が進められてきたが、音声としてはスメラミコトと称される。「天皇」という文字からスメラミコトという読みを引き出すことはできないので、天皇とスメラミコトは別々に成立して結びついたと考えなければならない。スメラミコトの成立については、その語義から論じられている。古くは「統ぶるミコト」と考えられたが、「統ぶ」からスメラへの音の転訛が批判されて以来そうした見解は取られなくなっている。清浄性を示す「澄む」からの転訛や仏教における須弥山（シュメール）との関係を強調する説がある。いずれにせよスメラミコトの成立は天皇の神格化にも及ぶ議論であるといえる。

治天下王から御宇天皇へ

ところで天皇号を考える際に連動するのがそれ以前の称号である。旧来は大王号がそれにあたり、その意味は王の中の王であるとされてきた。しかし、即位していない王族が大王と称されるケースが散見されることから「大王」は君主のみ指すとは限らず、大王とは王の敬称にとどまるという理解が一般化している。また、「天王」という称号の存在を指摘する研究もあるが批判も多い。

近年君主の地位を示す重要なタームと考えられているのが「治天下」である。五～七世紀の金石文では、稲荷台一号墳の「王賜」銘鉄剣が「王」とのみ記す他は、ほとんどが称号において某宮・治天下・王（大王）という構成要素を備えている。これは律令法においても法規定として引き継がれる一面があり、公式令詔書式条《くしきりょう》では「明神御宇（日本）天皇」と称することが規定されている。古代の君主号は「大王から天皇へ」ではなく「治天下王から御宇天皇へ」というシェーマで捉えるべきなのである。

また、律令では儀制令《ぎせいりょう》天子条において君主号として天子・皇帝・天皇・陛下・乗輿・車駕等の称号を定めている。祭祀においては天子、夷狄との関係では皇帝、詔書に記す時は天皇、臣下から呼ぶ時には陛下等というようにそれぞれ用いるべき場における君主号が異なっている。他にも『隋書』倭国伝には七世紀初頭の「日出処天子、書を日没処天子に致す」という国書から知られるように天皇以外の君主号が用いられたケースを見出すことができる。これまで天皇号に議論が集中しており、それ以外の称号は中国風の別称程度に見なされる傾向が強かった。しかし、天皇に多様な称号が規定されていることの意味が問われるべきであり、それぞれの特質を理解する必要がある。君主号の成立は天皇号のみを取り上げるのでは不十分であり、君主号を総体的に捉えなければならない。

中世以降の称号

この問題は、実は古代に限られるものではない。平安中期から天皇は一条《いちじょう》「院」等と院号を付されるようになり「天皇」と称されなくなる。中世・近世には天皇は天子・主上と呼ばれることが一般的であり、天皇と称されることはあまりなかった。天皇号は江戸後期に光格《こうかく》天皇が意図的に復活させたものであり（→「天皇号の復活」）、これ以後現代まで「天皇」がほぼ唯一の君主の称号として定着する。天皇制において天皇号が実体的に機能したのは七世紀後半～一〇世紀半ばと一八世紀後半以降の時期に限られており、そうした限界があることを見落としてはならない。

参考文献

西郷信綱「スメラミコト考」(『神話と国家』平凡社、一九七七年)
津田左右吉「天皇考」(『津田左右吉全集』三、岩波書店、一九六三年)
宮崎市定「天皇なる称号の由来について」(『思想』六四六、一九七八年)
森公章「天皇号の成立をめぐって」(『古代日本の対外認識と通交』吉川弘文館、一九九八年)

天皇と皇帝——その違いは何か

河内 春人

天皇と皇帝の違い

日本の天皇と中国の皇帝の違いというのはきわめて重要ではあるが難しい課題でもある。古代天皇制を考える時、比較の対象を国家成立期である秦漢の皇帝制とするべきか、同時代的な隋唐の皇帝制とすべきかというところから問題となる。

これまでの研究では、主として八世紀の律令国家における天皇を隋唐の皇帝との比較から論じてきた。その主たる論点は国家機構上での君主と貴族の関係である。石母田正は、唐における国家の最高機関が中書省《ちゅうしょしょう》・門下《もんか》省《しょう》・尚書省《しょうしょしょう》の三省に分かれているのに対して日本では太政官に統合されていることに着目した。そして唐の方が君主権が強力、換言すれば日本の方が官人貴族層の相対的地位が高いとして、後の研究に大きな影響を与えた。

これ以後、唐は君主権が強く日本古代では弱いという考えが定着した。しかし、これを君主と貴族の強弱関係に還元してよいだろうか。そもそも中国では南北朝時代こそ貴族制がもっとも強まった時代であり、皇帝権力が強大になるのは宋代の科挙《かきょ》官僚制の確立まで待たなければならないと一般にいわれる。その中間に位置する唐代の評価としては、内藤乾吉が唐代を天子と貴族の共同統治と位置づけている。そこで皇帝と貴族の関係に着目すると、特に日本への影響の大きい唐の前半期において貴族層は社会的に重んじられていた。太宗の代に貴族の家柄のランキングである『氏族志』を編纂させたところ山東貴族の崔《さい》氏が皇帝家の李氏をしのいで一等にランクされ、これを不快に思った太宗が崔氏を三等に変更させたという話がある（『旧唐書《くとうじょ》』高士廉伝）。この背景には李氏の基盤である漢人・非漢人の混交した関隴《かんろう》集団と漢人である山東貴族の対立が見え隠れしており、唐朝で山東貴族が文化的権威として重視されていたことが窺える。
また、日本では聖武《しょうむ》天皇の大夫人《たいぶにん》称号問題に注目して天皇は律令法の制約を受けざるを得なかったと評価するのに対して、皇帝は法を超えた存在としてそれに捉われないという見方もあるが、これも慎重に考える必要がある。唐で役人の横領が露見した際に高宗は律の規定を超えてこれを殺そうとしたが、官僚がそれを諫めてとどめている（『旧唐書』蕭鈞伝）。皇帝といえども法を逸脱することに対しては強い牽制が生じるのである。
このように見ると、日本の太政官と唐の三省という機構上の違いは君主と貴族の関係の反映と見るよりも、国家・官僚制としての成熟度の問題として捉えたほうがよいであろう。

専制国家論と貴族政権論

ところで、これと関係する論点として日本古代の政治権力を専制国家と捉えるか貴族政権と捉えるかという議論がある。前者は天皇が国家の頂点として権力が集中すると見なす考え方であり、後者は貴族の合議が政策決定において大きな役割を担うものであり天皇権力もそれに制約されるとするものである。ただし、この問題の焦点である合議制については、大化前代の大夫《まえつきみ》による合議と論奏式《ろんそうしき》＊に基づく太政官の合議は系譜が異なると指摘されている。この議論は天皇と貴族を対立的に捉えてどちらに権力の比重が大きいかと考える傾向が強かった。しかし、律令国家においてようやく国家機構を作り上げた八世紀の政治権力を考えた時、天皇を核とする王権も貴族層も成熟した権力であるとはいいがたい。八世紀の天皇はいまだ個人的な資質に依存する不安定な面を拭い去れなかった。そのため太上天皇という地位を創出することで安定性を補強しようとする。一方の貴族も天皇の存在を否定することはできなかった。天皇と貴族は相互に補完することによってひとつの政治体を作り上げていたといえる。

易姓革命説

この相互補完の構造が古代天皇制の大きな特徴をもたらした。天皇と皇帝を比較した場合、その最大の違いは貴族や民衆が君主と入れ替わること、すなわち王朝交替の有無にある。中国では秦以降清まで王朝交替を経ながら皇帝制度は二千年以上に及んだ。一方、日本では基本的には王朝交替が生じなかった。倭の五王における讃・

珍と済・興・武の間の系譜の断絶や継体《けいたい》の即位など大化前代における王朝交替論が一世を風靡した時期もあった。しかし、倭の五王は朝貢した南朝の宋に対して一貫して倭姓を名のっており、どの程度近親関係にあったかは不明であるが同族関係と捉えてよい。継体の系譜は問題が多く虚構の可能性が高いが、継体が応神《おうじん》五世孫を名のったという点を座視してはならないであろう。王族の末端に位置づくと称し、なおかつ前々王の娘であり前王の姉妹であるタシラカを娶ることによってその地位を獲得したのである。唯一の非皇族即位の可能性は道鏡《どうきょう》であったが、これは貴族や律令官僚等によって否定される。すなわち、天皇制及びその前段階において即位の要件として王族の出身であることは支配者層の間の共通認識となっており、それは王権と貴族層の相互補完の関係から形成されたものであると考えられる。

それではなぜ日本では王朝交替が起こらなかったのであろうか。中国思想では有徳の者が天から天下を統治するという天命を受けて天子として即位し、その王朝が天に代わり天下を支配することになる。天命の正統性は王朝の開基である受命者にとどまるものであり、その子孫の皇帝はそれを継承するものと考えられていた。「天下は高祖・太宗の二聖の天下にして陛下（高宗）の天下に非ず」（『旧唐書』郝處俊伝）といわれていることからもそれは窺える。これは即位儀礼にも反映しており、受命者の即位は皇帝・天子の二段階であるのに対してその子孫の宮中の即位は皇帝即位のみである。そして受命を維持できない不徳の皇帝が現れた場合、天命は他の者に移り新たな王朝が建てられることになる。これを易姓革命という。「易姓」とは皇帝家の姓が易《か》わるということである。革命には平和的な王朝交替である禅譲《ぜんじょう》と軍事的に前王朝を打倒する放伐《ほうばつ》の二つの形態がある。統治すべき天下は天が生み出したものであり、天下を恣意的に扱う天子は天によって否定されるという天・天子・天下の相互関係から成り立つのである。「天下を公と為す」として出自に関わらず有徳の人物が天下を治めるという天下大同論はこれに基づく。

天皇と王朝交替

日本にも天命・天下思想は受容されたものの、革命の論理は否定された。中国においては君主である皇帝の存在を正当化する権威として天があり、天と天子は一貫して区別され続けてきた。これに対して日本では先述の共通認識に加えて、六世紀にウヂ・カバネの秩序を構築しながらも大王及び王族はそれを賜与する主体としてその枠組みに組み込まれないという超越的な立場を獲得しており、政治構造的にも王朝交替が発生しにくくなっていた。そして、律令国家の成立において明神御宇日本天皇と称するように天皇自身が神格化を果たしており、さらに八世紀前半に完成した記・紀の神話において天孫である天皇のみが君臨し得るという認識が確立した。これによって中国では区別され続けた君主の地位とそれを正当化する権威の二者の関係が日本では同一化することになり、天皇を否定し得る存在はなくなることになる。ここにおいて不徳の天皇を理念的に否定する根拠も喪失し、革命の論理も成立する余地がなくなったといえる。

日本には王朝交替がないということは中国にも伝えられた。平安時代に日本僧奝然《ちょうねん》が宋に赴いた時、宋の太宗にそのことを説明して驚嘆させた。ひとつの王統が代々引き継いで世を治めるというのは天下思想においては小康と呼ばれ大同に次ぐものであった。ところが太宗は日本の皇位継承を理想としており、中国における天下思想の変化が見て取れる。

天皇と皇帝はいずれも天下を治める存在として位置づけられていたが、それはそれぞれの天下＝社会を基盤とする上部構造が集約された存在であり、その違いを明らかにするためには社会そのもののさらなる比較検討が必要であろう。

参考文献

石母田正『日本の古代国家』（岩波書店、一九七一年）
金子修一「古代中国の王権」（『岩波講座天皇と王権を考える』1、岩波書店、二〇〇二年）
川口勝康「五世紀の大王と王統譜を探る」（『巨大古墳と倭の五王』青木書店、一九八一年）
川尻秋生「日本古代における合議制の特質」（『歴史学研究』七六三、二〇〇二年）
河内春人「「天下」論」（『歴史学研究』七九四、二〇〇四年）
内藤乾吉「唐の三省」（『中国法制史考証』有斐閣、一九六三年）
早川庄八「古代天皇制と太政官政治」（『天皇と古代国家』講談社学術文庫、二〇〇〇年）
吉村武彦「倭の五王とは誰か」（『争点日本の歴史』2、新人物往来社、一九九〇年）

長屋親王
——親王呼称のもつ意味

関根　淳

「長屋親王」と長屋王

『日本霊異記《にほんりょういき》』中巻一縁には、仏僧を打ったために皇位を狙っていると虚偽の密告をされて殺され、怨霊となった「長屋親王」の物語が載せられている。いわゆる長屋王の変のエピソードである。また一九八八年にはその政変の現場となった平城京左京三条二坊の跡地から「長屋親王宮」と書かれた木簡が発見され大きな話題となった（口絵3）。しかし『続日本紀《しょくにほんぎ》』には「長屋王」と記されており、実際に長屋王は天武《てんむ》天皇の孫、高市《たけち》皇子の子で「親王」ではない。ではなぜ長屋王は「長屋親王」と記されたのであろうか。この疑問を解くために、長屋王の変の実相を探ることからはじめてみたい。

長屋王の変の勃発

天平《てんぴょう》元年（七二九）、長屋王は妻の吉備内親王《きびないしんのう》、子の膳夫王《かしわでおう》らとともに聖武《しょうむ》天皇によって死を命じられた。天皇に危害を加え、国家を転覆させようとした罪である。王自身は服毒自殺させられた可能性が高い。藤原光明子《こうみょうし》を天皇と同等の執政権をもつ皇后の座につけることを目的とした藤原武智麻呂《むちまろ》らの陰謀とされる。そして『続日本紀』が後に「誣告《ぶこく》」と明記するように（天平一〇年七月丙子条）、その密告は虚偽であり、長屋王自身に反逆の意思はなかった。

では、無実の長屋王がなぜ殺されたのか。その理由として次の二つの説がある。一つは皇位継承問題である。高市皇子、御名部《みなべ》皇女という当時最有力の皇親の間に生まれた長屋王や、これと元明《げんめい》天皇の子である吉備内親王との間に生まれた膳夫王は文武《もんむ》・聖武両天皇と比較して血統的に遜色がなく（図1参照）、さらに最年長の天武皇孫である長屋王は年齢的にいえば優位である。聖武や藤原氏がこのような長屋王とその王子の皇位簒奪を恐れた

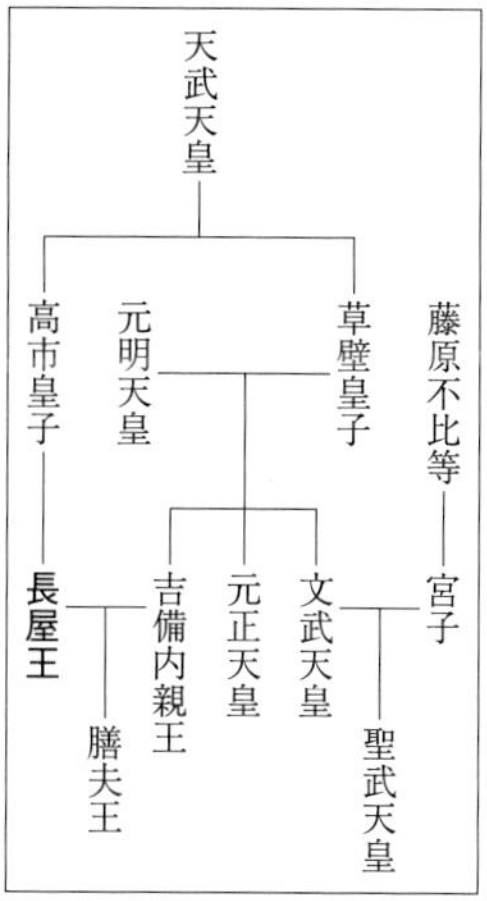

図1　長屋王系図

とする理解である。もう一つは藤原氏との政治路線の対立によって抹殺されたとする考えである。長屋王家木簡の発掘以降、王の家産機構の巨大な実態が明らかになってきており、これらは律令制の規定を大きく逸脱している。これは王の伝統的政治勢力に関連づけて解釈する以外になく、旧勢力の象徴である長屋王は転換期を迎えた律令国家において藤原氏と対立して滅ぼされたとする理解である。無実の長屋王が殺された理由は皇位継承問題か、藤原氏との政治路線の対立か。

長屋王の「皇位継承権」

まず、長屋王とその王子の即位の可能性について検討してみよう。当時の皇親のなかで長屋王が血統的に優位であったことは揺るぎなく、その点からいえば王即位の蓋然性は十分ある。では、実際の政治過程においてその可能性を探るとどうか。歴史的な経過からみれば、文武、元明、元正《げんしょう》、聖武という四人の天皇の即位時がその契機と仮定できる。しかし、文武の場合は祖母の持統《じとう》が史上初の太上天皇としてこれを後見しており、長屋王即位の可能性はない。また草壁《くさかべ》皇子の妻で文武の生母である元明は年齢が王より一五歳も上であり（即位時四七歳）、この条件を上回る長屋王の優位性は見出せない。元正即位時には天皇三六歳、王四〇歳、聖武即位時には天皇二四歳、王四九歳で、いずれの場合においても長屋王が年齢的に優位である。しかし、元正即位前年の和銅七年（七一四）には首皇子《おびとおうじ》が立太子しており（のち聖武天皇）、この状況を覆して長屋王が即位するためには首皇太子を排除する政変を仕組むしかなく、すでに政治家としての道を歩み始めていた王にそのような形跡はみられない。つまり、血統的に優位ではあっても、実際の政治過程において長屋王即位の状況は認められないのである。

ここで注意したいのは、このような古代の皇位継承の実態に対して、これまでは近現代の概念である「皇位継承権」という用語を用いて分析してきたことである。当時の皇位継承は血統の序列によってのみ決まるものではなく、その時々の政情によって決定される非常に可変的なものである。それを、血統の序列によって機械的に定まる「皇位継承権」という固定概念で考察、論述するのは適切ではない。実際の政治過程や史料をよむ限り、逆に長屋王即位の可能性は認められないのである。

　むしろ、膳夫王などその王子たちの方が皇位継承の可能性は高かった。奈良時代の皇位継承は聖武を筆頭とする草壁系皇統をいかに維持するか、ということが焦点であったが、草壁の子である吉備内親王の血を引く膳夫王はそれに符合する血統である。吉備を長屋王に配したのは持統と元明であったと考えられ、その意味で膳夫王らは聖武系に次ぐ第二の草壁系皇統として設定されている。元正天皇が即位した霊亀元年（七一五）には吉備内親王と長屋王との間にできた王子（三世王）を「皇孫」扱いする勅が出されているが、その対象は「吉備内親王男女」である（『続日本紀』同年二月丁丑条）。これは草壁系皇統に対する厚遇であり、史料上その名が出てこない長屋王はここにおいて問題とされていない。草壁系皇統の第一はもちろん首皇太子であったが、膳夫王ら吉備所生の長屋王の王子はそれに次ぐ第二の血統であった。

　つまり、変における藤原氏と聖武の標的は長屋王ではなく、膳夫王ら吉備所生の草壁系王子であったと考えられる。では、そのような長屋王がなぜ殺されたのか。ここで政治路線の対立の問題に移ろう。

長屋王の政治路線と藤原氏

　長屋王は和銅二年（七〇九）に従三位《じゅさんみ》宮内卿《くないきょう》として政治の表舞台に登場し、翌年に要職である式部卿《しきぶきょう》に抜擢されて成立まもない律令国家の文官人事を担当する。養老二年（七一八）には正三位《しょうさんみ》で大納言に就任し、太政官で第二の地位となった。この間に国政を支配していたのが右大臣・藤原不比等《ふひと》である。これについては、長屋王は宮内卿・式部卿での実績が認められて不比等に登用されたと解釈するのが自然であり、政治家としての長屋王の能力もそのように評価しなければならない。政治路線についていえば、当時は数十年間かけて作り上げた律令体制をいかに徹底させるかということが国家的な課題であり、不比等はこれに尽力していた。不比等死後の長屋王政権でもその路線は継承され、強化されている。王は藤原不比等の有能な部下であり、その忠実な後継者であった。

一方で長屋王は旧勢力の象徴的存在でもある。高市皇子の家産を継承した王は、父の功績による前代的な身分も維持している。この点は新進の律令体制を推進する立場とは矛盾する。この長屋王の家産機構は公認されていたものと考えられるが、それは父・高市皇子の壬申の乱における功績という前代的な論理にもとづくものである。

そして、律令国家は天平時代という転換期を迎えていた。そのような時代の流れのなかで長屋王が持つ前代的な身分と旧来の政治路線は大きな障害となっていたし、それがその王子たちに継承される可能性がある。そしてその背後に全国規模の巨大な家産機構が存在するのである。長屋王はそのため警戒され、殺された。ただし、ここに光明立后の問題を挿入するのは誤りである。王が光明立后に反対するかもしれないという〝予想〟は、政変の要因としては薄弱である。藤原氏としては実際に長屋王が反対した場合を想定し、事前に対応策を定めておけば十分だからである。これまで長屋王の変は光明立后を目的とした藤原氏の陰謀であるとされてきたが、現在ではこの通説は否定されるべきである。また、変は皇位継承か政治路線のいずれか一方の視点で解明できるものではない。したがって、長屋王の変は王の前代的な身分の抹消と旧来の政治路線からの転換、および膳夫王ら聖武に対抗する草壁系皇統の断絶という二つを目的として断行されたものであるし、光明立后はその目的ではないと考える。

ふたたび「長屋親王」について

長屋王が「親王」と呼ばれたのは王も親王も〝ミコ〟と呼称した当時の通例のためであり、また先の吉備所生王子の皇孫扱いの勅を長屋王に転用したためである。そしてその背景には前代以来の巨大な家産機構の存在がある。長屋王の変はこれらを要因として勃発したのであり、「長屋親王」という呼称自体にその数奇な運命が象徴されているといえよう。

参考文献

寺崎保広『長屋王』（吉川弘文館、一九九八年）
東野治之『長屋王家木簡の研究』（塙書房、一九九六年）
仁藤敦史『女帝の世紀』（角川選書、二〇〇六年）

道鏡と天皇位——「万世一系」の実相

長谷部将司

道鏡《どうきょう》は梵語《ぼんご》（サンスクリット）に通じるという深い学識と、山林修行で獲得した験力により朝廷の内道場《うちのどうじょう》に出仕し、天皇の身体の安寧を祈念・治療する看病禅師《かんびょうぜんじ》に任じられた官僧の一人であった。だが、彼は孝謙《こうけん》上皇の絶大なる信頼を得て、孝謙が重祚《ちょうそ》*して称徳《しょうとく》天皇となると「法王《ほうおう》」として政治の実権を握り、河内国若江《わかえ》郡《ぐん》に本貫を有する弓削《ゆげ》氏の出ながら、ついには天皇に即位するかという事態にまで至った。だが、最終的にその即位は否定され、まもなく称徳が亡くなると道鏡は失脚し、多分に名目的な造下野国薬師寺別当として実質的に下野国に流され、その生涯を終えた。では、結果的に否定されたとはいえ、道鏡の即位は果たして可能だったのか。この問いからは、いわゆる「万世一系」をうたわれた天皇位の、奈良時代における実態の一端をうかがうことができる。

称徳天皇の草壁直系意識

道鏡は、保良宮《ほらのみや》に滞在していた孝謙上皇の病を看病禅師として治療したことからその寵を得て、孝謙の仏教の師として遇されるようになる。この両者に果たして巷間言われるような男女関係があったかは不明だが、当初からそのような疑いをかけられていたことは、淳仁《じゅんにん》天皇の度重なる諫言からもうかがえる。しかし、淳仁の諫言に対して、孝謙は天平宝字六年（七六二）、突然保良宮から平城京《へいじょうきょう》に戻るとそのまま出家して法華寺《ほっけじ》に入り、さらに詔を発して淳仁から国家の大事と賞罰という天皇大権を剝奪すると宣言した。ここには父である聖武《しょうむ》天皇より譲られた草壁《くさかべ》系皇統の唯一の正当な後継者であるという孝謙の強烈な自負が反映されており、太上天皇と天皇との権力関係が未分化であった八世紀において、聖武が築き上げた強大な権威を受け継いだという点で、確かに淳仁より優位な立場に立っていた。

ただし、宣言時には藤原仲麻呂《なかまろ》が朝廷を掌握しており、当初は孝謙の思惑通りに事態が進むわけではなかったが、天平宝字七年（七六三）には道鏡が少僧都《しょうそうず》に任命されるなど孝謙主導の人事・政策が目立つようになり、仲麻呂は次第に追いつめられていった。そして、天平宝字八年（七六四）に仲麻呂が乱を起こして処刑されると、淳仁も廃位され淡路国に配流となり、孝謙が称徳天皇として重祚した。なお、称徳は聖武の「王を奴となすとも、奴を王となすとも、汝の為むまにまに」という言葉を持ち出して淳仁の廃位を正当化したが、この発言が道鏡の即位を可と主張する側の根拠となっていく。そして、道鏡は乱の直後に「出家した天皇には出家した大臣も必要」であるとして「大臣禅師《だいじんぜんじ》」に任じられ、翌年にはさらに「太政大臣禅師《だいじょうだいじんぜんじ》」に任じられた。

ここまでの道鏡の台頭過程を振り返ると、ここに道鏡自身の積極的な意志を見出すことはできない。仲麻呂の乱以降の体制を称徳と道鏡の「共治」体制と規定することは可能であるが、主体はやはり称徳であり、道鏡は称徳の存在に完全に依存していた。

天皇と「法王」

天平神護二年（七六六）一〇月、隅寺《すみでら》の毘沙門天《びしゃもんてん》像から仏舎利《ぶっしゃり》が出現するという奇瑞を受けて、称徳天皇は道鏡を「法王」の地位につけ、あわせて円興《えんこう》・基進《きしん》をそれぞれ法臣《ほうしん》・法参議《ほうさんぎ》に任命した。この法王は、臣下の一人としての太政大臣禅師とは全く異なり、天皇の乗物である鸞輿《らんよ》に乗り衣食・飲食などの月料《がつりょう》は供御《くご》に準じるなど、待遇は天皇とほぼ同様であった。さらに、神護景雲三年（七六九）正月には西宮前殿《さいぐうのまえどの》にて大臣以下の拝賀を受け、法王宮に五位以上官人を集めて宴を設け物を賜るなど、実際の行動もまた同様であった。

なお、道鏡の地位は太政官機構と一致しないが、弟の弓削浄人《きよひと》が従二位大納言《だいなごん》に昇進し、さらに一族で五位以上に昇る者が一〇人を数えるなど、太政官機構に対しては身内を送り込むことでその掌握をはかっていた。しかし、道鏡の失脚と同時に浄人も土佐国に配流となるなど、結局のところ浄人の地位も道鏡＝称徳の存在に依存していた。この点からも、「法王」自体はあくまで仏教限定の地位であり、世俗の「天皇」である称徳との相互補完関係という位置づけで捉える必要がある。

なお、道鏡の太政大臣禅師までの段階において、法王に相当する存在は出家した天皇＝称徳である。そして、世俗の王＝天皇が同時に仏教界の王＝法王でもあるという構図は、聖武天皇の時代に一応の達成を果たしていた。称徳はそれを一身に受け継いだが、道鏡の法王就任は、称徳自身が有する天皇としての権威の半分を道鏡に譲ったことを意味する。この点で、称徳にとって法王道鏡は、もはや臣下ではなく共同統治者であった。一方で、このような状況に対する臣下側の受け止め方は、肯定的・否定的にせよ決して一様ではなかった。

宇佐八幡神託事件の背景

豊前国宇佐《うさ》に鎮座する八幡神《やはたのかみ》は、東大寺《とうだいじ》の大仏建立に貢献したことから、朝廷に強い影響力を有していた。神護景雲三年（七六九）、その八幡神が「道鏡を即位させれば天下太平になる」との託宣を下したという報告が、大《だ》宰主神《ざいのかんづかさ》の中臣習宜阿曽麻呂《すげのあそまろ》によって朝廷に届いた。この報告に対し、称徳天皇は側近であった法均尼《ほうきんに》（和気広《わけのひろ》虫《むし》）の弟の和気清麻呂《きよまろ》を宇佐に派遣して託宣の真偽を確認させたところ、清麻呂は「我が国は君臣の別が定まっており、皇位は皇族に継がせよ」と道鏡の即位を否定する別の託宣を持ち帰った。両託宣を受け、称徳は清麻呂の託宣を偽託宣と断じて姉弟を除名・配流としたが、はじめの託宣をも退けるかのように道鏡に皇位を継がせることもせず、後継者未定のまま事件は終結した。

この事件の評価に対する最大の問題は、法王が単なる臣下ではない点を考慮しても、血統的に「天皇霊」を獲得しえない非皇族、すなわち道鏡の即位という主張がどこから発生したのかという点である。まず、事件の主体、首謀者としては、道鏡、称徳、阿曽麻呂と宇佐八幡神職団などが推察される。そして、称徳自身に道鏡を即位させたいという意志があり、道鏡も了解していた可能性は、法王の待遇などから否定できない。だが、事件の経過において称徳自身の一貫性がうかがえないことにより、発生当初から道鏡や称徳が積極的に関与していたとは考え難い。やはり、事件を主導したのは阿曽麻呂・八幡神職団であり、道鏡・称徳の関与はあくまで最初の託宣の到着以降であろう。ただし、ここからは臣下である阿曽麻呂の側から道鏡の即位を可とし、清麻呂の側からそれを否定する主張がなされたという、臣下間における天皇観の揺らぎを見出すことができる。

そもそも八世紀に展開した律令体制は、易姓革命を肯定する中国の政治風土を背景に構築された官僚制であり、日本においてはその革命的要素を切り捨てて導入したとはいえ、本質的に天皇との人格的な結合を必要としない。実際にも六位以下の下級官人層は官司機構の上で地位としての天皇と結びつくにすぎない。それに対して、五位以上は天皇による勅授《ちょくじゅ》であり、さらには「功臣家伝《こうしんかでん》」の提出などを通じて、天皇は五位以上官人との世代を超えた人格的な結合を維持しようとしていた。律令貴族層の側も、豪族としての独自の基盤は脆弱であり、天皇を中核として氏姓・祖先伝承等の秩序を構築し、その存在に依存することで政治的な立場を維持していた。したがって、律令貴族層にとって歴代の仕奉《しぶ》を重ねてきた皇統の崩壊は、自らの地位の拠り所を崩壊させかねない事態であり、決して受け入れられることではない。また、新興層ではあるが、すでに朝廷内で仕奉を重ねて一定の地位を確保しつつあった清麻呂のような地方出身氏族にとっても同様である。

つまり神託事件とは、律令体制の浸透により朝廷内における天皇観の二つの側面が次第に乖離していくなかで、その乖離が表面化した瞬間であった。この事件により、『古事記』や『日本書紀』で強調していた「万世一系」の天皇像が、両書によって構築された意識世界を共有する律令貴族層の幻想にすぎなかったことが判明したのである。そのため、以降の天皇及び律令貴族層にとっては、「万世一系」の幻想を実体化させることが必須であった。具体的には、『続日本紀《しょくにほんぎ》』や『日本後紀』の編纂に際して神託事件を再構成し、臣下の身で皇位をうかがったために破滅したと道鏡に筆誅を加えることで、血統による天皇位の絶対性を強調したのである。清麻呂がもたらした「君臣分定」の論理は、この事件によって明確に意識され、実際には九世紀以降に実体化したのである。

参考文献

勝浦令子「称徳天皇の『仏教と王権』」(『史学雑誌』一〇六―四、一九九七年)
瀧浪貞子『最後の女帝　孝謙天皇』(吉川弘文館、一九九八年)
中西康裕『続日本紀と奈良朝の政変』(吉川弘文館、二〇〇二年)
根本誠二『天平期の僧侶と天皇』(岩田書院、二〇〇三年)
長谷部将司『日本古代の地方出身氏族』(岩田書院、二〇〇四年)
長谷部将司「私撰史書としての『霊異記』」(『奈良仏教と在地社会』岩田書院、二〇〇四年)

桓武朝——「新王朝」の創出

長谷部将司

延暦一三年（七九四）、桓武《かんむ》天皇は造営途中の長岡《ながおか》京を捨て、改めて葛野《かどの》の地に遷都し平安京と命名した。千年以上も都であり続けた「万代宮」の第一歩である。また、「軍事と造作」と評されるように、東北地方の蝦夷《えみし》討伐にも心血を注ぐなど、新たな政策を次々と打ち出していった。これらの大事業を主導した桓武自身は、かつて山部《やまべ》王と呼ばれた一律令官人の諸王であったが、父白壁《しらかべ》王が光仁《こうにん》天皇として即位し、さらに異母弟の他戸《おさべ》親王が失脚したことから、当初は想定していなかった皇位についた人物である。以上のような経緯により、天武《てんむ》天皇・草壁《くさかべ》皇子系から天智《てんじ》天皇系という皇統の転換は、これまでは桓武の「新王朝」として、易姓革命が起こらなかった日本における疑似革命のような位置づけを与えられてきた。ただし、確かに皇統は変化するが、皇位自体は草壁系の皇統より継承されていることからも、前代との断絶面と継承面をそれぞれ見極める必要がある。

血の尊貴性の弱さ

宝亀元年（七七〇）、称徳《しょうとく》天皇の死後に白壁王が即位すると、皇太子には他戸親王が就いた。そもそも白壁王＝光仁の即位を可能とした最大の要因が、天智天皇の孫という自身の立場よりも、皇后となった井上《いのえ》内親王との間に生まれた他戸の存在であった。井上は聖武《しょうむ》天皇の娘で、他戸はその孫となることから、将来的な他戸の即位を前提として光仁の即位が実現したのである。一方、年長の山部王は山部親王となるも、母は和新笠《やまとのにいかさ》という和乙継《おとつぐ》を父とする卑姓の渡来系氏族であり、この時点で山部の立太子は考えられていなかった。しかし、宝亀三年（七七二）に井上が光仁に対し巫蠱《ふこ》（まじないによる呪い）を行ったとして皇后を廃され、井上に連坐して他戸も廃太子されると、翌年には山部の立太子が実現した。なお、この一件には密かに山部に期待をかけていた藤原百川《ももかわ》の策謀があったとされる。その後、井上と他戸は改めて幽閉され自殺か他殺かは不明だが同日に死去し、山部の即位への障害が完全に排除された。そして天応元年（七八一）、病身の光仁は山部に譲位し、ついに桓武天皇が誕生したのである。

ただし、即位直後に天武天皇の曾孫である氷上川継《ひかみのかわつぐ》の謀反事件が発覚するなど、桓武の政治基盤は非常に不安定であった。そもそも、母が渡来系氏族という血の尊貴性の脆弱さが桓武をその最終段階まで後継者候補としなかったのであり、桓武即位の根拠は父光仁からの譲位という一点のみであった。そのため、桓武は改めて自らの天皇としての権威を確立させなくてはならず、その意識が「造作」＝長岡京・平安京への遷都事業と「軍事」＝東北地方の蝦夷征伐という、大事業を遂行する専制君主としての天皇像を見せつけることに結実したのである。さらに、血の尊貴性の弱さを克服するためには、母方・父方の両面よりその地位の向上を図る必要がある。具体的には、前者が桓武朝における渡来系氏族の台頭、後者が祖先祭儀の再編などによる、いわゆる「新王朝」の創出と呼ばれる諸事象に結実していく。

渡来系氏族の台頭

和新笠は、光仁天皇の在位中に高野朝臣《たかののあそん》を賜姓され、桓武天皇の即位により皇太夫人《こうたいぶにん》と称された。また、あわせて和氏の系譜である『和氏譜《わしふ》』が編纂され、おそらくはこの段階で百済武寧王《くだらぶねいおう》の子純陁太子《じゅんだたいし》を祖とする伝承が創出された。ここには、母の血筋を由緒あるものにすることで少しでも血の尊貴性を補おうという、光仁・桓武の意志がうかがえる。『和氏譜』の作者は和気清麻呂《わけのきよまろ》であり、この後も桓武の側近として長岡京・平安京の遷都事業の中心人物の一人となっていく。なお、桓武はその即位直前に後ろ盾であった藤原百川を亡くしており、強力な支持勢力を持たずに即位したが、代わりに桓武自身を掣肘するような勢力もなかった。藤原氏では式家の藤原種継《たねつぐ》が側近として長岡京遷都事業の中心となったが、まもなく暗殺されてしまう。そのため、「造都と征夷」といった大事業を遂行するために桓武が頼りにしたのは、これまでの朝廷では中枢からはずれるも、豊富な経済力や学識・技術を有していた渡来系氏族であった。

山背国に拠点を持つ秦氏《はた》は、長岡京・平安京遷都事業において多大な貢献をした。個人としても、和家麻呂《いえまろ》が桓武の外戚ということで中納言《ちゅうなごん》に昇進し、渡来系氏族としては初めて議政官に名を連ねたのをはじめ、『続日本紀《しょくにほんぎ》』編纂や平安京遷都事業に活躍した菅野真道《すがののまみち》や、征夷事業の中心者となった坂上田村麻呂《さかのうえのたむらまろ》が桓武の晩年に参議《さんぎ》に列した。また、百済王《くだらのこにきし》氏に対しては「朕が外戚」と述べて重用したが、その背景には尚侍《ないしのかみ》として後宮にて重きをなした百済王明信《みょうしん》の存在が不可欠である。

ただし、母方の顕彰は和氏に連なる渡来系氏族だけではない。新笠の母は土師真妹《はじのまいも》であることから、この時期には土師氏の台頭も顕著である。土師氏の一族はそれぞれ菅原朝臣《すがわらのあそん》・大枝《おおえ》朝臣・秋篠《あきしの》朝臣など、葬送儀礼に由来する「土師」を改めた新たな姓を賜与され、さらには秋篠安人《やすひと》が参議に任じられるなど、新たな律令貴族層として再出発を遂げた。そして、桓武朝で台頭した新興氏族の末裔が、次第に没落していく奈良貴族層に代わり、藤原氏や源《みなもと》氏ほどではないが中下級の平安貴族として、以降の朝廷内に一定の位置を占めるようになる。

儀礼等の再編

即位当初の桓武天皇にとって、天皇としての権威が父光仁天皇の存在のみに依存する以上、その顕彰は必然である。桓武は中国にならい延暦四年（七八五）と同六年（七八七）の二度、長岡京南郊の交野《かたの》に段丘を築いて郊祀*を実施したが、延暦六年時の祭文によれば祀られたのは昊天上帝と光仁天皇であった。中国における高祖《こうそ》の位置に光仁が置かれたことから、桓武が光仁より始まる「新王朝」を意識したことは確実である。また、延暦一〇年（七九一）には数が増えて政務に支障をきたしていた国忌《こき》*が整理された。この政策はかつて草壁系の天皇の国忌を廃して「新王朝」意識を明確にするものと捉えられていたが、近年、聖武天皇のみならず称徳《しょうとく》天皇の国忌も桓武朝段階で除外されなかったことが判明した。ここからは、必ずしも称徳までの「前王朝」を否定するのではなく、残された国忌の中で最古となる天智天皇より始まる一連の「王朝」の継承意識が見出せる。

確かに桓武にとっては、井上・他戸の存在がある以上、聖武の血は克服すべき対象であった。だが一方で、事の真偽はともかく光仁の即位が称徳の遺詔によって決定した以上、聖武・称徳の完全な否定は自らの否定にもつながってしまう。そのため、桓武にとっては、天智より続く皇位の継承を肯定した上で、光仁より始まる新たな皇統を強調することが基本的な方針となる。

そして、以上のような桓武の思想を確定させる行為が、最終的に『続日本紀』として結実した勅撰の歴史書編纂であった。『続日本紀』では桓武の正当性を強調することが最大の目的であったが、「新王朝」誕生の前提となる「前王朝」の悪政については、宇佐八幡神託事件を再構成することで道鏡《どうきょう》一人の責任として、称徳自身の責任を回避している。一方、諸氏族に対しては上級官人の薨《こう》卒伝《しゅつでん》を採用するなどしてその祖先伝承を集約し、桓武を軸とした氏族秩序として再構築した。この結果、旧来の

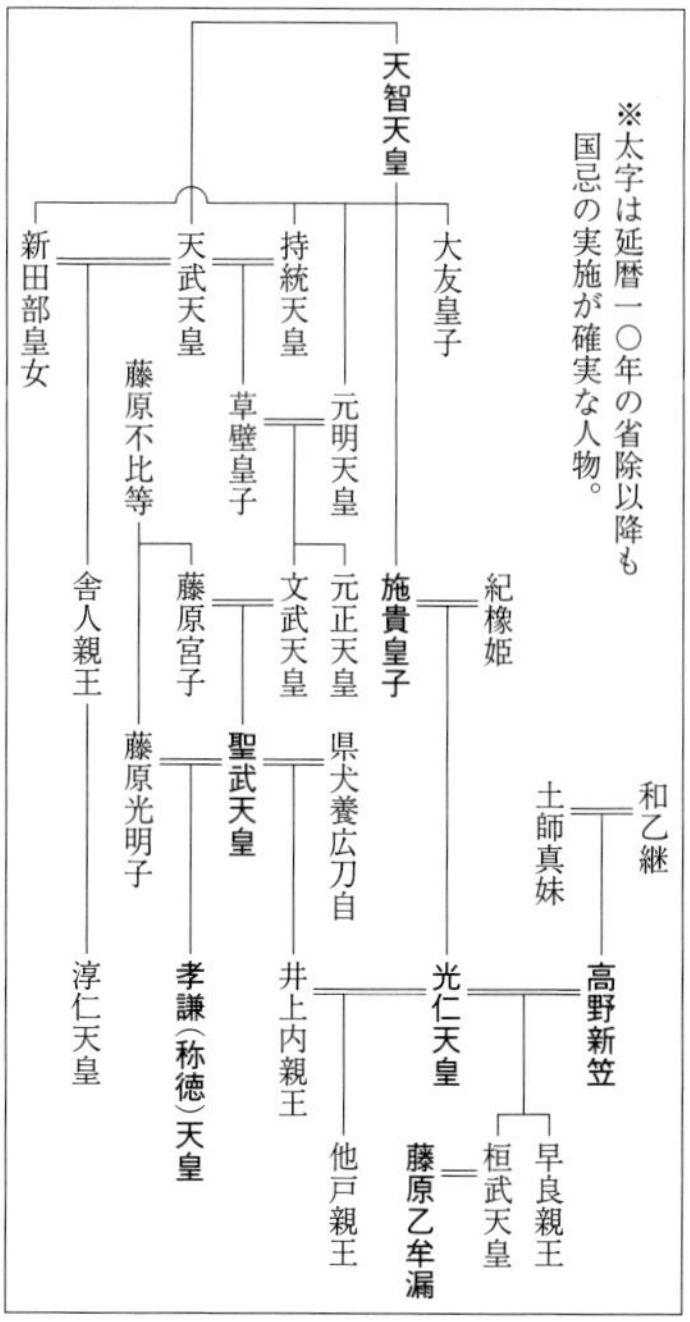

図1　8世紀天皇系図

氏族秩序では除外されていた新興の桓武の側近集団が新たな秩序体系に組み込まれ、貴族層の一員としての地位を確立させたのである。ただし、この再構築過程はいかにも「新王朝」的であるが、基本的には『古事記』や『日本書紀』による氏族秩序の焼き直しであり、その構成原理までを変えるものではなかった。

後世、万代宮となった平安京の創始者として桓武天皇は常に回顧されるが、実際には、桓武が在位中をかけて築き上げた専制君主としての強大な権威を背景として、嵯峨《さが》朝以降に平安京を基軸とした新たな秩序が次々と形成されるようになると、その前提として桓武朝が「近き先例」と認識されるようになるのである。

参考文献

瀧川政次郎「革命思想と長岡遷都」（『京制並に都城制の研究』角川書店、一九六七年）
長谷部将司『日本古代の地方出身氏族』（岩田書院、二〇〇四年）
堀裕「平安初期の天皇権威と国忌」（『史林』八七―六、二〇〇四年）

説話と天皇——「天皇」はどう描かれたのか

関根　淳

古代の説話

説話とは、一般に人びとの間に口頭で伝承されたハナシであり、また諸史料のなかに挿入された比較的ちいさく、断片的にまとまったエピソードである。また、それらの集合体として説話集がある。

古代日本において説話・説話集は必ずしも豊富ではない。説話を成立させる散文自体の発達が遅れているからである。そのような状況のなか、本項では日本最初の説話集といわれる『日本霊異記《にほんりょういき》』（九世紀前半成立。以下、『霊異記』と略記）と、在地の伝承を数多くふくむ『風土記』（八世紀前半成立。ここではいわゆる五風土記を指す）の二つを題材として取り上げたい。両者には記紀にみえないさまざまな「天皇」が存在する。

『霊異記』における天皇

『霊異記』の全一一六話のうち天皇が登場するのは実に八〇話であり、約七割に達する。中巻を中心に聖武天皇が最も多く、次いで下巻の称徳《しょうとく》天皇、光仁《こうにん》天皇がつづく。しかし、そのほとんどが「聖武天皇御世《しょうむてんのうのみよ》」（中巻二縁）などの表記で説話の背景としての時代を示しているのみであり、天皇自身が個性を発揮して主体的な言動をみせる説話は上巻一・五・二五・三二、中巻一・二一・三五、下巻三五・三八の各縁、計九話にすぎない。それらを順にみてみよう。

上巻一縁。雄略《ゆうりゃく》天皇が皇后と同衾していたところに少子部栖軽《ちいさこべのすがる》がそれと知らずに入室してしまった。雄略は恥ずかしさのあまり、そのとき鳴っていた雷を呼んで来いと栖軽《すがる》に無理難題を命じる。栖軽は雷に対して「天皇の命令であるから雷神とはいえ拒否するな」と叫び、落ちていた雷を輿に乗せて招来し雄略に引き合わせた。雷がその瞬間にパッと光り輝いたため雄略はこれに恐れ驚き、供え物をして元の落ちていた場所に戻した。

同五縁。和泉国《いずみのくに》の海中から雷のような音や光があるという報告があった。時の敏達《びだつ》天皇はこれを信じなかったが、皇后はこの雷に打たれたという楠で仏像をつくることを許可した。皇后はのちに即位して推古《すいこ》天皇となり、厩戸皇子《うまやどのおうじ》（聖徳太子）を皇太子にして仏教の興隆に貢献する。

同二五縁。持統《じとう》天皇が伊勢行幸を決定したところ、農繁期であることを理由に大神高市万侶《おおみわのたけちまろ》が反対したが、持統はこれを了承しなかった。

同三二縁。聖武天皇が狩りをした際に獲物の鹿が民家に入り込み、その家人たちがそれと知らずにこれを食べてしまった。聖武はその家人たちを逮捕させたが、彼らが大安寺《だいあんじ》の仏像に読経をささげたところ、皇太子が誕生して恩赦が下され無事に解放された。

中巻一縁。聖武が長屋親王《ながやのみこ》の反逆を知って大いに怒り、王の邸に軍隊を派遣して死を命じた。長屋親王は法会《ほうえ》のさいに仏僧を打ったために無実の罪で死に追いやられたのである。

同二一縁。聖武がある山寺（のちの東大寺）の執金剛《しっこんごう》神像《しんぞう》から発せられる光に驚いて怪しみ、これを調べさせたところ一人の行者がそこにおり、出家して仏法を学びたいという。聖武は出家を許して特に彼の修行をほめたたえた。

同三五縁。道中で仏僧を打ちその報いで苦しみ死んだ宇遅王《うじのおおきみ》の親族がその仏僧に対する恨みを申し出たが、聖武はこれをききいれなかった。聖武は「朕《ちん》もまた法師なり」といい、自身の仏法を守護する立場を明確にしたのである。

下巻三五縁。桓武《かんむ》天皇は地獄に落ちた物部古丸《もののべのふるまろ》のために法華経の書写を命じ、皇太子以下百官をこれに帰依《きえ》させた。

同三八縁。聖武が藤原仲麻呂《なかまろ》に阿倍内親王《あべないしんのう》と道祖親王《ふなどのみこ》の共同統治について意見を求めてこれを支持させる誓約をした、また道鏡が孝謙《こうけん》天皇と男女の仲になって政治の実権を握った、などの話が歌謡を挿入しつつ語られている。

これらの説話をみると、ほとんどの天皇が仏教の功徳を説くための一登場人物として利用されているにすぎない。説話が天皇自身に対して何かを語っているケースは少ないのである。『霊異記』という史料の立脚点はあくまで仏教の功徳を説くことにある。そこでは聖武天皇と嵯峨《さが》天皇の評価が高いが、それらはいずれも仏教史上の聖人の生まれ変わりとして描かれており（上巻五縁・下巻三九縁）、先の視点が外されることはない。いわば仏教の功徳が天皇に仮託されているのであり、「天皇」自身が意味をもつものではないのである。

『風土記』における天皇

いっぽう風土記における天皇の特徴は三つある。第一は地名伝承を担うことが圧倒的に多いこと。風土記に天皇が登場するのは一六〇回を超えるが、そのうち六割以上は地名伝承である。たとえば「品太天皇《ほんだのすめらみこと》」（応神）」が鉄製の矢を落とした川なので「金箭《かなや》川」と名づけたとか（播磨国揖保郡《はりまのくにいいぼぐん》条）、「纏向日代宮御宇天皇《まきむくのひしろのみやにあめのしたしろしめししすめらみこと》（景行）」が狩りをしたところ荒ぶる土地の神が鎮まったので「神埼《かんざき》」という（肥前国神埼郡《ひぜんのくにかんざきぐん》条）、などの類である。行幸や狩猟でその土地にやってきた天皇が何らかの言動をし、それによって地名が定まったとするのである。なかでも景行天皇と応神天皇に関する説話が多い。

第二には、「難波長柄豊前大宮御宇天皇《なにわのながらのとよさきのおおみやにあめのしたしろしめししすめらみこと》（孝徳）之世」（常陸国行方郡《ひたちのくになめかたぐん》条）や「志貴島宮御《しきしまのみやにあめのしたしろ》宇天皇《しめししすめらみこと》（欽明）御世」（出雲国意宇郡《いずものくにおうぐん》条）など、『霊異記』と同様に説話の時代背景を示す指標として用いられる。風土記の天皇の約三割がこれである。

第三は、これが風土記における天皇の最も大きな特徴となるが、記紀などでは天皇として扱われていない皇子や皇后が「天皇」として表記され、その役割を担っていることである。ヤマトタケルを「倭武天皇《やまとたけるのすめらみこと》」（常陸国信太郡《しだぐん》条など）、神功皇后《じんぐう》を「息長帯比売天皇《おきながたらしひめのすめらみこと》」（同茨城郡条）、応神天皇の皇子の菟道稚郎子皇子《うじのわきいらつこのみこ》を「宇治天皇《うじのすめらみこと》」（播磨国揖保郡条）、履中天皇の皇子の市辺押羽皇子《いちべのおしはのみこ》を「市辺天皇命《いちべのすめらみこと》」（播磨国美嚢郡《みなぎぐん》条）として記述している。

これは風土記の誤りとせずに、記紀が編纂される以前の在地の「天皇」認識を示すものとしてとらえるべきである。またこのことと先の地名伝承をあわせて、六世紀から五世紀にまでさかのぼる在地の伝承や「天皇」像が風土記にはそのまま記述されている可能性が高い。それらには六国史《りっこくし》や律令に示される天皇・律令国家の論理とは異なるものもあり、それ以前の複数の各地の王統譜がよみ取れる。風土記はその意味で貴重な史料といえるだろう。

説話と天皇——「天皇制」と史実

『霊異記』と『風土記』の天皇を通覧していえるのは、天皇に対する認識がある程度広まっていなければこれを説話のなかで用いる効果は少なく、その意味で八世紀前半にはすでに「天皇」の存在が一般化されつつある、ということである。そうでなければ、仏教の功徳や時代、地名を「天皇」に仮託する効果は期待できないであろう。古代の説話集はこの他にも『三宝絵《さんぼうえ》』（九世紀末成立）などがあるが、これまでの検討を超える天皇説話を掲載するものではない。

　これに対して、中世初頭には『今昔物語集《こんじゃくものがたりしゅう》』（一二世紀前半成立）を嚆矢《こうし》として説話文学が充実してゆく。鎌倉初期成立の『古事談《こじだん》』では最初の項目として「王道后宮」をかかげ、天皇に関するさまざまな説話をまとめて掲載している。奈良時代における孝謙天皇と道鏡の男女の関係は有名なハナシだが、たとえばその記述に関して、正史の『続日本紀《しょくにほんぎ》』では道鏡が孝謙に「寵幸《ちょうこう》せらる」とあったのが（宝亀三年四月丁巳条）、『霊異記』では「同じ枕に交通《とつぎ》」したとなり（下巻三八縁）、『古事談』ではついに孝謙が「道鏡の陰」に不満足をおぼえて山芋を……、という露骨できわどい話になっている。

　説話が口頭伝承を起点にするものである以上、そのストーリーが縮小することはない。その過程で、本来あったはずのハナシの種＝史実は次第に肥大化し、歪曲される。六国史や律令の規定からうかがえる天皇とは異なり、説話のなかの天皇は非常におもしろい生身の人間である。おもしろいがゆえに、史料の性格や成り立ちに注意して扱うべきであろう。

参考文献

會田実「巷談・流言・浮説」（院政期文化研究会編『言説とテキスト学』森話社、二〇〇二年）
佐藤長門「『日本霊異記』における天皇像」（『歴史評論』六六八、二〇〇五年）
長山泰孝「播磨国風土記と天皇系譜」（『古代国家と王権』吉川弘文館、一九九二年）

摂政と関白——成立と変容

戸川　点

摂関という存在

摂政《せっしょう》は天皇が幼少などの際に天皇の代行をするもので、伝説的要素の強いものながら神功《じんぐう》皇后を初めとし、一九四六年（昭和二二）公布の日本国憲法のもとでも天皇が未成年の場合や重患がある場合には置かれることになっている。関白《かんぱく》は臣下の立場で天皇を補佐するもので藤原基経《もとつね》を初めとして幕末まで続いている。両者は摂関とも略され長期にわたって存在したものである。しかし何といってもその存在感が強かったのは平安時代である。平安時代中期の政治を摂関政治といい、藤原道長《みちなが》の時に全盛期を迎えたことなどは周知のことであろう。

幼帝と摂政

摂政には神功《じんぐう》皇后、聖徳太子、中大兄《なかのおおえ》皇子、草壁《くさかべ》皇子などの皇族摂政と藤原氏などの臣下がなる人臣摂政が存在したが、平安時代に存在したのは人臣摂政である。その初めは清和《せいわ》天皇の摂政となった藤原良房《よしふさ》である。彼は幼帝清和天皇の外戚《がいせき》であり、太政大臣《だいじょうだいじん》でもあったため摂政となり、天皇権の代行をしたといわれている。

ところで平安時代の政策は大まかにいえば政《せい》と定《さだめ》という方法で決定されていた。政とは役所や諸国から申請された案件を天皇や太政官《だいじょうかん》などが決裁することで、定とは案件を公卿《くぎょう》が合議し、その合議結果を天皇に報告、決裁を仰いで決定する、というものであった。したがって天皇の果たす役割は大きなものであった。そしていうまでもなく、このような役割は幼帝に果たせるものではなかった。そこで作られたのが摂政なのである。

奈良時代までならば幼帝即位の可能性がある場合は中継ぎとして女帝が即位し、幼帝が成人するのを待ったのである。ところが最初の幼帝である清和の場合、女帝候補者がいなかったのである。これまでの例から考えると中継ぎの女帝は皇女であり、直系天皇の生母か直系天皇の同母姉妹に限られている。清和の場合、こうした条件に合致するのは清和の祖父仁明《にんみょう》天皇の同母姉で淳和《じゅんな》天皇の皇后、正子《まさこ》内親王《ないしんのう》のみであった。ただし正子内親王は承和の変で皇太子の座をおわれた恒貞親王《つねさだしんのう》の生母であり、その結果、清和の父文徳《もんとく》が皇太子となったという事情などから見て中継ぎの女帝候補とはなりえない人物であった。

それでは後の院政のように太上天皇（上皇）が実権を持つのはどうであろうか。本来太上天皇は天皇と同等の実権を有していたといわれるのでこのような方法も考えられよう。しかし清和は父文徳の病死により即位するのであり、これも不可能であった。そこで藤原良房が天皇権を代行する道がとられ、清和の即位が実現したのであろう。

摂政の成立

ところで良房の摂政就任については清和天皇が即位した天安二年（八五八）とする説と貞観八年（八六六）、応《おう》天門《てんもん》の変に際して任じられたとする説とがある。上述のような状況を考えれば八五八年説が妥当ということになろうが、その史料的根拠が『公卿補任《くぎょうぶにん》』など後代の史料であり、『日本三代実録』など正史の八五八年条には任命の記事が見られないという弱点がある。『公卿補任』の記述は幼帝即位のときには摂政を置くという後世の観念から遡って主張されたものとの指摘もある。

一方で幼帝の場合、代行者が不可欠であること、貞観一八年（八七六）に基経が陽成《ようぜい》天皇の摂政となる際に「忠仁公《ちゅうじんこう》（良房のこと）故事《こじ》」の如く「幼主《ようしゅ》を保《まも》り輔《たす》け」ることが求められており、良房が幼主を補佐したことが知られること、さらに八六六年には清和天皇は元服を終え、一七歳に達しており、良房が幼主を補佐したのは八六六年以前のことと考えられること、などから八五八年摂政就任説を唱える見解もある。この見解の場合、八六六年の摂政任命記事は応天門の変後の政治不安を収拾するために改めて良房の政治権力を明確化した措置であったとされる。この二説の妥当性についてはさらに検討の必要があろう。

関白の成立

関白とは天皇を補佐し、国政に関わり白《もう》す権限をもったものをいう。関白の成立年次についても二説あり、仁和三年（八八七）宇多《うだ》天皇が太政大臣藤原基経を任命したのが最初とする説（「関白」の語の初例はこの時の詔である）と、これに先立つ元慶八年（八八四）に光孝《こうこう》天皇から太政大臣基経に出された「奏すべきこと、下すべきことはまず太政大臣藤原基経に諮稟《しりん》せよ」との勅が実質的な関白の始まりであるとする説である。

このうち八八四年の勅は、宮中で乱行に及んだ陽成《ようぜい》天皇を廃立し、光孝天皇を擁立した基経に対する論功行賞といっていいものであるが、律令で「天皇の師範」と規定されるも職務がはっきりしない太政大臣の権能を「天皇に奏上すること、太政官に下すことに関われ」と明らかにしたものなのか、関白という新しい職務を創出して基経に与えたものなのかが明確ではなかった。そのためにこの曖昧さを克服し、関白の職務を明確にするために引き起こされたのが次の宇多天皇の時の阿衡《あこう》*の紛議であった。

阿衡の紛議とは宇多天皇が基経を関白に任じようとした際、「阿衡の任を以って卿の任となすべし」と命じたのに対して基経側が「阿衡」には職掌がないと反発、出仕を拒否した事件である。この事件の結果、宇多《うだ》天皇は非を認め、太政大臣とは区別される、内覧*行為を核とする職掌を明確にして基経を関白に任じるのである。こうして関白のポストは確立するのである。つまり関白の実質的なスタートは八八四年であるが、ポストとしての関白の確立は阿衡の紛議を経た八八七年であったと整理できよう。

摂関制の変容

その後摂関制については三つの大きな変化がある。延長八年（九三〇）藤原忠平《ただひら》は幼少の朱雀《すざく》天皇の摂政となるが、天皇元服後には摂政をやめて関白となっている。これ以来、天皇幼少時には摂政、成人後は関白を置く形が定まったとされる。ついで寛和二年（九八六）、右大臣兼家《かねいえ》が一条《いちじょう》天皇の摂政に任じられる際には上座の大臣がいたため兼家は右大臣を辞し無官となり、「摂政は三公（太政大臣、左大臣、右大臣）より上の座次である」とする一座宣旨《いちざのせんじ》を賜って摂政となった。こうして摂政は大臣兼任の地位ではなくなり、大臣など律令官職を超越した最高の地位となった。さらに平安末期、鳥羽《とば》天皇践祚《せんそ》の際には道長の子孫で前代の関白藤原忠実《ただざね》が外戚関係のないまま摂政となった。この時は摂政就任を望む外戚、閑院流の藤原公実《きんざね》を白河《しらかわ》上皇の仰せによって押しのけて忠実が摂政となるのである。これは外戚関係にかかわらず道長の子孫が摂関の地位を世襲する、イエとしての摂関家の成立を意味するものであった。これによって摂関制は永続的に安定するが、同時に摂関に対し上皇が上位に立つことにもなる重大な変化であった。

摂関制と院政

最後に天皇の父である上皇が行う院政と摂関制の関連を見ておきたい。この点について従来は摂関期の親権は母方優位であり、そのため母方の外戚が後見をつとめ、摂関となった。院政期には親権が父方優位へと転換し、そのため摂関政治から新天皇の父である上皇が実権を握る院政へと変化したといわれていた。

しかし、基経が幼帝陽成の摂政に任命された際、基経はこれを辞退し、上皇清和と国母藤原高子《たかいこ》によって陽成の後見を行うよう要請しているのである。つまり摂関期においても父親である太上天皇や母親である国母が天皇権を代行する可能性があったのである（ちなみにこの時は清和が要請を受けず、基経が摂政となった）。逆に院政期においても摂関は任命されており、高倉《たかくら》院政下では安徳《あんとく》天皇のもとで摂政藤原基通《もとみち》が政務をとるよう要請された事例もある。このように考えると、天皇を中心に上皇、母后、藤原氏などが王権を構成し、このうち親政、摂関政治、院政のいずれになるかは時々の事情に左右された、と見ることも可能であろう。その一方で院政期には父院によって皇位継承が決定されているのも事実であり、王家の家長が父権に基づいて行ったのが院政だとする見解にも説得力がある。こうしたミウチ関係・イエのあり方なども踏まえて、摂関政治、院政についてはさらに考えていかなければなるまい。

参考文献

井原今朝男『日本中世の国政と家政』（校倉書房、一九九五年）
坂上康俊『日本の歴史5　律令国家の転換と「日本」』（講談社、二〇〇一年）
美川圭『院政』（中央公論新社、二〇〇六年）
元木泰雄「院政と武士政権の成立」（『日本の中世8　院政と平氏、鎌倉政権』中央公論新社、二〇〇二年）

将門と新皇——新皇即位の意味

川尻 秋生

平将門の乱とは

日本の歴史を見渡しても、新たに天皇になろうとした人物はほとんどいない。そのなかの希有な人物が、平将門である。それでは、平将門とはどのような人物で、なぜ、新皇（新たな天皇）になろうとしたのだろうか。

将門は、桓武《かんむ》天皇の子孫（桓武平氏）であった。祖父高望王《たかもちおう》は上総介として赴任の後、土着。父は、従五位下鎮守府将軍平良将《よしもち》である。高望王が上総介に任命された理由は、九世紀終わり頃から坂東で大量に発生した群盗を、鎮圧するためであったらしい。

将門の乱は、一族内での内紛と、謀反を起こして以降の二つに大きく分けることができる。前半は、伯父である常陸掾平国香《ひたちのじょうたいらのくにか》、下総介平良兼《しもふさのすけたいらのよしかね》、平良正《たいらのよしまさ》および常陸掾源護《みなもとのまもる》たちと、父の遺産や結婚を巡っての争いであった。

将門の新皇即位

天皇制との関係からみて重要なのは後段である。将門が謀反と認定された直接のきっかけは、天慶二年（九三九）一一月、常陸介藤原維幾《ひたちのすけふじわらのこれちか》と戦い、常陸国府を占領したことにあった。以後、将門は、下野・上野国を手はじめに、坂東八ヵ国ならびに伊豆国を手中に収めた。とくに国府を占領した際に、国司から印鎰《いんやく》（国司が作成する文書に捺す国印と、国府の正倉の鍵）を取り上げたことは重要である。この行為は、国務を奪取したことを意味し、国家に対する明確な謀反に当たる。

さらに、将門が上野国府を陥れたときのことであった。一人の巫女が神がかりし、次のように託宣した。

私は、八幡大菩薩の使者である。朕（天皇）の位を将門に授けよう。その位記（位階を記した証明書）は、左大臣正二位菅原道真《すがわらのみちざね》の霊魂が捧げる。八幡大菩薩が多くの軍勢を起こして、朕の位を授けよう。今、三二相の音楽（仏教音楽）を演奏して、早く迎えよ。

この託宣に対して、将門は手を頭の上に捧げて恭しく拝礼した。国府の門を守っていた兵たちも、そろって歓び、伏し拝んだ。その後、坂東諸国司を任命し、王城を建てた。また、文武百官も任命し、国印なども定めた。

これが『将門記《しょうもんき》』が伝える将門の即位場面である。しかし、あまりにも荒唐無稽な内容であり、明治時代以来、その真偽を巡ってさまざまに議論されてきた。そもそも、なぜ、菅原道真の霊魂が現れるのか自体が説明できなかったのだ。

菅原道真の霊魂と八幡大菩薩の意味

まず、菅原道真の霊魂が現れる理由から。延喜元年（九〇一）、道真は謀反の疑いをかけられ、突然大宰府に左遷され、二年後に現地で亡くなった。以後、藤原時平《ときひら》をはじめとして、道真を窮地に追い込んだ人々が次々に亡くなり、清涼殿《せいりょうでん》に落雷があって死傷者も出た。こうして、道真の怨霊が取り沙汰されるようになった。

しかし、最近の研究から、承平年間の後半頃、常陸介として道真の子、兼茂《かねもち》が赴任していたことが明らかとなった。しかも、兼茂は父とともに左遷された経験があり、道真の霊魂と話をしたとの噂が立った人物でもあった。

また、即位場面に、常陸掾藤原玄茂《ふじわらのはるもち》と武蔵権守興世王《むさしのごんのかみおきよおう》が立ち会っていたことも見逃せない。玄茂は兼茂と入れ替わり、ことによると同任の国司であった可能性もある。『将門記』には、将門は、興世王と藤原玄茂の策謀により、身を滅ぼしたと指摘されているが、この二人がそろって登場するのは、即位場面しかない。『将門記』の作者も、二人を演出者とみていたのだ。

それでは、なぜ、八幡神が現れる必要があったのだろうか。八幡神は、もともと豊前国宇佐八幡宮《うさはちまんぐう》を本社としていたが、貞観二年（八六〇）に都近くに勧請され、石清水八幡宮《いわしみずはちまんぐう》が成立した。八幡神は、東大寺大仏の造立や道鏡の託宣事件との関係からもわかるように、奈良時代から王権と特別深い関係にあった。

しかし、皇祖神として現れるようになったのは九世紀からであった。その理由は、日本と新羅《しらぎ》との関係悪化にともなって、「三韓（百済《くだら》・高句麗《こうくり》・新羅）征伐」の記紀伝承を持つ神功《じんぐう》皇后とその子応神《おうじん》天皇が、八幡神と同体であるとの言説が生まれたからであった。また、天慶元年頃には、平安京で八幡神が上下貴賤を問わずに、大いに信仰を集めるようになっていたことも、影響しているようである。

古代にあって、天皇は、「万世一系」と信じられ、天照大神《あまてらすおおかみ》（伊勢内宮の祭神）という皇祖神の後盾があった。将門が新皇を自称するにも、同様な神話的論理を必要としたはずである。しかし、将門の場合、天照は持ち出せない。一方、八幡神は、同じ皇祖神でも、天皇から庶民に至るまで誰でも信仰することができた。その理由は、「菩薩」という言葉からもわかるように、神仏習合の影響を受けた神であったからである。

さすれば、将門が新皇を自称する根拠として、当時、絶大な信仰を集めていた八幡神から皇位を譲られるとの筋立ては、正当性を示す上でうってつけだろう。まして、将門は桓武天皇の血も引いていた。このことから、天皇とは、皇祖神の裏づけが必要であり、天皇の血を引いていなければならないと考えられていたことがわかる。

将門の乱と一〇世紀の国制

それでは、何が将門を新皇へと駆り立てたのだろうか。この点は、将門のまわりに集まった人物を解析することによって明らかとなる。将門軍に加わった人物は次のように分類することができる。

① 武蔵権守興世王・常陸掾藤原玄茂などの任用国司

② 藤原玄明などの私営田領主

③ 武蔵国足立郡司判官代武蔵武芝《あだちぐんじはんがんだいむさしのたけしば》

①興世王が将門のもとに身を寄せた理由は、姻戚関係にあった武蔵守百済貞連《くだらのさだつら》が、興世王を政務に参加させないためであった。②藤原玄明は、常陸国で大規模な田地を経営しながら、税をまったく納めない人物であった。彼は、都のいずれかの上流貴族と主従関係を結び（院宮王臣家の家人）、その権威を楯にして国司の命令を無視してきたのだが、この度は常陸介藤原維幾が政府に訴え出た結果、追捕官符（正式に国司の軍事行動を認める太政官符）が出されて窮地に陥り、将門に救援を求めた。③武蔵氏は、奈良時代以来続く武蔵国きっての名族であり、武芝も民衆の保護に余念がない人物である一方、武蔵国の判官代（在庁官人の一つ）でもあった。ところが、税の徴収をめぐって興世王・武蔵介源経基《つねもと》らと争論に及び、

将門が両者の仲介に入ったのであった（興世王は和睦したが、経基は政府に将門たちの謀反を告発した）。

彼らの行動は、実は当時の国制改革と密接な関係にあった。九世紀後半以降、院宮王臣家の活動が活発化し、税収が不足するようになった。その点を克服するために、政府は、国司制を改変した。最上位の国司（受領《ずりよう》国司）に国務運営の権限を大幅に委ね、権力を集中させたのだ。その結果、次官以下の国司（任用国司）との格差が増大し、両者が紛争に及ぶ場合もあった。また、関連して郡司も共同体の族長的性格を失いながら、受領国司のもとで、徴税などの国務に従事する在庁官人に再編成された。

こうしてみると、①②③の人物たちは、いずれも旧体制に属する人物であったことがわかる。彼らは、国制改革に不満を持ち、将門という類い稀な戦闘能力を有する人物のもとに結集し、反国家的な行動に出たのだ。その意味で、国制改革の担い手（藤原氏など）によって排除された道真の霊魂が担ぎ出されたのは、象徴的である。

将門の乱がもたらしたもの

将門が目指した国家は、古めかしい律令国家の焼き直しに過ぎなかった。将門がこのような国家構想しか持ち得なかったとすれば、彼のもくろみが短命で終わったのも当然である（天慶三年二月、藤原秀郷《ひでさと》・平貞盛《さだもり》によって殺害された）。将門は、古代という時代の制約を越えられなかったのだ。

しかし、一方では、「朝廷軍が攻め寄せて来たならば、足柄・碓氷二関を守り固めて防ごう」と発言してもいる。これがどこまで真実を伝えているのかは、なお検討を要するが、もし、史実だとすれば、坂東を独立国家にしようという意図が読みとれる。後の鎌倉幕府の先駆けとして注目しなければならないのだ。このことは、東国に居住する者たちが、東国を中央とは異質な地域であると認識していたことを示している。ここにも、将門が新皇を称した理由の一つを、見出すことができるのではあるまいか。

参考文献

川尻秋生『戦争の日本史4　平将門の乱』（吉川弘文館、二〇〇七年）
福田豊彦『平将門の乱』（岩波新書、一九八一年）

女院——その権力と特性

高松 百香

女院の誕生

女院《にょいん》の歴史は、藤原道長《みちなが》の姉であり、円融《えんゆう》天皇に入内し女御を経て皇太后となっていた詮子《せんし》が、一条《いちじょう》天皇の国母（天皇の生母）として、「東三条院《ひがしさんじょういん》」の院号を宣下《せんげ》された正暦二年（九九一）に始まる。『栄花物語』によれば、国母である后が出家するにあたり、「おりゐのみかど（降り位の帝）になぞらえて」、その地位は創出されたという。

この詮子の初例以来、後一条《ごいちじょう》・後朱雀《ごすざく》天皇の母后であった藤原彰子《しょうし》（一条天皇妃）が上東門院《じょうとうもんいん》に、後三条天皇の母后であった禎子《ていし》内親王（後朱雀天皇妃）が陽明門院《ようめいもんいん》に、と続いた。以後、女院の地位に就いた女性は一〇七名（一〇八例）を数え、制度としては江戸末期まで存続した。

彼女たちが后から女院となるにあたっては、まず呼称となる「院号」が公卿たちによって議論され、天皇によって宣下される。これは「院号定《さだめ》」という女院のみの行事であり、男の院の場合は基本的には行われない。

そもそも「院」は邸宅を表す語である。女院初例の東三条院のとき、詮子の里第である摂関家の本邸・東三条第が院号となったのは、これまでの男の院の院号が、彼らの邸宅にちなんで付けられていたことに準拠したからである。それゆえ、詮子には院号定は行われなかった。

しかし、女院の初期数例においても、その女性に複数の邸宅名候補があったり、逆にこれといった邸宅がなかったり、また邸宅があっても過去の男院の院号と重複してしまったり、などの問題点が挙げられるようになり、院号定という行事が重要になっていった。

そして、邸宅の問題以上に、上東門院や陽明門院という国母の女院が吉例として尊重されたこともあって、彼女たちの院号である、内裏の門にちなんだ「門院号」の宣下が増え、女院号の過半を占めるようになった。女院はその歴史的な誕生からほどなくして、男院とは違う院号の個性を獲得したのである。

新設の地位ながら、女院は国母であることが前提であったため、着実に王権内における地位を獲得した。二人目の女院である上東門院には、皇太子の「キサキの決定権」があったという。王統の「血」を左右するキサキの選択は、王家の家長の権限として、院政期の男院に認められる重要な要素である。しかしそれは、摂関期の女院がすでに行使していたのである。実際、上東門院は、白《しら》河《かわ》・鳥《と》羽《ば》・後《ご》白河《しらかわ》という院政期の男院の先例ともされていた。

院政という政治形態は、男性の院の権力ばかりが注目されるけれども、その直前の摂関期に、女の院たる女院がいたことを看過してはならない。摂関期に成立した女院の存在、そして彼女たちの王権における政治的権力があってこそ、それを参考にした男院たちによる院政の展開が可能になったと考えられる。

女院と女院領

女院の研究は、戦前における女院領の伝領をめぐる議論から始まった。戦後においては、「女院領」という莫大な所領群の主としての女院が「院の分身」と評されたことに対し、女院領研究者から反論が重ねられた。現在「分身」論はほぼ否定され、女院と女院領の実態を明らかにする研究が積み重ねられている。

例えば、女院領の伝領過程と、領主である女院が行う仏事の検討から、女院領とは天皇の菩提《ぼだい》を弔う行事を伝える「皇統」の基礎であることが明らかになった。また、膨大な史料を博捜した結果、鎌倉期における八条院《はちじょういん》領が確定され、全国の荘園のかなりの部分を占める女院領の全容が解明されようとしている。二百余ヵ所にものぼるという女院領荘園の主としての女院には、王家における他の構成員にはない、荘園制社会の頂点という特性があったのである。

ただし現在、「女院領」という枠組み自体が再検討を要す史学史上の問題点であると指摘されている。女院領に関する今後の研究動向に注目したい。

著名な女院たち

前節で「八条院領」について少し触れたが、高等学校の日本史教科書で名前が挙がる唯一の女院が八条院である。八条院は、鳥羽院と美福門院《びふくもんいん》の間に生まれた内親王で、両親から莫大な荘園群を相続し、それが八条院領として大覚寺統《だいかくじとう》の所領の母体となった。

さて、このように荘園との関わりで有名な八条院だが、それでは、当時の貴族社会における彼女の位置付けはいかなるものであったのだろうか。

八条院が院になる以前、暲子《しょうし》内親王であった時代の、興味深いエピソードがある。近衛《このえ》天皇が早世した時、その姉であった暲子の即位が、両親である鳥羽院と美福門院との間で真剣に議論されたという（『愚管抄《ぐかんしょう》』など）。つまり暲子は、女帝となる可能性があったのである。また暲子は、弟の立太子に際して、「弟は皇太子になった。私は皇太子の姉になった」（『今鏡《いまかがみ》』）と発言したともいう。幼いながらも堂々としたものであり、天皇候補になったというのも頷《うなず》ける。

こういった八条院の内親王時代のエピソードは、治承・寿永の内乱期における八条院の存在感にも直結する。内乱のきっかけとなった以仁王《もちひとおう》の挙兵は、八条院の了解のもとに行われ、八条院領からその財源が提供された可能性があるという。また、源氏・平家、摂関家から中下級貴族まで、さまざまな立場の多くの人々が八条院を頼り、その御所に身をよせたことから、「アジール（不可侵の聖域、避難所）としての八条院」が論じられている。

以上のような事例から、当該期の王権における八条院は、膨大な八条院領を保持するだけの存在意義がある人物だったことが明らかであろう。

ほかにも中世前期の女院には著名な女性が多い。待賢《たいけん》門院《もんいん》（藤原璋子）は、鳥羽院の正妃として生んだ崇徳《すとく》天皇を、義父であり養父でもある白河院との子であると噂され、このことが保元の乱の一因であったともいわれる。その待賢門院から鳥羽院の寵愛を奪った美福門院（藤原得子）は、鳥羽没後も王家の重鎮であり続け、後白河天皇の譲位を信西入道と二人で決断した際には、「仏と仏の評定」（『兵範記《ひょうはんき》』）とささやかれた。平家の滅亡で一族と子の安徳《あんとく》天皇を失った建礼門院《けんれいもんいん》（平徳子）は、その後の人生を彼らの鎮魂に捧げ、このことは『平家物語』の主要なテーマともなっている。

このように、中世前期において政局の中枢にいた女性の多くは女院であったのである。

女院制の展開

女院は、その成立期には国母でかつ天皇の正妃であることが前提であったが、四例目の二条院（章子《しょうし》内親王）は皇后ではあったが国母ではなく、五例目の郁芳門院《いくほうもんいん》（媞子《ていし》内親王）は弟の堀河《ほりかわ》天皇の准母として立后し中宮になっていたが天皇配偶者ではなかった。このように女院制は、「天皇の母」を基本的ポジションとしつつ、対象となる女性の地位を広げながら展開していった。

鎌倉後期になると、女院領が解体し、また、女院号の乱発ともいえる状況となり、これまでの女院が獲得してきた、女院の貴族社会における実質的な権力は低下した。

それでも女院が、天皇の母、およびそれに准ずる女性に与えられるべき地位であるという意識は、制度廃絶時まで存続したのである。

近代天皇制においては、女院は（男院も）存在しないが、天皇制に寄り添って、平安期以降九百年間続いた、后位とは異なる「天皇の母」の地位があった意味を、今一度考えてみる必要があるのではなかろうか。

参考文献

荒木敏夫『可能性としての女帝』（青木書店、一九九九年）

栗山圭子「准母立后制にみる中世前期の王家」（『日本史研究』四六五、二〇〇一年）

五味文彦『平家物語、史と説話』（平凡社、一九八七年）

高松百香「上東門院故実と院政期摂関家」（『日本史研究』五一三、二〇〇五年）、「平安貴族社会における院号定」（服藤早苗編『女と子供の王朝史』森話社、二〇〇七年）

野口華世「安嘉門院と女院領荘園」（『日本史研究』四五六、二〇〇〇年）、「中世前期の王家と安楽寿院」（『ヒストリア』一九八、二〇〇六年）

野村育世『家族史としての女院論』（校倉書房、二〇〇六年）

橋本義彦「女院の意義と沿革」（『平安貴族』平凡社、一九八六年）

伴瀬明美「院政期～鎌倉期における女院領について」（『日本史研究』三七四、一九九三年）、「院政期における後宮の変化とその意義」（『日本史研究』四〇二、一九九六年）

服藤早苗編『歴史のなかの皇女たち』（小学館、二〇〇二年）

服藤早苗「王権と国母」（『平安王朝社会のジェンダー』校倉書房、二〇〇五年）

龍粛「女院制の成立」（『平安時代』春秋社、一九六〇年）

院政——成立と構造

元木　泰雄

院政の成立

院政とは天皇の父系の直系尊属である院（上皇）が、天皇に代わって政務の実権を握る政治形態をいう。平安時代後期の白河《しらかわ》院に始まり、中断を含みながら江戸時代後期の光格院まで存続する。このうち、一一世紀後半からのほぼ一世紀間は、武士政権が未成立で、院が国政の実権を掌握したことから、院政期と称される。

院政成立の画期は、摂関家を外戚としない後三条《ごさんじょう》天皇の即位である。天皇は皇位継承順を決定すべく、一〇七三年に長子白河天皇に譲位、弟実仁《さねひと》親王を皇太弟に立て、その弟輔仁《すけひと》親王を実仁の後継者とした。摂関家を排除して独自に皇位を決定する権限を獲得したことになる。

しかし、天皇は退位後まもなく死去し、一〇八五年に実仁も死去したため、翌八六年白河は弟輔仁を排して実子堀河《ほりかわ》天皇に譲位した。これは院政目的ではなく、あくまでも実子の即位を目的としたものである。堀河の外祖父の摂政藤原師実《もろざね》、その子関白師通《もろみち》が大きな政治的発言力をもち、摂関政治復活の様相も見えた。しかし、一〇九九年に師通が三八歳で急死し、その子忠実《ただざね》は若年で非外戚であったため、白河によって摂関に任命され政治的に従属した。さらに、親政を行った堀河天皇も一一〇七年に夭折、五歳の幼帝鳥羽《とば》が即位したため、政務の実権は白河に帰した。これより本格的に院政が開始される。

院と人事権

奈良時代から平安初期に見られた太上天皇執政を院政の起源とする説もある。しかし太上天皇と天皇との関係は祖母と孫、兄弟など様々であり、しかも太上天皇が直接に太政官に命令を発した点で院政と大きく異なる。院政成立の背景には、平安時代における天皇の父母や外戚の権威増大がある。平安中期以降、天皇と父院、摂関家出身の母后・外戚（摂関）が共同で天皇・摂関の決定等の重要政務を行っていた。しかし、摂関家の外戚関係の断絶を契機に母后・外戚の地位が低下し、父院が天皇・摂関の人事を独裁するようになった。父院は天皇以下の人事権を基盤に政務の実権を掌握したのである。

　外戚と関係なく父系で皇位が継承されたことから、皇位を継承するイエである王家が成立した。父院は王家の家長として、天皇に対する父権を背景に政権を掌握した。したがって、院政は父院と天皇の父系の直系尊属に限定され、兄や伯叔父は行うことができなかった。

　白河院は人事権を背景に独裁を確立する。院は成人した鳥羽天皇から幼少の崇徳《すとく》天皇への譲位を強行し、院政を妨げる天皇親政を阻止した。この傾向は歴代の院に継承され、天皇の多くは幼帝となる。また白河は、自ら任命した関白忠実を無断で鳥羽天皇への入内工作を行ったとして罷免し、人事権を通して摂関家を屈服させた。さらに白河は重要な官職や受領《ずりょう》に側近を任命し、政務の実権を掌握するとともに、院近臣《いんのきんしん》を成長させた。

院近臣の活躍

院近臣は、摂関時代に四位以下であった中下級貴族の出身で、乳母の関係等を通して院に接近し、急速に官位を上昇させた者を言う。白河院は当初、公卿出身の有力者に政務を補佐させていたが、次第に独自の院近臣たちを抜擢・育成していった。院近臣には播磨守・伊予守等を歴任して経済奉仕に励む大国受領系と、弁官・蔵人頭《くろうどのとう》などを歴任して院の政務を補佐する実務官僚系があるが、大半は前者に属す。彼らは、院の家政を担当する院庁の四位別当として、その運営の中心となった。

　大国受領系の院近臣は、院や皇族の御願寺《ごがんじ》を成功《じょうごう》によって多数造営し、遷任・重任《ちょうにん》等を認められて継続的に大国受領の地位に就任した。彼らは白河院政期以降、院により抜擢、育成された存在で摂関時代の受領層とは家系を異にする。大国受領系院近臣の代表藤原末茂流《すえもちりゅう》は、白河の乳母子顕季《あきすえ》が公卿に昇進して以来、代々公卿の地位を獲得した。顕季の孫美福門院《びふくもんいん》が鳥羽院の寵愛を受け近《この》衛《え》天皇の国母となると、従兄弟家成《いえなり》と連携して諸国に多くの女院領荘園を立荘し、王家領の一方の柱八条院領《はちじょういんりょう》の基礎を築いた。平治《へいじ》の乱の首謀者藤原信頼《のぶより》、武士の伊勢平氏一族も、こうした大国受領系近臣に属す。

政務の決裁

こうした大国受領系院近臣と対照的に、実務官僚系の院近臣は政務面で院を補佐した。彼らは院と摂関以下とを取次いで政務・儀式を遂行し、さらに院の政務決裁を補佐することもあった。白河院の近臣藤原顕隆《あきたか》は、夜間に院御所に伺候して摂関人事等の重大事の決裁に関与したことから「夜の関白」と称されている。また保元《ほうげん》の乱の立役者信西《しんぜい》も鳥羽院の政務を補佐し、政務の中枢に関与したことから政治主導権を獲得したのである。院近臣には身分秩序を打破した人材登用の側面があり、これが院政定着の背景となった。

院は日常政務を摂関以下に委ねたが、強訴《ごうそ》などの重大事件に際しては院御所に公卿を招いて公卿議定を行った。これは摂関時代までの陣定《じんのさだめ》と称された議定を継承したものであるが、場所が内裏から院御所に変化しただけではなく、陣定では政務の決裁に当たっていた摂関も出席者の一人として扱われたほか、院の意向で現職を退いた公卿の出席も許された。そして政務決裁は、実務官僚系院近臣の支援を受けた院が単独で行うに至ったのである。院は議定の結果を覆すことも少なくなく、さらに後白河院政期以降、有識の公卿に対する在宅諮問が盛んとなり、議定が減少したため、公卿の無力化、院の専制化が進行していった。院の決定は院宣によって太政官に下され、宣旨・官符の形で国家意志として発給された。

院政と武士の台頭

院は多くの御願寺を建立するとともに、国家的な法会《ほうえ》を開催して、天皇・国土を宗教面からも保護する立場となった。さらに院が法会を通した寺院統制や、僧綱人事への介入を行ったこと、また各地で寺社領荘園と院近臣受領との衝突も繰り返されたことなどから、延暦寺・興福寺による大規模な強訴が惹起された。院はこれに対処するために伊勢平氏や河内源氏の有力武将を北面等に組織し、迅速に多くの武士を動員する体制を築いた。伊勢平氏の正盛《まさもり》・忠盛《ただもり》、美濃源氏、河内源氏の義朝《よしとも》のように多くの武士が院近臣化した。

父院による専制的な後継者の決定は、白河院の弟輔仁親王や鳥羽院の長男崇徳天皇のように、排除された者の不満を招き、権力中枢の分裂を招く危険性があった。王家嫡流でありながら皇統から排除された崇徳院と権威に欠ける弟後白河天皇の対立は深刻で、この問題と摂関家の内紛、そして院近臣と摂関家との対立が結合して一一五六年には保元の乱が勃発した。さらに三年後には院近臣信西と藤原信頼との対立から平治の乱が勃発、最終的に武士である平清盛《きよもり》の力で鎮圧された。武力抗争を経て、平清盛の政治的地位は著しく向上し、一一七九年には対立した後白河院を幽閉し、院政を停止して平氏政権を樹立した。さらに、平氏の地方支配に反発する東国武士の蜂起が、鎌倉幕府を成立させるに至った。武士政権の成立には、権力の分裂を必然化し戦乱を招くという院政の特質が深く関係しているのである。

武士政権と院政

一二二一年、幕府の台頭を不満とした後鳥羽《ごとば》院は、幕府の実権を握る執権北条義時《よしとき》追討を命じ、承久の乱を惹起するが敗北、朝廷は幕府の統制下に置かれる。執権北条時頼《ときより》と結ぶ後嵯峨《ごさが》院政では、院評定衆が設置されるなど、院政は政務機関として制度的に完成するが、逆に活力を失い幕府に従属する。このため、院は独自に天皇を決定することもできなくなり、持明院《じみょういん》・大覚寺《だいかくじ》両統の分裂を招いた。無力化した院政は、後醍醐《ごだいご》天皇によって一時廃止される。その後、北朝において院政は継続するが、室町幕府の前に無力で、南北朝合一後、三代将軍足利義満《よしみつ》が自ら院になろうとする一幕もあった。このように、院は権限を次第に室町幕府の将軍に奪われることになり、一五世紀後半以降、しばらく院政は中断する。

承久の乱で、後鳥羽以下三上皇が配流されたあと、幕府が在位経験のない後高倉院を擁立したように、中世前期において院政は定着し、不可欠の政治形態であった。その理由は、先述した人材抜擢のほか、院が天皇では困難な八条院領・長講堂《ちょうこうどう》領などの王家の家領管理者であったこと、院の独裁により政務が迅速化されるとともに、天皇・律令の権威を否定せずに相対化し、現実的対応を可能としたこと等があげられる。

院が、聖俗界における人事権や重要政務の決裁など、様々な権限を有して政治的抗争の矢面に立ったのに対し、天皇は院の保護下で政務を離れて主に神事を司り、身分秩序の頂点に立つ神秘的な存在となった。台頭した武士政権が簒奪したのは、おおむね院の権限であり、逆に天皇は自身を権威付ける存在として尊重されるに至った。結果的に、院政は天皇を保護し、天皇制の存続を可能にした制度であったといえる。

朝廷と幕府――なぜ朝廷は続いたのか

河内 祥輔

長期にわたる併存関係

一二世紀末に鎌倉幕府が成立すると、政治体制は大きく変化した。それまでの朝廷の支配から、朝廷と幕府が併存する形態に変わったのである。それまで朝廷の支配はおよそ八〇〇年以上も続いてきたが、この後も朝廷は明治維新で解体、消滅するまで、七〇〇年ほども存続した。この朝廷が一五〇〇年にもわたって存在したこと、さらに、朝廷と幕府が七〇〇年も併存したことは、日本史の重要な特徴である。朝廷は天皇と貴族の組織であり、公家《くげ》とも呼ばれた。一方、幕府は鎌倉幕府、室町幕府、徳川幕府と興亡を重ね、それぞれにかなり異質の側面をもつが、武士を結集した組織であり、武家《ぶけ》とも呼ばれた。朝廷と幕府の歴史はかくのごとくきわめて長期にわたるが、この項目では鎌倉幕府成立の時期に目を向け、なぜ朝廷・幕府体制が生まれたのか、という問題に絞って考えたい。

平安時代の朝廷

朝廷という組織は、外側を下流貴族が囲み、その中に上流貴族がおり、そして、核に天皇がいる。外界の者が接するのは外側の下流貴族であり、上流貴族の姿が見えることはほとんどない。ましてや、天皇は外からは全く見えない神秘的な存在であった。

天皇は在位の天皇のほかに、譲位した天皇（太上天皇）が何人もいることもある。その場合、天皇の権威は上皇である祖父や父に集中するのが普通である。上流貴族は三位《さんみ》以上の位階をもつ身分であり、公卿《くぎょう》と呼ばれる。対して、下流貴族は四位・五位の位階で終わり、三位に昇進できない者をいう。平安時代の朝廷では、公卿は二〇―三〇人に限られていた。また、貴族の最高の地位は摂政・関白であり、一つの家系が独占した。

武士は上流貴族の子孫である。位階は基本的に六位であり、五位に昇って下流貴族に仲間入りした者はごく少数である。彼らは地方に居住して警察や徴税を職務とする役人になり、朝廷の支配の執行役を担った。武士は自分を朝廷に仕える者と認識していた。朝廷の支配は武士によって実現され、武士の現地支配は朝廷の権威に依拠していた。

　このような朝廷の支配は平安時代を通して揺らぐことはなかった。その最大の理由は、天皇をめぐる紛争がそのつど解決されて、朝廷の組織が安定性を保ったからである。朝廷の組織が安定するかどうかは、その核にいる天皇のあり方如何にかかっていた。天皇が十分な権威を持って存在するときには、朝廷とその支配は安定する。しかし、天皇同士の争いが起きたり、天皇と貴族との対立が深まったりすると、天皇の求心力は失われ、朝廷の組織は崩れだす危険が生まれる。かかる混乱を防止する仕組みが平安時代の朝廷には存在した。その役割を担ったのが摂関である。

天皇と摂関

摂関制ははじめ天皇の外戚を独占した家系に対する特別待遇として生まれた。後には必ずしも外戚にならなかったが、それでも天皇と摂関はきわめて親密な協調関係を作っていた。摂関は貴族全体を束ねて、天皇を支えた。特に、皇位継承については、天皇は摂関の支持を得ることを重んじた。これは朝廷が安定するための基本的条件である。

　しかし、ときに天皇によって紛争が起こされることもある。そのようなときは、摂関は貴族を結集して天皇と対決し、天皇を退けた。それによって朝廷は安定を回復し、秩序は保たれ、支配は継続した。平安時代の朝廷はかかる事件を何度も乗り越えた。

　この仕組みが機能しなくなったのは一二世紀の後半である。その原因は摂関家が後継者問題で分裂と内紛を繰り返し、統率力を喪失したことにあった。摂関家の一回目の内紛は藤原忠実《ただざね》と忠通《ただみち》の父子の対立である。忠実は頼長《よりなが》を、忠通は基実《もとざね》を後継者にしようとして争った結果、保元《ほうげん》の乱（一一五六年）

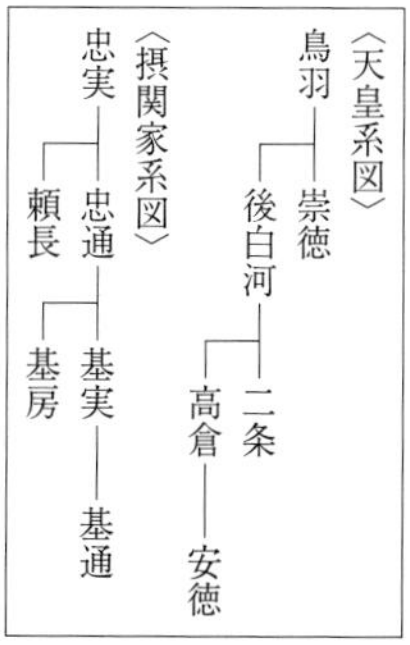

図1

に巻き込まれ、忠実は謀反人となって摂関家の権威は失墜した。

二回目の内紛は基房《もとふさ》と基通《もとみち》との摂関家相続争いである。これは平清盛《きよもり》が治承《じしょう》三年政変（一一七九年）を引き起こす原因になった。摂関は天皇の後見役を果たせないどころか、朝廷を混乱させる火元になった。

しかも、この時期に朝廷の中心にいた後白河《ごしらかわ》天皇は、問題の多い人物であった。摂関が統率力を失ったとしても、天皇に見識と指導力があれば、朝廷は安泰を保つことができよう。しかし、後白河はそのような資質を欠いており、逆に、自ら次々と紛争の種を蒔いた。日本史上初めての全国的内乱（一一八〇年代内乱）を招く原因を作ったのは後白河である。

保元の乱と平治の乱

天皇と摂関がともに混乱の元凶となっては、もはや朝廷の支配は維持し難い。ここに政治体制の変革が生じたのである。次にその経過を概観しよう。

まず、保元の乱の名はきわめて有名であるが、この事件を起こした後白河と崇徳《すとく》上皇はともに傍系の天皇であり、朝廷の主流から外れた脇の事件とみることができる。故鳥羽《とば》法皇が直系と認めたのはこのとき皇太子の二条《にじょう》天皇であり、二条と大部分の公卿は事件に無関係であった。この事件の意義は、天皇と摂関が混乱の原因となる一二世紀後半の情況が炙り出された点にある。

画期的なのはその三年後の平治《へいじ》の乱（一一五九年）である。これは、後白河が二条を直系から外して別の男子を直系に据えようとしたのに対し、二条と公卿の連合勢力が反撃して後白河を敗北させた事件である。貴族が不適格の天皇を退けるという平安時代の伝統に即しており、二条を中心にして朝廷は安定を回復した。しかるに、この事件を主導したのは摂関ではなく、内大臣藤原公教《きんのり》という上流貴族であった。それは平安時代の伝統から外れており、それがこの事件の意義である。朝廷秩序の護り役が摂関から上流貴族に下降したことが注目される。

治承三年政変と一一八〇年代内乱

その後、二条は若死して、後白河中心の朝廷になった。そして、平治の乱の二〇年後、平清盛は後白河に反逆して幽閉するという事件を起こした。治承三年政変である。清盛がかかる行動に出たのは、基通を摂関家の相続者にしようとしたためである。清盛はそれが摂関家を護り、朝廷を安泰にする途であると信じた。そのためには、基房を相続者にしようとする後白河を退けねばならないと考えたのである。清盛は平治の乱を体験しており、これは平治の乱の再演といえよう。彼は公教の役を演じたわけである。しかし、清盛は上流貴族になっていたとはいえ、武士出身の成り上がり者であった。朝廷秩序の護り役は武士出身貴族にまでさらに下降したのである。これ自体が秩序の崩れといえよう。

この政変に対し、これは清盛の後白河に対する謀反であるとする見方が全国の武士に広がった。源頼朝《よりとも》は東国で反平家の挙兵の口火を切り（一一八〇年）、瞬く間に一大勢力を築いた。頼朝勢力は後白河の擁護を掲げて結集したのであり、反平家であっても、反朝廷ではない。平家を朝廷の破壊者とみなし、平家を討滅して、朝廷を再建しようとする運動であった。それは武士として朝廷に仕えるという自覚に基づいている。地方の武士が天皇の擁護を掲げて行動したのはこれが初めてであった。

朝廷・幕府体制の成立

頼朝勢力は平家を滅ぼした後も、幕府として存続することになった。それは朝廷の支配を将来にわたって維持し、混乱を克服していくためには、幕府が存在してその支え役になることが必要であると認識されたからである。朝廷は、かかる組織的武力に支えられなければ、全国的内乱を経た社会を支配することはできなかった。幕府の御家人制や守護・地頭制は、この理念によって正当化された。これが朝廷・幕府体制の始まりである。

幕府は朝廷を護ろうとする運動の中から生まれた。これは幕府の本質を規定している。朝廷との関係において、幕府の果たす役割は変化を遂げていくが、朝廷・幕府体制のこの基本的性格が変わることはなかった。

朝廷はなぜ一九世紀に至るまで存続することができたのか、それは幕府という支え手が存在したからである。しかし、勿論それだけではない。より決定的な条件は、外国から侵略・征服されないという日本史特有の国際環境にあった。朝廷はこの稀有の歴史の象徴である。

参考文献

河内祥輔『日本中世の朝廷・幕府体制』（吉川弘文館、二〇〇七年）
同『保元の乱・平治の乱』（吉川弘文館、二〇〇二年）
同『頼朝の時代——一一八〇年代内乱史』（平凡社、一九九〇年）

承久の乱と天皇——流罪された天皇

河内 祥輔

承久の乱とは

承久の乱（一二二一年）は非常に衝撃的な事件として知られている。それは天皇が幕府と戦って敗れたというだけではない。天皇の流罪という処罰が行われたのである。後鳥羽《ごとば》上皇は隠岐に、土御門《つちみかど》上皇は阿波（はじめは土佐）に、順徳《じゅんとく》上皇は佐渡に流され、三人とも帰京することなく、それぞれの地で死去した。ほかにも、在位の天皇は廃位になって九条《くじょう》廃帝と呼ばれ（明治維新後、仲恭天皇と名付ける）、また、後鳥羽の皇子である六条宮《ろくじょうのみや》は但馬に、冷泉宮《れいぜいのみや》は備前に流されている。なぜ天皇が流罪にされるということが現実に起きたのであろうか。まず、承久の乱という事件を概観しよう。

後鳥羽院政と幕府

承久の乱は、普通、後鳥羽が幕府の打倒を図って挙兵した事件とされているが、これは『承久記《じょうきゅうき》』という軍記物の語る筋立てである。軍記物は創作性の濃い作品であり、史料的価値は低いので、その幕府打倒説を鵜呑みにすることはできない。それに対し、信頼度の高い著作として『愚管抄《ぐかんしょう》』がある。『愚管抄』は事件の前年の情況を伝えているが、それによれば、後鳥羽は摂家将軍《せっけしょうぐん》に強い不満を持ち、その廃止を具体化しようとしていた。この問題が後鳥羽の挙兵の原因であるとみなされる。

このとき幕府の将軍は藤原頼経《よりつね》である。頼経は承久元年（一二一九）に源実朝《さねとも》が暗殺された後、将軍後継者になった。摂関家である九条《くじょう》家の出身（道家の三男）で摂家将軍という。これは後鳥羽の承認を得て実現したのであったが、後鳥羽はすぐにその誤りを悟ったようである。それは後鳥羽の側近貴族の間に対立が生じたためではないかと考えられる。後鳥羽はすでに二〇年も院政を行っていたが、その院政を支える彼の側近の多くは、将軍実朝との縁に繋がる親幕府貴族（九条、西園寺《さいおんじ》、一条《いちじょう》、坊門《ぼうもん》など）であった。彼らを媒介にして、幕府もまた後鳥羽院政の支え手に加わっていた。しかるに、将軍が実朝から摂家将軍に替わった結果、彼らは新将軍の縁者（九条・西園寺）と縁のない者とに分かれ、縁のない者は親幕府の立場を失うことが明らかになった。縁を失った者は不満を強め、院政の基盤に亀裂が入ったのである。後鳥羽が危機感を懐いたのはこの問題である。

後鳥羽は摂家将軍を廃止し、別人（おそらくは後鳥羽の皇子か）を将軍に任命して、朝廷・幕府関係の基盤を固め直そうとした。つまり、後鳥羽が意図したのは幕府の打倒ではなく、幕府の改革である。後鳥羽は幕府にその要求を伝えて交渉したであろうが、合意に至らず決裂した結果、武力の発動となったのであろう。北条義時《よしとき》を中心とする鎌倉の幕府首脳部は、摂家将軍擁護の方針を曲げなかった。この交渉過程は、残念ながら史料が存在しないので、不明とせざるをえない。

幕府の勝因

後鳥羽の挙兵は短兵急の感はあるが、必ずしも無謀ともいえない。この事件は幕府の圧倒的勝利に終わったので、はじめから後鳥羽に勝利の可能性はなかったかのように思われがちであるが、実のところは逆であり、普通にみれば、後鳥羽が勝って当たり前である。この時代には、武士が天皇と真正面から戦うなどとはおよそ考えられないことであった。武士には天皇を敵にして戦う思想はなく、勿論、その経験もなかった。一一八〇年代内乱を体験したのは彼らの父の世代であったが、そのとき頼《より》朝《とも》勢力は後白河《ごしらかわ》法皇の擁護を呼号して、平家と戦った。天皇を護るために戦う、というのが武士の思想である。幕府の御家人が、北条義時を討て、という後鳥羽の命令に逆らえるはずはなかった。

事実、義時追討の命が下ったという報せが届くと、鎌倉は動揺した。首脳部も天皇との戦いに怖じ気づき、守勢の戦術を採ろうとした。箱根山を防衛線にして関東に立て籠もろうというのであるが、御家人はそのような首脳部の弱気を感じ取り、鎌倉に馳せ着けようとする動きにはならなかった。このような状態が続いたならば、御家人の中から離反者が現れ、後鳥羽に従う者が急激に拡大し、鎌倉は内部分裂を起こして、必ずや敗北することになったであろう。

この幕府の危機を救ったのは、大江広元《おおえひろもと》と三善康信《みよしやすのぶ》の二人である。二人は幕府首脳部のメンバーであり、弱気な武士メンバーとは対照的に、最初から京に向かって即時進撃するという積極的戦術を強硬に主張した。この二人の主張が首脳部を制したのは三日目である。幕府は方針を転換し、北条泰時《やすとき》を大将にし、京に向けて進軍を開始した。その途端に情勢は全く変化する。御家人が続々と結集し、幕府軍は大軍に膨れ上がり、一ヵ月後には京に進攻して勝利した。この方針の転換が承久の乱の帰趨を決定したのである。それでは、なぜ幕府は天皇後鳥羽に敢然と戦いを挑むことができたのであろうか。

天皇と闘う貴族の思想

この幕府の戦いを主導した広元・康信の二人は、もともと朝廷の下流貴族であったが、源頼朝に招かれて鎌倉に下り、幕府の運営を担っていた。彼らが貴族社会の人間であったことに問題を解く鍵がある。特に広元は朝廷との交渉役を務め、京の事情に精通していた。

貴族社会には、不適格の天皇は対決して退けねばならない、という思想がある。この思想は『愚管抄』に語られており、また平安時代を通して、実際に天皇が貴族によって退けられる事件が幾度か起こっている（→「朝廷と幕府」）。広元・康信はこの貴族の伝統的思想の持主であったとみることができよう。広元・康信は後鳥羽を世を乱す「悪い天皇」とみなしたのである。「悪い天皇」を敢然と退けるのは、貴族にとっては正義であった。

ただし、この天皇との闘いが成り立つために、必須の条件があった。それは貴族側が別の天皇を担ぐことである。その担いだ「正しい天皇」が「悪い天皇」を退けるという筋道によって、貴族の闘いは正当化されることが可能になった。広元・康信が後鳥羽との戦いに勝利を確信しえたのは、この「正しい天皇」を担ぐことができたからである。彼らが担いだ人物は、後鳥羽の同母兄の守貞《もりさだ》親王であった。

後鳥羽は寿永二年（一一八三）の平家都落ちにより、安徳《あんとく》天皇に代わって即位したが、彼が天皇に選ばれたのは、そのとき兄の守貞が平家によって連れ去られていたためである。もし、守貞が京にいたならば、即位したのは後鳥羽ではなく、守貞のはずであった。守貞は壇ノ浦の戦の後、京に帰還する。後鳥羽はこの兄を皇位を脅かす存在として警戒し続けたが、後鳥羽の皇統が確立するとともに、守貞が皇位を継承する可能性は消滅し、彼も出家して、もはや皇位を諦めるしかない情況になっていた。ところが、ここに突如、守貞は幕府によって担ぎ出されたのである。

この守貞を担いで後鳥羽に対抗するという発想は、貴族出身者の広元・康信でなければ思い浮かばないであろう。武士には無理といえよう。広元・康信は、この幕府の戦いは三八年前の皇位継承の誤りを正すためのものである、という目標を明確にしたにちがいない。即ち、後鳥羽の即位がそもそも誤りであった、いま守貞を立てて正しい皇位継承を実現しなければならない、それによって朝廷を再建しよう、という論理が幕府の戦いを正当化する。かくして武士は京攻めに向かうことができた。貴族の思想が武士を天皇との戦いに導き、幕府を勝利に導いたのである。

天皇が天皇を流罪に

幕府の立場からみれば、承久の乱の結果、朝廷は再建されたことになる。後鳥羽とその子孫は、世を乱した謀反人として流罪にされたが、替わって即位したのは、守貞の子の後堀河《ごほりかわ》天皇である。守貞が即位しなかったのは出家の身であったからであり、彼は太上天皇（後高倉院《ごたかくらいん》）となって院政を行った。後鳥羽系皇統が廃された代わりに、守貞系皇統が成立し、その意味において天皇制は健在であった。

歴史を振り返ると、天皇が流罪にされた例として、淳仁《じゅんにん》天皇と崇徳《すとく》上皇がある。淳仁を流罪にしたのは孝《こう》謙《けん》上皇であり（七六四年）、崇徳を流罪にしたのは後白河天皇である（一一五六年）。ともに天皇が天皇を流罪にしたという点が、衝撃度を緩めるのであろう。承久の乱の場合、幕府が後鳥羽・土御門・順徳の三天皇を流罪にしたといえば衝撃的に聞こえるが、これもその決定は後高倉院（守貞）の名によって行われた。天皇が天皇を流罪にするという形には変わりがない。この形を作ることができた点に幕府の勝利の要因がある。

参考文献

河内祥輔『日本中世の朝廷・幕府体制』（吉川弘文館、二〇〇七年）
同『中世の天皇観』（山川出版社、二〇〇三年）

蒙古襲来と天皇
―「神風」と神国思想

近藤 成一

「神風」は吹いたのか

福岡市の東公園は文永《ぶんえい》の役（一二七四年）の古戦場に当たるが、ここに像高四八四センチメートルという巨大な亀山《かめやま》上皇像が立ち、その台座には「敵国降伏」の銘板が嵌め込まれている。一九〇四年日露戦争の最中に完成したものである（川添 一九七七）。「元寇」を記念するものとして亀山上皇の像が選ばれたのは、弘安《こうあん》の役（一二八一年）の際に亀山上皇が伊勢神宮に納めた願文《がんもん》に、「我が治世にこのような乱が出来し、日本が損なわれるのであるならば、我が命を召されよ」と記したという故事によるもので、天皇を大元帥《だいげんすい》とする軍国日本の国防精神を涵養する拠り所としてふさわしいと考えられたのであろう。

モンゴルの襲来を撃退することができたのは、亀山上皇の不屈の意志に鼓舞されて全国民が一丸となって戦ったからであると考えたのは戦前のことで、戦後はさすがにそうは考えていない。しかし戦後においても、武士が武器をもってモンゴルの軍と戦っている時、寺社においては敵国降伏の祈願が凝らされていたのであり、神仏に対する祈願の中心には天皇がいた程度には、モンゴル戦争の際の天皇の役割が考えられている。モンゴル軍に打撃を与えた暴風が当時において神々の仕業による「神風」と受け取られ、日本は神々により外敵から護られた「神国」であるという神国思想が広がることになり、神国思想の広がりが、神々の中の最高神の子孫であり、神々の司祭者でもある天皇の地位を、中世において延命させたという考え方が、割合一般的であると思われる。

しかし、そもそもモンゴルの襲来を暴風が撃退したといえるのか？ モンゴルの襲来は二度あり、二度とも暴風により撃退されたといわれてきたけれども、文永の役

図1　亀山上皇像

については暴風の存在すら確実ではない。そして弘安の役でモンゴル軍が暴風による打撃を受けたのは、博多湾に上陸できないままに二ヵ月もの日々をいたずらに過ごすことになったからであり、モンゴル軍が上陸できなかったのは、博多湾沿岸が石築地《いしついぢ》で護られていたためである。文永の役でモンゴル軍が博多湾岸に上陸した教訓から、石築地が構築されていたのである。また暴風によってモンゴル軍が壊滅したわけではない。「蒙古襲来絵詞《もうこしゅうらいえことば》」には竹崎季長《たけざきすえなが》が敵船に乗り込んで敵人の首を掻き切っている場面が描かれているが、これは暴風で打撃を受けたモンゴル軍を追撃した戦闘におけるものである。弘安の役においてモンゴル軍が敗退したのは、暴風という偶然によるというよりも、モンゴル軍の上陸を許さない戦いを日本軍が展開したことによるものであり、それが暴風という偶然をも生かすことになったと考えるべきである。

さて文永の役については、気象学者の荒川秀俊が、新暦一一月二六日に相当するモンゴル軍博多湾上陸の日には台風の来ることは考えられず、モンゴル軍は自主的に撤退したと考えられるという説を提唱（荒川 一九五八）して以来、暴風の存否について議論があるが、最近では服部英雄がこの問題を詳細に検討している（服部 二〇〇三）。服部説によれば、モンゴル軍が博多湾に上陸した後、数日間の膠着・対峙の期間があり、そのさなかに寒冷前線の通過に伴う嵐が吹いた。前線通過の後は冬型の気圧配置となり北西の風が吹くから、春に東風が吹くまで大陸に帰還することが困難になる。モンゴル軍は嵐により打撃を受けたのではなく、嵐によって時間切れを悟り、自主的に撤退した。以上が服部説の骨子である。

「神風」の観念

文永の役における暴風の存在を示す史料はきわめて限られているが、その一つは『勘仲記《かんちゅうき》』文永一一年一一月六日条の「去んぬるころ、凶賊船数万艘海上に浮かぶ、しかるに俄かに逆風吹き来り、本国に吹き帰す、（中略）

逆風の事、神明の御加被か、やんごとなく貴ぶべし、その憑み少なからざるものなり」という記事である。記主の勘解由小路《かでのこうじ》兼仲《かねなか》は、神々の加被による逆風が敵船を吹き帰したと考えたのであるが、日本を海上より侵寇する外敵あらば神々がこれを追い返してくれるという観念はかなり古くさかのぼる。貞観一一年（八六九）、新羅《しらぎ》船二艘が筑前の荒津《あらつ》に来寇して豊前国貢調船の絹綿を掠奪して逃げ去るという事件が起きた際に、朝廷は伊勢・石清水・宇佐・香椎《かしい》・宗像《むなかた》・甘南備《かんなび》の諸神に対して、寇賊の兵船を日本の境内に入れずに追い返すことを祈願した。その告文《こうもん》にすでに「神国」の文字が見える（『日本三代実録』貞観一一年一二月一四日・一二九日・同一二年二月一五日各条）。兼仲は古くからのこのような観念に支配されていたために、敵船の撤退という情報に接した時に、それを神々の吹かせた逆風によると解釈したのではないだろうか。文永の役における「逆風」とは事実として存在したものではなく、神国思想に支配されていた京都貴族の頭脳が生み出した想念ではないだろうか。

神国思想

そもそもモンゴルの軍事侵攻を招いたのは、日本がモンゴルの通交要求を拒絶したからであるが、それもまた神国思想にもとづくものであった。モンゴルの国書に対して一度だけ作成された返書の草案（『本朝文集《ほんちょうぶんしゅう》』）には、「百王」（天皇が百代にもおよぶことをいう）が神々に鎮護され、周囲の蛮族に侵されることがないとの信念により、「皇土を以て永く神国と号す」と記されている。通交要求を拒絶する内容の返書なのであるが、その返書ですら実際に遣わされることはなかった。

「神国思想」とは東アジアの国際社会における日本の孤立主義を支える信念であり、遣唐使停止以後の孤立政策により数百年をかけて醸成されてきたものといってよい。モンゴル戦争を経験することにより神国思想が広がったというよりも、神国思想はモンゴルの世界戦略に対する日本の孤立主義的対応を規定したという意味で、モンゴル戦争の原因を構成しているのであり、またモンゴル軍の撤退を「神風」によるものと認識するような思考の枠組みとなっている。

天皇の役割

ところでモンゴルの通交要求を拒絶するという政策はどのようにして決定されたのか。文永五年（一二六八）

正月大宰府に届いたモンゴルの国書は、大宰府守護人武《む》藤資能《とうすけよし》により鎌倉に届けられる（『師守記《もろもりき》』貞治六年五月九日条）。一旦、京都を素通りするのであるが、これは鎌倉幕府の成立後、大宰府が幕府の支配下に置かれたからである。しかし幕府はモンゴルの国書を朝廷に届け、朝廷において返信の是非が論じられるのであるから、外交権が朝廷から幕府に移っていたとはいえない。結果として返信はされなかったのであるが、一度作成された草案によると、日本国太政官牒が天皇の勅にもとづいて作成された形式をとっている。ただし当時は院政が行われているから、上皇を頂点とする政治構造により決定された政治意志が制度として天皇の名で発現されたということである。

神仏に対する敵国降伏の祈願についても、制度としての天皇の位置を考えておく必要がある。亀山上皇が伊勢神宮に納めた願文に関する故事は『増鏡《ますかがみ》』によるが、これが弘安四年（一二八一）閏七月一日の伊勢公卿勅使発遣に該当するのであれば、神宮に願文を捧げた主体は亀山上皇ではなく後宇多《ごうだ》天皇でなければならない（八代 一九二五）。逆に、願文の主体をあくまで亀山上皇と考えるのであれば、その願文は公卿勅使ではなく上皇の私的な使節により捧げられたと考えなければならない（龍 一九五七）。当時は亀山上皇による院政が行われていたが、伊勢公卿勅使の発遣という政策を決めたのがたとえ上皇であったとしても、神宮に宣命《せんみょう》を捧げる主体は天皇でなければならない。

国書への対応や伊勢神宮に対する祈願という国家の形式面において天皇の役割が認められる。しかしそこで機能しているのは生身の天皇個人の意志ではなく、制度としての天皇という名目なのである。

参考文献

荒川秀俊「文永の役の終わりを告げたのは台風ではない」（『日本歴史』一二〇号、一九五八年）
川添昭二『蒙古襲来研究史論』（雄山閣出版、一九七七年）
鍛代敏雄『神国論の系譜』（法蔵館、二〇〇六年）
佐藤弘夫『神国日本』（筑摩書房、二〇〇六年）
服部英雄「文永十一年・冬の嵐」（同『歴史を読み解く』青史出版、二〇〇三年）
八代国治「蒙古襲来に就ての研究」（同『国史叢説』吉川弘文館、一九二五年）
龍粛「弘安の御願について」（同『鎌倉時代 下』春秋社、一九五七年）

両統迭立――複合権力の矛盾

伊藤 喜良

関東申次

鎌倉時代の国家は、西国を中心とする朝廷と東国を拠点にする幕府という二つの権力組織の相互補完（協力）によって成り立っており、権力の中枢が二ヵ所に存在するという複合的な権力組織であったといえる。そしてその国家の王権掌握者は天皇であった（院との見解もある）が、天皇は宗教的・観念的権威につつまれ、身分制の頂点に立つ存在であった。しかし政治的な実権は朝廷においては治天《ちてん》の君である院（親政のときは天皇）が握っており、また軍事的側面においては、承久の乱以後幕府側が圧倒していたが、幕府側においても、将軍より得宗*が実権を握っていた。この両権力の意思疎通をはかり、仲介する役割をになっていたのは関東申次《かんとうもうしつぎ》という公卿であった。両統迭立《てつりつ》とは持明院統《じみょういんとう》*と大覚寺統《だいかくじとう》*の皇位をめぐる争いであり、それは幕府の意向に左右されたが、その中で大きな役割を果たしたのは関東申次（この時期における関東申次は西園寺《さいおんじ》氏）であった。

承久の乱の結果大きく勢力を伸ばした幕府は、皇位継承にも介入し、幕府の意志が大きな意味をもつようになっていった。朝廷側が望んでいた順徳《じゅんとく》天皇の皇子忠成《ただなり》王《おう》は幕府の意向によって退けられ、仁治三年（一二四二）三月、土御門《つちみかど》天皇の皇子邦仁王《くにひとおう》が即位して後嵯峨《ごさが》天皇となった。それまで廟堂で勢力を得て、忠成王を推していた九条道家《くじょうみちいえ》は次第に権勢を失い、代わって西園寺公経《さいおんじきんつね》・実氏《さねうじ》父子が幕府との関係を利用して権勢を誇るようになっていった。ことに実氏の女きち子（大宮院《おおみやいん》）が入内して後嵯峨の女御《にょうご》となったことにより、外戚として権勢を増していった。寛元四年（一二四六）正月、後嵯峨天皇はきち子の生んだ四歳の久仁《ひさひと》（後深草《ごふかくさ》）親王に天皇位を譲り、院政を開いた。このことにより西園寺実氏はますます朝廷内部で重きをなすようになり、朝幕間の重要事項の伝達を行う関東申次の任を九条道家から奪うにいたった。

後嵯峨院政と得宗専制

以後二六年に及ぶ後嵯峨上皇の院政時代は、朝廷と幕府間の親密な蜜月時代であった。しかし、後嵯峨院政の時代は、幕府は執権政治の時代から得宗専制政治への転換期であり、日本の政治・社会等も大きく変化しはじめていた。後嵯峨上皇も政治改革を断行し、院評定制を院政の最高議決機関とした。この背景には、貨幣経済の発展により、所領が流動化して質入れ、売買が盛んとなり、従来の所領の支配秩序が解体し始めてきたという危機が存在したのである。これ以後、所領支配の危機にたいして、公武が手をたずさえて、ともに「徳政政策」をかかげて対処しようとした。「徳政」とは権利がない者のところに渡った所領等を、本来の所有者に返還させる政策であるが、そのためには裁判の公正と迅速化が求められたことにより、後の持明院統も大覚寺統も競って訴訟制度の改革を行ったのである。

建長元年（一二四九）五月、きち子から恒仁《つねひと》（後の亀山《かめやま》天皇）親王が生まれた。後嵯峨上皇はこの皇子を寵愛し、正元元年（一二五九）に病を口実にして後深草を譲位させ、恒仁を即位させて亀山天皇とした。さらに文永二年（一二六五）に後深草上皇に熙仁《ひろひと》が、文永四年（一二六七）には、亀山天皇に世仁《よひと》が生まれたが、次の年に、後嵯峨は後深草の皇子である熙仁ではなく、亀山の子で二歳の世仁（後の後宇多《ごうだ》天皇）を皇太子（東宮）となしたのであった。ところが文永九年（一二七二）に、後嵯峨上皇は死去してしまうのである。

新たな火種

後嵯峨は処分状で亀山を惣領として天皇家領の多くを譲ったが、後嵯峨死去の後に後深草の院政とするか、亀山の親政とするかという重要な案件については何らの指示もしなかった。この問題に不干渉の態度をとろうとしていた幕府であったが、そうもいかずに幕府は後嵯峨の意向を皇后大宮院に尋ねたところ、大宮院は亀山天皇であると答えたことにより、亀山天皇の親政と決したのであった。このことは当然のこととして後深草は不満であった。建治元年（一二七五）、後深草は尊号等を辞退して出家すると言い出したことにより、幕府は事態を憂慮したのであったが、関東申次西園寺実兼《さねかね》（実氏の子）が画策したことにより、熙仁親王（後の伏見《ふしみ》天皇）を後宇多天皇の皇太子に立てることで後深草の不満をしずめたのであった。ここに後深草上皇の子孫（持明院統）と亀山上皇の子孫（大覚寺統）が交互に皇位につくという両統迭立が始まったのである。

関東申次西園寺実兼は大覚寺統に近い存在であったが、同じ大覚寺統の後宇多天皇の外祖父である洞院実雄《とういんさねかつ》との勢力争いでおされ気味であったことから、持明院統の後深草に接近したのであった。この後、実兼が幕府に働きかけ、幕府が推挙したことにより、弘安一〇年（一二八七）にいたり、皇太子熙仁（伏見天皇）が即位したのであった。そして後深草は念願の院政を開始した。持明院統が西園寺実兼と結び、幕府の支持をえて天皇位を奪取したことにより、政局は持明院統に有利に展開した。実兼はますます持明院統と緊密な関係になっていったことにより、幕府も持明院統になびき、幕府は伏見天皇の皇太子を伏見の皇子の胤仁《たねひと》（後の後伏見天皇）にするよう申し入れるにいたった。このようなことは関東申次西園寺実兼と幕府の内管領平頼綱《たいらよりつな》の連携によってなされたことであった。ここに大覚寺統はまったく劣勢となったのであった。

両統内部の矛盾

勝利したかにみえた持明院統内部に対立・抗争がしばしばみられるようになってきた。伏見天皇は即位すると徳政にもとづき、記録所に庭中訴訟を開き、雑訴沙汰を行うというように積極的に訴訟制度を改革していった。このような伏見天皇の改革の中心となったのは京極為兼《きょうごくためかね》であった。ところが、この為兼と実兼との間に主導権をめぐる争いが発生して、西園寺実兼は次第に持明院統から離れていった。またこの内紛に幕府が介入して、為兼も幕府によって佐渡に流される事態となった。永仁三年（一二九五）のことであった。このような内訌《ないこう》に乗じて大覚寺統は巻き返しをはかり、西園寺実兼を取り込み、後伏見天皇の皇太子に邦治《くにはる》親王（後の後二条《ごにじょう》天皇）を立てることに成功し、正安三年（一三〇一）には後二条天皇が即位するところとなり、後宇多上皇が院政を行うことになった。この後またまた皇太子の位をめぐって争うが、幕府の両統の交互という調停により、持明院統の富仁《とみひと》親王（後の花園《はなぞの》天皇）が皇太子となったが、両統とも不満がくすぶり続けた。

倒幕の要因

嘉元三年（一三〇五）大覚寺統の中心であった亀山法王が死去した。このころになると大覚寺統内部でも、亀山の皇子恒明《つねあき》を推すグループと、後宇多の皇子尊治《たかはる》を推す人々との内部対立が起こってきており、また後二条の皇子邦良の即位を後宇多が望んでいたためにさらなる分裂を迎えていた。後二条天皇が徳治三年（一三〇八）急死したことにより、花園天皇が即位し、皇太子には尊治親王（後の後醍醐《ごだいご》天皇）がなった。しかし両統の対立はますます激しさを加えていき、たがいに幕府を味方につけようとして運動したので、幕府は皇位継承について、両統の協議によって決定するように要請した「文保の和談」（一三一七年）と呼ばれる申し入れをおこなったが、不調に終わった。仕方なく幕府は関東申次西園寺実兼と連携していた大覚寺統の要請を入れて、尊治が即位した後の皇太子に後二条の子の邦良、その次の皇太子に後伏見上皇の皇子量仁《かずひと》（のちの光厳天皇）を立てるという提案をしたが、これは持明院統に不利なものであった。この年、持明院統の中核であった伏見法王が死去したことにより、花園は退位して後醍醐（尊治親王）が即位し、皇太子は邦良となった。しかしその邦良も嘉暦元年（一三二六）に急逝したため、量仁が皇太子となったが、後醍醐天皇は自分の子を皇太子にしようとしていたので大いに不満であった。これが倒幕の要因の一つとなったのである。

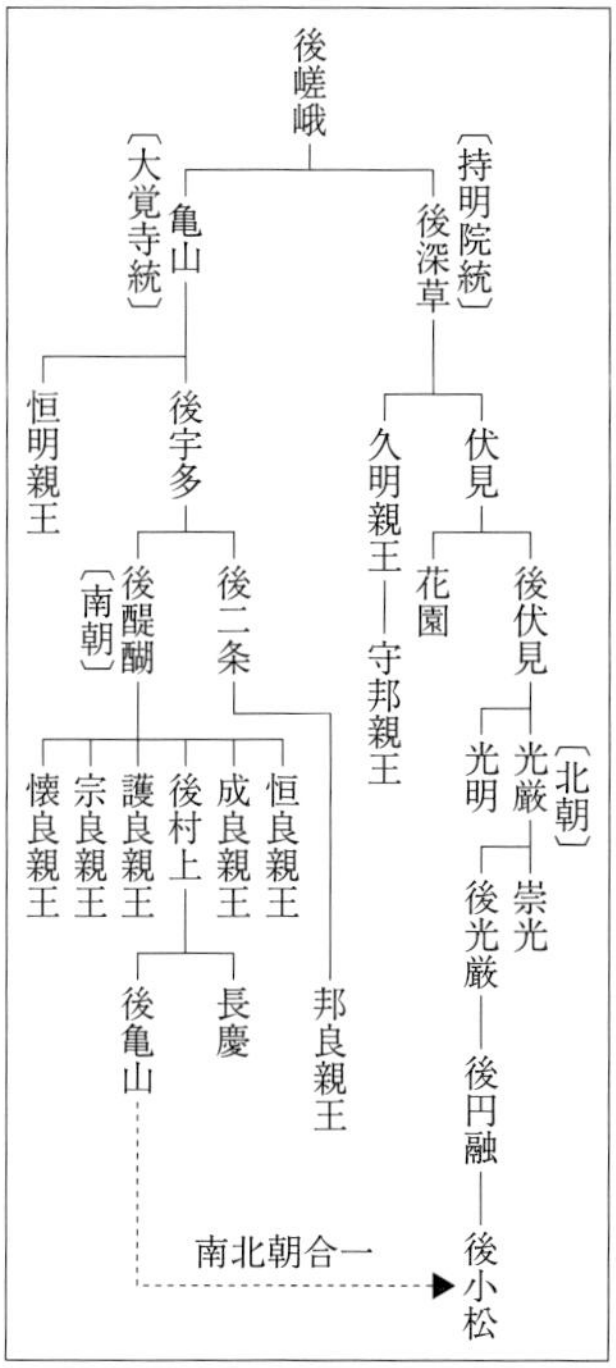

図1　両統迭立系図

参考文献

森茂暁『鎌倉時代の朝幕関係』（思文閣出版、一九九一年）

井上光貞ほか編『武家政権の形成』（山川出版社、一九九六年）

龍粛『鎌倉時代』下（春秋社、一九五七年）

建武の新政——天皇独裁の破綻

村井 章介

「つなぎ」の皇位から討幕へ

一三一八年、持明院統《じみょういんとう》の花園《はなぞの》天皇が退位して、大覚寺《だいかくじ》統《とう》から後醍醐《ごだいご》天皇が立ったが、その父後宇多《ごうだ》上皇は、嫡孫邦良《くによし》を皇太子に立てて、後醍醐の皇位は一代かぎり、という構想を明示した。その後邦良派はもちろん、皇位が「次の次」になってしまった持明院統も、後醍醐の早期退位を幕府に陳情した。この画策を封じて、後醍醐が自己の子孫に皇位を継がせるには、実質的に皇位を左右していた幕府を倒すことが必須だった。

一三二四年、後宇多が死去すると、後醍醐はただちに討幕に着手した。ところがその企ては身内から漏れて、あえなくついえた（正中の変）。しかし、幕府の側も、北条得宗の専制政治の行きづまりから、承久の乱後のような断固たる処置がとれなかった。後醍醐の責任はうやむやにされ、一三二六年に持明院統の量仁《かずひと》親王が皇太子となっただけですんだ（邦良は一三二六年早世）。

やがて、在位期限の目安とされた一〇年も過ぎて、持明院統の退位要求は激しさをました。幕府がこれに同意すれば、後醍醐の子孫は皇位の望みをほぼ断たれることになる。一三三一年、後醍醐はふたたび討幕に起《た》ったが、またも身内の吉田定房の密告によって失敗。大挙上洛した幕府軍に捕えられ、皇位を量仁（光厳《こうごん》天皇）に渡すことを余儀なくされる（元弘の変）。そして翌年、隠岐に配流の身となった。

計画が頓挫したかにみえたこの瞬間、情勢は急展開する。後醍醐の皇子のひとり護良《もりよし》親王は、畿内南部を中心に討幕運動を精力的に展開した。河内の楠木正成《くすのきまさしげ》、播磨の赤松円心《あかまつえんしん》ら悪党的な武士がこれに応えて決起した。幕府軍にいた足利尊氏《たかうじ》が寝返って六波羅探題を攻め落としたのを転機に、一三三三年五月、幕府は滅びた。

計画のずさんさにもかかわらず、また当時最高の知識人である定房や花園上皇の情勢判断をもうらぎって、後醍醐の革命はみごとに成功した。それは第一に、正成や円心に代表される「新しい力」の結集に成功したからであり、かれらのくりだすゲリラ戦法に幕府軍は有効に対処できなかった。第二に、貴種ではない北条氏の専制支配に御家人たちの不満が鬱積し、あらたな武家の棟梁として尊氏の登場が求められたことも大きかった。

「朕が新儀は未来の先例」

こうして「公家一統」を実現した後醍醐の政治は、すべての決定をかれ自身が下すという極端な独裁主義と、利用できるものは何でも利用するマキャベリズムによって、特徴づけられる。前者は、先例や格式を無視して士卒民庶にまで綸旨《りんじ》を下す「綸旨万能主義」に、後者は、あくまで出家を拒否し、左手には法華経《ほけきょう》、右手には剣を持って、冥途に旅立ったという臨終時の姿に、それぞれ端的に表現されている。

後醍醐は宋学を新政の理念としたといわれるが、実際には、超越的な「天」によって君徳の有無が問われるという自省的契機は排除され、臣下に絶対的な忠誠を要求する君臣名分論がつまみ食いされた。「朕が新儀は未来の先例」という有名なフレーズが語るように、あるがままの自身こそが正統性の唯一の源泉であった。

こうした基調は、所領政策において、①北条政権の行ったすべての処分をくつがえして旧領を本主の手に返す、②個々の措置をすべて天皇自身が決定し綸旨で下達する、という方式として現れた。この点については、その法源を元弘三年（一三三三）六月一五日付の口宣案《くぜんあん》（金剛寺文書）に求める学説と、それを批判して当知行地安堵こそ所領政策の基調だとする学説が対立している。そして両説が一致するのは、同年七月下旬の官宣旨《かんせんじ》（熊谷家文書ほか多数）によって、北条氏に味方した者の所領を除くすべての当知行地を一律に安堵する、という政策転換が行われたとする点である。

しかし、旧領返付の原則は、六波羅陥落の直前に発せられた「勅制軍法条々」（光明寺残篇）にすでにうたわれており、また七月の官宣旨以後も放棄されてはいない。新政の所領政策は、統一的な原則に貫かれたものではなく、みずからの恣意を貫こうとする後醍醐と、それを制約しようとする臣下たちとのせめぎあいのなかで、ゆれ動いた。後醍醐は官宣旨に「臨時の勅断に於てはその限りにあらず」という但し書をおしこみ、臣下は「雑訴決断所《ざっそけつだんしょ》」という裁判機関を設立して対抗した。どちらかといえば、前者は恣意を貫きやすい本領安堵を、後者は現状維持を基調とする当知行地安堵を、優先させる傾向にあったが、天皇の意向にかなう場合には、綸旨による当知行地安堵も行われた。

「異形の王権」と東アジア

新政は貴族に手厚く武士を顧みなかったといわれる。しかし現実の後醍醐政治は、貴族社会の秩序や慣例を無視した「新儀」に満ちており、側近の学者貴族北畠親房《きたばたけちかふさ》の批判を浴び、後世の保守派貴族からは「毎事物狂の沙汰」と罵倒された。その一方で後醍醐は、正成・円心・名和長年《なわながとし》ら、従来の武士モデルからはみだした悪党的あるいは商人的武士を抜擢する眼をもっていた。こうして、悪党的な要素をはらむ「新しい力」との結びつきを積極的に求めた結果、「下克上スル成出者《なりでもの》」がはびこることになった（二条河原落書《らくしょ》）。

後醍醐は、平安時代以来伝統化された貴族政治も、源頼朝《みなもとのよりとも》や北条泰時《ほうじょうやすとき》を理想化する武家政治も否定し、それに替えて究極の天皇独裁を実現しようとした。真言密教の異端「立川流《たちかわ》」の祖とされる文観《もんかん》を重用し、みずからも聖天供《しょうてんぐ》*を修して、性的呪力を政治目的の達成に利用しようとさえした。それは日本的常識から見れば、まぎれもなく「異形の王権」だった。

しかし、東アジアの視線から眺めると、風景は大きく変わる。後醍醐は同時代の中国に強い関心を抱いていた。たとえば、元から帰国した禅僧たちの情報にもとづいて、僧服の色を黒から黄に代えようとした。諮問を受けた夢《む》窓疎石《そうそせき》は、碩学僧虎関師錬《こかんしれん》に相談し、虎関は「一朝革命の元主の意をもって、万世一系の日本の古制を改めてはならない」と答えた（海蔵和尚紀年録《かいぞうおしょうきねんろく》）。「国際派」のはずの大物禅僧が伝統的な思考に囚われていた一方で、後醍醐の発想にはそれを突き抜ける新しさがあった。

より一般的な政策次元でも、東アジアないし中国を意識したものが多い。①新年号「建武」は、光武帝が簒奪者王莽《おうもう》を滅ぼして漢を再興したときのもので、「武」の字は兵乱を招くとする周囲の反対を押しきって、後醍醐みずからが定めた。②大内裏造営のために全国の地頭・名主から二十分の一税を取ろうとしたことは、失政として評判が悪いが、紫禁城のような壮麗な宮殿をもたず、里内裏に甘んじていた日本の中世王権こそ、特異だともいえよう。③大内裏造営ともからんで、「乾坤通宝《けんこんつうほう》」という銅銭・紙幣の発行を命じたことは、国家の関与なしに中国銭が流通してしまっている現状から脱却し、東アジア国家のあるべき姿を目ざしたものと解される。

新政の破綻

後醍醐の目ざした政治形態のモデルは、中国型の君主独裁国家だと考えられる。だが新政は人的・経済的基盤があまりに脆弱だった。実務処理の多くを旧幕府官僚の横すべり組に頼らざるをえなかったうえ、独自の軍事組織としては、新田義貞《にったよしさだ》を中心とする侍所と任務不明の窪所《くぼどころ》があったにすぎない。結局、新政でもっとも活躍の跡をとどめる組織は、後醍醐の恣意を抑えるべく、旧幕府の裁判機関に倣って造られた、雑訴決断所だった。

くわえて、政権内部の天皇対臣下のせめぎあいは、政治に矛盾と混乱をもたらし、その過程で、綸旨の効力は雑訴決断所牒によって置き換えられていった。しかし、天皇の恣意を抑えきることは、政権の構造上不可能であったし、自身を正統性の根源とみなす天皇に、失政を自省する内的動機はなかった。やがて、幕府に離反した武士たちの多くは、新政に不安を覚え、権力の中枢から疎外されていた尊氏のもとに結集していった。

一三三五年、北条残党の反乱鎮圧のため鎌倉に下った尊氏は、後醍醐の帰京命令を無視して、幕府の旧跡に邸宅を造り、ついで義貞討伐を号して京都へ攻め上った。翌年、陸奥から尊氏軍を追撃した北畠顕家《あきいえ》に攻められて、九州へ逃げたが、その途上で「元弘収公地返付令」を発し、新政の土地政策を全面否定した。まもなく九州から反転した尊氏軍が京都を制圧し、後醍醐は尊氏が持明院統から擁立した光明天皇（光厳の弟）に神器を渡さざるをえなかった。だが後醍醐はひそかに大和の吉野へ逃れ、自身こそがなお正統の天子だと宣言した。こうして王統は南北に分裂し、数十年に及ぶ内乱の幕が開く。

参考文献

網野善彦『異形の王権』（平凡社、一九八六年）
村井章介『日本の中世10　分裂する王権と社会』（中央公論新社、二〇〇三年）
村井章介「建武政権の所領政策」（二木謙一編『戦国織豊期の社会と儀礼』吉川弘文館、二〇〇六年）

「日本国王」源義満
——義満は天皇位をねらったか

伊藤 喜良

南北朝合一

足利義満《あしかがよしみつ》が将軍位に就いたころは、動乱も終息に向かっていたが、就任直後に播磨に逃れるなどということもあった。しかし、幕府は南朝方を圧倒して大勢は決しており、また西国の有力守護層も幕府に降り、義満は管領《かんれい》細川頼之《ほそかわよりゆき》、その失脚後（後に復権）は斯波《しば》義将《よしまさ》等の補佐をえて、次第に強固な権力を確立していった。

　このような中、明徳三年（一三九二）に南北両朝が合体した。この前年には、山陰地方に大きな勢力を持っていた山名《やまな》氏清《うじきよ》・満幸《みつゆき》が義満に背き、反乱を起こしたのであるが、これを鎮圧していた。合体の条件は、天皇位は両統の迭立《てつりつ》、長講堂《ちょうこうどう》領（天皇家荘園群の一つ）は持明院統（北朝）が、諸国国衙領は大覚寺《だいかくじ》統《とう》（南朝）が支配するというものであった。しかしこの約束が守られることはなく、以後大覚寺統は消滅していくのである。さらに応永六年（一三九九）には、西国の雄である大内義弘《おおうちよしひろ》を堺に攻めて義弘を敗死させ、大内氏の勢力をそいだ。これ以前に九州探題であった今川了俊《いまがわりょうしゅん》を解任しており、武家勢力の中には、義満に対抗する勢力は存在しなくなった。

　一方義満は公家勢力の中でも昇任して次第に権威をもつようになっていった。応安六年（一三七三）に義満は参議に任じて公卿《くぎょう》となり、以後次第に官位をあげ、永和四年（一三七八）権大納《ごんだいな》言《ごん》、康暦元年（一三七九）従一位、永徳元年（一三八一）には二四歳で内大臣に補任された。次の年には左大臣となり、永徳三年（一三八三）に准三《じゅさん》后《ごう》の宣下を受けるに至るのである。さらに応永元年（一三九四）征夷大将軍を辞任して、子義持《よしもち》にその職を譲るとともに、太政大臣に任じられ、翌年の六月三日にその職を辞した。そして二〇日には出家をとげたのである。

義満と後円融の確執

しかしこの義満の異例の昇進の過程で、義満と後円融《ごえんゆう》天皇との間に強い緊張関係が生み出された。義満は権大納言に昇ったころから摂関家の例に倣って行動し始め、准三后が宣下されたころには、その待遇は摂関家と同様なものになっていた。また公家の叙位や任官についても義満の意向が大きく左右し、思いのままに任ずるところとなり、廷臣の叙位・任官の実権を掌握したのであり、僧職や神職の叙任も同様であった。このことは事実上の摂関の地位に就いたことを示している。また後小松《ごこまつ》天皇の即位の大礼を後円融の勅許をえずに決定してしまったというようなことも存在した。このような義満の行動を支え、公家社会の風習を教えたのは、摂関家の長老であり、太政大臣・准三后にまでなった当代随一の文人であった二条良基《にじようよしもと》であった。また義満と朝廷や寺社の間で、義満の意思を伝達したのは家司の伝奏であった。伝奏は義満の意を受けて伝奏奉書を発したのである。

義満が左大臣になったころの朝廷内には、最高実力者である義満に追従する公卿が続出し、「近日左相（義満）の礼、諸家の崇敬、君臣のごとし」（愚管記《ぐかんき》）と、君臣といわれるような状況になったのである。このように廷臣が義満に追従するという事態に焦慮したのであろうか、後円融はなにかに逆上して、後小松天皇の生母に切り付けるという事件さえ起こしているのである。

対明外交と「日本国王」

義満は将軍を義持に譲り、太政大臣を辞任して出家するまでに、公武の実権をほぼ完全に掌握したのであるが、もう一つの課題が存在していた。それは対明外交である。義満が将軍となったころには、九州において南朝方の征西府が全盛時代であり、征西府の懐良《かねよし》親王（後醍醐天皇の皇子）が明から「日本国王」に認定されていた。このような事態に対して義満は応安七年（一三七四）、康暦二年（一三八〇）に、明に使者を送ったが、「日本国王」の使者ではないとして明は入貢を拒否した。その後、京都から派遣された九州探題今川了俊等の活躍で征西府は滅亡したが、臣下であるかぎり「国王」とは認めないのが明の意向であった。義満が明から「国王」として認定を受けるためには、「天皇の臣」という地位を脱する必要があった。そのため将軍や太政大臣を辞任して出家し、「天皇の臣下」を表す「律令的官職」から脱却したのであった。以後義満は「准三宮」を多用した。応永八年（一四〇一）、義満は「日本准三宮道義」の肩書きで書を明に送り、通交を求めた。明は翌年に「日本国王源道義」の文言が入った返詔を日本に送り、「日本国王」と認めたのであった。さらに応永一〇年（一四〇三）に義満は明の皇帝永楽帝宛の表文に「日本国王臣源表す、臣聞く…」と書き始めており、明皇帝の臣下に位置付けられる冊封《さくほう》関係に入ったのであった。

義満は上皇・法皇になったのか

義満は中国の明から「日本国王」に位置付けられ、対外的には日本国を代表する立場に立ったのであるが、日本国内における王権の掌握者は古代以来天皇であった（「治天《ちてん》の君」であるという研究者も存在する）。そのために、この時期に最大の実力者となった「日本国王」義満と天皇（この当時は後小松天皇）との関係には、大きな問題が含まれるようになっていた。後小松天皇の前の天皇である後円融天皇と義満との間には多くの対立・抗争が存在していたことは前述した。後円融上皇が治天の君であった時代には、義満は准摂関として振る舞っていたのであるが、後円融が死去し、将軍や太政大臣を辞任した後の義満は、「法皇（出家した上皇）」のごとく振る舞うようになっていった。

出家した義満は応永三年（一三九六）九月、延暦寺大講堂落成供養のために登山したが、輿を八瀬童子《やせどうじ》に舁《か》かせて登ったという。八瀬童子に輿を舁かせたということは、天皇家の儀礼に准ずることで、法皇の地位を意味することであった。また室町殿は将軍義持に譲り、自身は北山に壮麗な邸宅を築造して、そこを政庁となしたのであるが、その北山第は仙洞《せんとう》に擬せられたという。さらに「書札礼《しょさつれい》」（官位や家の格などによって、充所《あてどころ》や書き止めの文言を変える礼式）も上皇的な様式に変えていった。

さらに義満は自分の妻である日野康子《ひのやすこ》を天皇の准母とした。応永一三年（一四〇六）一二月二七日、後小松天皇の生母通陽門院《つうようもんいん》が死去したが、義満は父親の後円融、母の通陽門院と、在位中に二度の諒闇《りょうあん》（天皇が一年間喪に服すること）は不吉であるから、今回は諒闇の儀はおこなうなと強く主張したのである。そして天皇に准母（仮の母）を立てれば諒闇を行わなくてもよいからと、康子を准三后とする勅書を出させて准母となし、北山院の院号宣下《せんげ》もなされて国母にしてしまったのである。妻が准母となれば、夫である義満は形式的には後小松天皇の准父という立場に立つということになり、「准上皇」ということになる。義満は朝覲行幸《ちょうきんぎょうこう》に准ずるような行いもしており、上皇待遇を受けることを熱望していたと見なすことができる。応永一五年（一四〇八）三月八日に義満は北山第に後小松天皇を迎えた。義満は法服を着て、寵愛する義嗣《よしつぐ》を伴い、四脚門《しきゃくもん》で後小松の行幸を出迎えたのであった。この時のことで注目しなければならないことは、義満が天皇・上皇のみが使用することができる繧繝《うんげん》縁《べり》の畳を敷き、その上に座ったことである。後小松のために繧繝縁の畳を敷いたのは当然であるが、義満もそれを使用したということは、上皇を意識していたためである。そして、北山第行幸後に義嗣は異例な早さで官位が昇進し、四月二五日には「親王元服に準拠した」内裏での元服となったのであった。

　このような義満の行動をもって、義満は王権を掌握し、天皇位を簒奪しようとしていたとの主張も存在している。後小松天皇が若年であったことにより、義満が上皇・法皇として振る舞って、「院政」的な政治形態を行っていたことは確かであり、周りの公家層も「上皇・法皇」的存在と見なしていたので、彼が死去した後に太上天皇（法皇）の尊号を贈ろうとした。状況証拠としては簒奪の意識をもった行動ともとれないことはないが、義満の本心はよくわからないといったほうが正確であろう。また義満は、明から認められた「日本国王」の号を国内で振りかざし権威付けするということはなく、王権を掌握したとする見解も、天皇の観念的権威との関係で議論のあるところである。

　強調しておきたいことは、律令以来の位階制と、日本中世社会における聖賤・浄穢というような強い身分意識のもとにおいて、義満の簒奪が一時的に成功したとしても、以後の足利氏が天皇位を簒奪し続けることができたかどうかは疑問であるといえる。

参考文献

今谷明『室町の王権――足利義満の王権簒奪計画』（中公新書、一九九〇年）
臼井信義『足利義満』（吉川弘文館、一九六〇年）

地獄に堕ちた天皇
——北野天神縁起を素材として

竹内　光浩

古代末期から近世にかけて数多く制作された一連の北《きた》野《の》天神縁起《てんじんえんぎ》に菅原道真《すがわらのみちざね》を無実の罪で左遷し、死にいたらしめた天皇醍醐《だいご》が地獄に堕ちて苦しんでいるという話がある。近代になってイデオロギーとしての「天皇制」が形成されるはるか以前に、天皇醍醐は後の天皇が模範とすべき天皇親政のモデルとされた。そのためか南北朝期には生前の功績を称えた名号である諡号*としての醍醐・村上《むらかみ》の名を襲って、後醍醐《ごだいご》・後村上《ごむらかみ》を追号とする天皇が登場する。後醍醐は生前すでにみずからの諡号を後醍醐と定めており、没後は北朝側も後醍醐院と呼んだ。

醍醐から村上にいたる時代を「延喜・天暦の治」とする聖代観とその聖代を代表する天皇が地獄に堕とされるという説話が古代末期から近世にかけて持続的に語られていくパラドックスのおもしろさがここにはある。

しかし近代天皇制の確立期に編纂された史料集『北野誌』（國學院大學出版部、一九一〇年）からこの説話部分だけが削除された。

聖代意識の登場

延喜天暦聖代観は唐の太宗の「貞観の治」、玄宗の「開元の治」などを模倣したものと考えられるが、一一世紀にはすでに延喜・天暦時代が聖代と認識されはじめている。摂関家全盛の時代に不遇であった文人たちが相対的に学者文人の重用されたこの時代を憧れて呼んだものであろう。具体的な史実に基づいたものではなく、処遇はどうあれ三善清行《みよしきよゆき》や菅原道真らが政治の表向きで一定程度活躍できたことへの憧れと考えられる。

その後この聖代観は一人歩きをはじめ、後醍醐・後村上の誕生にいたるが、この時代が承平天慶《じょうへいてんぎょう》の乱をなかにはさむ律令国家の崩壊期であるという史実とは無関係に称揚された。

貴族層のこうした非歴史的な見方とは対照的に、この時代の危機的な状況を説話の形で描いたのが「道賢上人冥途記《どうけんしょうにんめいどき》」（以下「冥途記」）であり、天皇醍醐を地獄に堕とすという日本天皇史上空前絶後ともいうべき物語の登場であった。

王が地獄に堕ちるということ

「冥途記」が描いた天皇の堕地獄譚すなわち王を地獄に堕とすという説話には「唐太宗入冥記《とうたいそうにゅうめいき》」（以下、「入冥記」）が反映しているのではないかとは川口久雄「敦煌変文《へんぶん》と日本文学」（『仏教文学研究』五　一九六七年、法蔵館所収）の指摘である。しかし、「入冥記」に描かれた太宗と「冥途記」に描かれた醍醐ではかなりの相異がある。「入冥記」は首尾欠で一部分しか残されておらず、結末は不明であるが、太宗が長安に戻った（蘇生）ならば天下に大赦令を発し、大雲経《だいうんきょう》を講経書写することを冥界の裁判官からすすめられていることから、説話上太宗は蘇生した可能性がある。さらに閻魔王の代理ともいってよいこの裁判官に対する太宗の姿勢には狂言性や傲慢さすら感じる。「冥途記」の場合、蘇生するのは道賢であり、醍醐はあくまでも獄卒にいたぶられ続けるみじめな姿で描かれたままでありまったくの好対照をなす。

入冥譚は中国・日本だけでなく全世界に広がるものであり、「冥途記」における醍醐堕地獄譚を「入冥記」における唐太宗の堕地獄譚の反映とみなす必要はないであろう。さらに「冥途記」は天慶四年（九四一）からさほど遠からぬ時期に成立したとされているが、「入冥記」は魯迅《ろじん》によれば宋代（九六〇年以降）になってから普及したという。とすれば「冥途記」と「入冥記」の因果関係を強調する必要はないであろう。

むしろ藤原克己が指摘したように『日本霊異記』以来、因果応報と地獄の思想によって庶民的に形成されて来た仏教倫理が、俗聖諸権力に対して批判的に作用した」（藤原二〇〇一）とみなすべきかもしれない。それは、王の病や老齢によるパワーの衰えが国のパワーの衰えと見なされ、王を殺すことを余儀なくされるというフレーザーのいう「王殺し」*とも位相を異にする。

北野天神縁起に描かれた堕地獄場面

「冥途記」は『永久寺本』をはじめとして北野天神縁起諸本に多数残されており、諸本によって描写に違いがあるものの、概略以下のような内容である。

図1　北野天神縁起絵巻（六巻本，宮内庁三の丸尚蔵館蔵）「日蔵地獄巡歴の場」

金峰山笙《しょう》の窟に籠もり修行中の道賢（＝日蔵）が絶息して冥界に旅立ち、釈迦《しゃか》牟尼《むに》の化身蔵王菩薩《ざおうぼさつ》のいる金峰浄土に連れていかれる。西空より菅原道真と名乗る日本太政威徳天《にほんだじょういとくてん》が来て生前の怨みを述べながらも、最近の現世での災い（承平・天慶の乱をはじめ寺社の炎上や貴紳の被災）は部下たちの所行であることを述べる。蔵王菩薩はさらに道賢を閻羅王宮に案内し、その鉄窟苦所で延喜帝等の受苦懺悔の場面に出会う。その後道賢は蘇生して事の次第を朝廷に報告する。

醍醐堕地獄譚の変遷

北野天神縁起譚の中での「冥途記」描写は時代が下がるにつれ微妙に変化していく。西源院本太平記のように詳細になっていくものと、奈良絵本のように簡略化されるものなど多様である。近世にいたると「冥途記」そのものが捨て去られ、悪役が醍醐ではなく時平だけに割り当てられる近松『天神記』や出雲『菅原伝授手習鑑《すがわらでんじゅてならいかがみ》』などの方向に進むものと、醍醐堕地獄譚に拘り続ける『菅《かん》家《け》瑞応録《ずいおうろく》』とに分化していく（竹内 二〇〇三）。

天皇の絵画表現史上における天神縁起絵の位置

近代の天皇の画像表現を論じたのは多木浩二『天皇の肖像』（岩波現代文庫、二〇〇二）だが、前近代の天皇の絵画表現に着目したのが山本陽子『絵巻における神と天皇の表現』（中央公論美術出版、二〇〇六）である。同書によれば、前近代を通じて天皇の顔を正面から描くことははばかられたが、一連の北野天神縁起絵だけは生前と堕地獄後の醍醐両者をあからさまに描いた。それは生前とはいっても、すでに現職の天皇ではないことと、地獄に堕ちた醍醐もすでに天皇ではないことによるという。

近代天皇制が天皇の肖像を殊更に手を加えて見栄えを意識して創作していったことと対照的に、前近代においてはなぜか隠そうとした。それは一つには絵巻をはじめとした前近代の絵画がごく限られた人々だけに私的に享受され、絵画そのものが支配・統治の手段として機能していたわけではなかった時代と、他方マス化していく近代において写真という画期的な複製手段をとおして、視覚的に支配を貫徹できる条件が成立した時代との違いであろう。しかし、かつての天皇が地獄に堕ちて苦しんでいる様が古代末期から近世にかけて連綿と描かれ続けた意味は問われねばならない。鎌倉・室町期の天神縁起絵の諸本研究は盛んであるが、なぜこの堕地獄場面が描かれ続け、語られ続けたかの由縁を探る研究は管見のかぎりではない。

ただ学問の神さま＝天神の信仰にとって、退位した天皇が地獄に堕ちて苦しんでいるという描写が信仰そのものの障害にはならず、自然なものとして享受する環境にあった時代が中世・近世と呼ばれる時代であったということは言えるかもしれない。

醍醐堕地獄譚の享受

それでは『永久寺本』から『菅家瑞応録』にいたる「冥途記」の歴史において、「冥途記」はどのように享受されたのか。絵巻や掛幅に描かれた「冥途記」は一部では絵解きされたことがわかっているが、基本的には門外不出であった（現存する多くの絵巻の保存状態からもそれはいえる）。そのため「冥途記」の部分が一般に流布するためには唱導*の役割が多かったといえよう。とりわけ太平記読みの関与は大きかったと思われる。南北朝以降江戸期にいたるまで庶民芸能としての太平記読みの盛行は平曲以上であった。庶民は耳で聞く天皇醍醐の堕地獄の場面と、近世盛んであった地獄を描いた立山曼荼羅《たてやままんだら》などの絵解きで眺める地獄絵をオーバーラップさせて「冥途記」の場面を再構成していたのではなかろうか。賢臣を左遷・悶死に至らしめた罪で地獄の猛火にさいなまれる天皇の姿に天神の神としての威力を身にしみて感じ取ったのが中世・近世に生きた庶民ではなかったのか。

参考文献

村山修一編『天神信仰』（雄山閣、一九八三年）
河音能平『天神信仰の成立』（塙書房、二〇〇三年）
藤原克己『菅原道真と平安朝漢文学』（東京大学出版会、二〇〇一年）
須賀みほ『天神縁起の系譜』（中央公論美術出版社、二〇〇三年）
和漢比較文学会『菅原道真論集』（勉誠出版、二〇〇三年）
竹内光浩「「太平記」の時代にみる天神縁起物語」（『歴史評論』六三七、二〇〇三年）

信長と天皇——公武結合の王権構造

堀 新

学界の信長好き？

一九九〇年代初め、積極的に「天皇史」を展開した今谷明は、次のように述べている。

学界の信長好きは、別の言葉でいえば天皇嫌いとなる。義満の皇位簒奪を論じた拙著『室町の王権』に対して概ね好意的であった学界が、正親《おおぎ》町《まち》天皇の政治力を評価した拙著『信長と天皇』に対し一転して厳しい見方をとるのも、こうした学界の習性をよく表している。

歴史学界の全体的な傾向として、天皇制への反感や違和感があることは、指摘通りであろう。しかし、今谷説への厳しい見方は、「学界の習性」ばかりが理由とは思えない。実証レベルでの批判に対しては、イデオロギー性を隠れ蓑にすることなく、建設的な反批判を試みるべきではないだろうか。

今谷も含めて、信長など武家政権と天皇・朝廷が厳しい緊張関係にあるとするのが一般的だが、このような公武対立史観にこそ問題があろう。室町期の公武統一政権論や江戸期の幕藩制国家論など、公武があわさって国家が構成されていたことが指摘されてすでに久しいが、学界だけでなく世間一般でも公武対立史観の根は深い。これこそが学界および日本社会の習性であろう。

天皇消滅の可能性？

かつて安良城盛昭は、日本史上で天皇消滅の可能性は二回あり、最初は織田信長の時代、次が敗戦後の占領体制の時期であるとした。後者はさて措き、信長は本当に天皇・天皇制を消滅させようとしていたのだろうか。

奥野高廣によれば、信長は天正《てんしょう》元年（一五七三）以降、征夷大将軍任官を望み、前例のない平姓将軍の誕生を拒む正親町天皇との間に深刻な対立があったという。今谷説もこの延長線上にある。信長は将軍任官に反対する正親町に譲位を迫った。正親町はこれも拒んだので、信長は一五七四年に天下第一の名香として正倉院宝物であった東大寺蘭奢待《らんじゃたい》の切り取りを正親町に強引に認めさせ、さらには一五八一年に京都で軍事パレードである京都馬《うま》揃《ぞろえ》を行うなど、正親町を威圧し続けたというのである。その一方、信長は一五七九年に皇太子誠仁《さねひと》へ自らの京都屋敷を献上して住まわせた。朝尾直弘は、これは誠仁を「意のままになる天皇」とするための囲い込みだと解釈した。朝尾によれば、上《かみ》御所（禁裏）から誠仁の住む下《しも》御所へ、朝廷機能が移行しつつあったという。

結局、信長と正親町はどちらが勝っていたのか勝ちそうだったのかという枠組みは、今谷も含めていずれにも共通しているのである。

公武対立の幻想

以上の見解を検証してみると、いずれも史料的根拠のないものや、思いこみによる史料解釈の誤りであることに気づく。

例えば、正親町の譲位である。「天皇に譲位を要求するなど横暴極まりない」と思うのは、終身在位の近代天皇制からくる誤解である。中世朝廷は、上皇が「治天《ちてん》の君《きみ》」となって支配するのが常態であり、正親町以前の後《ご》土御門《つちみかど》・後奈良《ごなら》が譲位を望んでいたのも確実である。事実、信長の申し入れに対して、正親町は、譲位は後土御門以来の宿願であり、これが叶えば「朝家《ちょうけ》再興」であると述べている。この当時、正親町は五七歳で、しばしば医師が禁裏に伺候《しこう》しており、朝廷全体が譲位を望んでいた。朝廷はこの後も礼服を風干するなど、譲位の準備をしていた。正親町の譲位は秀吉期の一五八六年に実現するが、この時は円満に進んでいる。信長期のみ、正親町が譲位を忌避する理由も根拠もない。

また、蘭奢待の切り取りは慶事だったらしく、切り取られた蘭奢待の破片は、多くの公家や大名に配布された。京都馬揃を望んだのも正親町であり、アンコールまでしている。誠仁の下御所についても、戦国期に規模が縮小した御所では手狭であったために信長が提供したにすぎず、そのうえ朝廷機能が下御所へ移行した事実は確認できない。

そもそも、対立の前提となる信長の将軍任官願望すら、疑義がもたれる。一五七三年段階で信長が将軍任官を希望していた徴証はない。そこで問題となるのは、一五八二年の三職推任《さんしよくすいにん》であろう。村井貞勝《むらいさだかつ》と勧修寺晴豊《かじゆうじはれとよ》が相談し、安土《あづち》へ女房衆を勅使《ちよくし》として派遣し、信長を「太政大臣《だいじようだいじん》か関白か将軍か」に推任することになった。そこで、皇太子誠仁は信長に「いか様《よう》の官にも任せられ」ることを慫慂《しようよう》する書状を使者に預けた。官職を特定しない、玉虫色の推任である。この発案が晴豊か村井かはどちらでもよく、信長がどの官職を望んでいるのか誰にも見当がついておらず、従って信長の強制ではないことが重要である。なお、晴豊が安土で「将軍ニなさるへき」と述べているが、これは勅使の付添としての個人的見解である。やがて信長は勅使に面会し、正親町と誠仁への返書を認めた。この返書を京都へ持ち帰った晴豊は、すぐさま参内して御所へ報告する一方、村井にも「安土よりの返事」を伝えている。この後、三職推任が立ち消えになったことからすると、信長の回答は「ノー」だったのであろう。

晩年の信長は大陸征服構想をもっていたとされるが、子供たちでその版図《はんと》を分割支配する点など、それは秀吉の三国国割《さんごくくにわり》構想に酷似していた。天皇や公家衆を遥かな異国へ移し、日中それぞれの天皇人事に言及するような天下人たちの地位は、すでに律令官職体系の枠内にはなかった。東アジア世界の変動をふまえると、信長・秀吉の政権構想は「日本国王」から「中華皇帝」への展開と理解されよう。

信長の朝廷改革

池享が明らかにしたように、戦国動乱は朝廷を根本的に変質させたが、それは深刻な政治腐敗をともなうものであった。一五七六年の興福寺別当職《こうふくじべつとう》をめぐる相論《そうろん》において、不正をはたらいた伝奏《てんそう》衆を信長は処分し、以後「禁中之義」は伝奏衆が談合し、そのうえで信長の承認を得るよう命じた。信長は朝廷の生殺与奪《せいさつよだつ》を掌握したのであるが、これには伏線があった。天文二一年（一五五二）から続いていた絹衣《きぬころも》相論において、上級公家による謀書綸旨《ほうしよりんじ》の作成が発覚した。これに衝撃を受けた信長は、一五七五年に朝廷改革に着手し、「御公事法度《くじはつと》」を定める伝奏衆を設置した。伝奏衆はいずれも公家で、その評定《ひようじよう》に信長が関与することはなかった。朝廷はこの改革を「記録所再興《きろくじよ》」と歓迎した。ところが、その翌年に早くも伝奏衆の不正が発覚した。信長は「天皇が外聞を失えば、信長も同様に面目を失う」と考え、やむを得ず「禁中之義」の決定権を掌握したのである。信長の意図は朝廷政治への介入ではなく、その正常化とそのためのシステム整備にあった。そしてこれは、朝廷側も望むものだったのである。

　信長の朝廷改革は秀吉・家康に受け継がれ、それは元和元年（一六一五）の「禁中《きんちゅう》並《ならびに》公家《くげ》（中）諸法度《しょはっと》」に結実する。つまり、天皇・朝廷を消滅させることなど、信長・秀吉・家康は誰も考えていなかったであろう。彼ら天下人と天皇・朝廷の間に全く対立や緊張がなかったのではない。どのような権力体にも多少の内部矛盾はある。問題は、それが本質的な対立であるか否かであり、信長と天皇の間には、国家主権をめぐる本質的・根本的な対立は見出せない。武家政権は天皇・朝廷を排除するのではなく、これを構造的に組み込み、公武が一体化して一つの王権を構成していた。これを公武《こうぶ》結合《けつごう》王権と呼びたい。このような王権構造は、少なくとも南北朝以降、変動を伴いつつも幕末まで続いたのである。織田権力を起点とする近世王権が中世と異なるのは、戦国動乱と天下統一を背景に、武威や武力、ひいては武家が王権構造のなかでより大きな比重を占め、完全に主導権を握っていることである。

　国内の権力編成における公武結合王権という王権構造、東アジア世界を視野に入れた「日本国王」から「中華皇帝」への展開。織豊期の天皇をめぐる議論には異説が多いが、この二つの視点をベースに再検証する必要があろう。

参考文献

朝尾直弘『将軍権力の創出』（岩波書店、一九九四年）
安良城盛昭『天皇・天皇制・百姓・沖縄』（吉川弘文館、一九八九年）
池享『戦国・織豊期の武家と天皇』（校倉書房、二〇〇三年）
今谷明『信長と天皇』（講談社学術文庫、二〇〇二年、初出一九九二年）
奥野高廣「織田政権の基本路線」（『国史学』一〇〇、一九七六年）
堀新「織豊期の王権論をめぐって」（『歴史評論』六四九、二〇〇四年）

紫衣事件——後水尾天皇譲位の背景

野村　玄

天皇と紫衣

紫衣《しえ》とは、僧侶の身につける袈裟と法衣《ほうえ》のうち、紫色に染められたものをいう。紫色は高貴な色として尊重されたことから、紫衣は高僧であることの証とされた。

この紫衣の着用許可は朝廷によってなされてきたが、江戸幕府は慶長一八年（一六一三）の「勅許紫衣之法度」と元和元年（一六一五）の「禁中《きんちゅう》並《ならびに》公家《くげ》諸法度《しょはっと》」第一六条などにより、紫衣の着用許可の基準と幕府への事前通告の必要性を繰り返し説いた。

これまでの通説では、この幕府の度重なる規制にもかかわらず、朝廷が特定寺院に対して幕府の了解なく紫衣勅許を発し続けたため、幕府は寛永四年（一六二七）に「上方御《かみがたご》出世御《しゅつせご》法度《はっと》共《ども》」を出し、元和元年以降に勅許された紫衣着用の無効を宣言したが、これに大徳寺《だいとくじ》の沢庵《たくあん》宗彭《そうほう》らが抗弁書を提出したことから、彼らは幕府によって流罪に処せられ、またこのような政治過程をうけ、自らの紫衣勅許を無効とされた後水尾《ごみずのお》天皇も、抗議の意味での譲位に追い込まれたとされてきた。

紫衣着用をめぐる勅許の無効化という、幕府の打ち出した政策の衝撃の強さが、前述の一連の政治過程を「紫衣事件」と称することになった要因だが、この「事件」の理解については、近年いくつかの論点が出されている。

一つは、なぜ幕府は元和元年以降の紫衣勅許を無効とし、勅許への幕府の事前関与を必要としたのかという点である。いま一つは、たしかに後水尾天皇は沢庵らが流罪に処せられたあと、寛永六年（一六二九）一一月八日に突然譲位するが、これは果たしていわゆる「紫衣事件」への抗議の意味で譲位したものなのか、という点である。

前者については、これまで、元和元年以降の紫衣勅許を無効にした幕府の判断こそが幕府による「天皇大権の剝奪過程」（宮地正人）であり、また「禁中並公家諸法度」など幕府の法度の優位性を示すものだとされてきた（高埜利彦）。

　ところが、近年、斎藤夏来は、紫衣勅許をめぐる朝廷の独走という状況が果たして存在したのかどうか疑問を呈するとともに、紫衣勅許をめぐって一部の寺院では偽《にせ》綸旨《りんじ》によって紫衣を着用していた点も指摘し、「むしろ偽綸旨まで発給されるといった、朝廷の寺院支配権の乱れや空洞化をたてなおすことが徳川政権に課されていた課題ではないか」とする学説を提示した。この斎藤説をふまえると、「紫衣事件」の要点の一つであった紫衣勅許無効化政策の理解は、従来と全く異なってこよう。

後水尾天皇の譲位

　そして、この斎藤説を考慮に入れるならば、いま一つの後水尾天皇の突然の譲位についても、これを紫衣勅許無効化政策への抗議としてのみ理解することは、現時点において慎重であったほうがよい。

　斎藤によれば、いわゆる「紫衣事件」および幕府の紫衣勅許無効化政策と後水尾天皇の突然の譲位とを結びつける史料は、「寛永六年一一月二七日付細川忠利《ただとし》宛細川三斎《さんさい》書状」のみであるという。この書状には、後水尾天皇の突然の譲位をうけ、譲位の理由をめぐる様々な観測・憶測が記されているが、斎藤はこの書状の筆者細川氏と「紫衣事件」の当事者である大徳寺・妙心寺《みょうしんじ》との特殊な関係（細川氏は檀越である）にも目を向ける必要があることを提言している。重要な指摘である。

　寛永六年の後水尾天皇による突然の譲位そのものは、天皇が時の政権担当者の了解なしに譲位を決行し、既成事実化した例として、それ以降、現代に至るまで例はなく、したがって政治史上の重大事件であることに変わりはない。この譲位の理由・背景については、今後より直接的な史料の発掘が求められる。

参考文献

斎藤夏来『禅宗官寺制度の研究』（吉川弘文館、二〇〇三年）
高埜利彦『近世日本の国家権力と宗教』（東京大学出版会、一九八九年）
東京大学史料編纂所編『大日本近世史料　細川家史料』三（東京大学出版会、一九七二年）
宮地正人『天皇制の政治史的研究』（校倉書房、一九八一年）

宮将軍擁立計画

——中継ぎ相続と貴種

福田　千鶴

酒井忠清の判断

宮将軍擁立計画とは、延宝八年（一六八〇）に江戸幕府四代将軍の徳川家綱《いえつな》が危篤に陥った際、幕府大老の酒《さか》井《い》忠清《ただきよ》が京都から有栖川宮幸仁親王《ありすがわのみやゆきひと》を迎えて宮将軍とし、鎌倉幕府における北条氏の故知にならって自身が執権として権勢をふるおうとしたが、老中の堀田正俊《ほったまさとし》が推す綱《つな》吉《よし》が五代将軍に就いたため、ついに忠清は宿願を果たせず、綱吉の将軍襲職後に失脚したという経緯をいう。これは幕府の正史である『徳川実紀《とくがわじつき》』にも載せられており、通史などでもしばしば取り上げられているが、真相はよくわかっていない。

史料の初見は早く、戸田茂睡《もすい》（一六二九―一七〇六）が記した「御当代記」にみえる。同書は日記のように日々書き継いだものではなく、ある時期に編纂した伝聞記ではあるが、同時代人による記録であることから、元禄時代の幕政や江戸の世相を考察するうえでの信頼度の高い史料として利用されている。

それによれば、家綱の病状の快復が難しいと感じた老中たちが養子について詮議し、実弟の綱吉が候補にあげられた。しかし、忠清は「ご兄弟であれば他に争う人物もなく、その選択が誤っていると思う人もいないだろうが、綱吉様は天下を治めるような器量はなく、この君が天下の主《あるじ》となられれば、諸人が困窮し、悪逆の事が積もり、天下の騒動にもなるだろう」といって反対し、「（家《いえ》康《やす》様の）ご子孫であれば誰でも同じことなので、天下を治めることのできる器量の持ち主を将軍として守り立てていくべきである。綱吉様の子徳松様は幼少なので養子に迎えてもよいが、家綱様にとっては甥なので、甥であれば亡き綱重《つなしげ》様の子綱豊《つなとよ》様に優先順位がある。尾張摂津守（義行）殿は千代様の御子なので、これも甥にあたるが、やはり綱豊様をさしおいてはなりがたい。そこで、花町《はなまち》天皇（正しくは後西《ごさい》天皇）の有栖川の皇子を養子にお迎えし、しばらく将軍に仰ぎ奉って国政を執り行い、その後有栖川殿より尾張の中将（綱誠）殿か、摂津守殿へ天下を譲らせられれば、天下太平にして御代万代になる」との考えを示したという。しかし、右の段取りを進める間もなく家綱の病状が急変したため、綱吉を養子と定めることになった。こうした経緯を江戸城の本丸に移り住んだ綱吉に堀田正俊が逐一報告したため、綱吉は正俊を忠臣と思い、忠清を憎むようになったという。

要するに、忠清は将軍としての器量に欠けると判断される綱吉の養子に反対し、いったん有栖川宮を将軍職に就かせて中継ぎとし、しかるべき段階で将軍職にふさわしい人物を徳川家康の血筋を引く子孫のなかから選ぶのがよいが、できれば徳松、綱豊ではなく、尾張家から選ぶのがよいと主張したことになる。

中継ぎ将軍としての綱吉

ところで、家綱には弟が三人いた。次弟綱重は家綱より三歳年下で、甲斐国府中二五万石を与えられて甲府宰相と称された。延宝六年に三五歳で没すると、その嫡子綱豊が遺領を一七歳で相続した。三弟亀松は三歳で早世した。四弟綱吉は家綱より五歳年下で、上野国館林二五万石を与えられ、館林宰相と称された。

つまり、延宝八年段階における家綱の養子候補は、嫡庶長幼の筋目からすれば、第一に甥の綱豊（一九歳）、第二に弟の綱吉（三五歳）の順序であり、これに三家（尾張・紀伊・水戸）が準じた。結果は、優先順位の高い綱豊を超えて綱吉が養子に決まったが、その決定と同時に二歳になる綱吉の嫡子徳松が館林二五万石を継ぐことが公表された。このことは、綱吉の養子は、明らかに中継ぎ的な相続を期待されたものであったことを示している。

言い換えれば、綱吉の養子が絶対的・固定的な将軍職の決定を意味するものであったなら、その嫡子徳松は自動的に世嗣に位置づけられたはずである。そうしなかったのは、家綱に実子誕生の可能性が残されていたからであった。延宝六年、七年と側室が続けて懐妊しており（結果は死産）、病気が快復すれば実子誕生の可能性は十分に考えられたし、同八年にも実は側室一人が懐妊中であった。したがって、今回の養子は誰に決定しようとも、家綱の実子が誕生するまでの中継ぎと考えられていたのである。優先順位の低い綱吉が養子に迎えられた理由は、実弟による中継ぎ相続は武家相続法の慣例であり、家綱の実子誕生後の綱吉廃嫡も当然とみなされるからであった。

しかし、実際に大名家などで中継ぎ相続をした弟が、兄の子（嫡系）に家督を戻そうとせず騒動になるケースがしばしばみられた。家綱の実子が誕生した場合も同じ危険が想定され、綱吉が実子の徳松に将軍職を譲ろうとして抵抗するかもしれなかった。そのために、綱吉は養子になるにあたり、家綱に男子が生まれたら必ず将軍職をその子に譲る旨の誓詞（起請文）を書かされたとも伝えられる。

なぜ有栖川宮家か

一方の有栖川宮家は、後陽成院《ごようぜい》の皇子好仁《よしひと》親王が寛永二年（一六二五）一〇月に高松宮《たかまつのみや》の称号を与えられ一家を創設したのに始まる。同七年一一月に越前宰相松平忠直《ただなお》の長女亀子《かめこ》（宝珠院）が将軍秀忠《ひでただ》の養女として好仁に入輿し、二女をもうけた。同一五年六月三日に好仁が没し、男子がなかったため、後水尾《ごみのお》（ごみずのお）院の皇子良仁《ながひと》親王が相続して花町宮《はなまちのみや》を称し、好仁の長女一宮を女御《にょうご》とした。その後、承応三年（一六五四）に良仁が皇位を継承して後西天皇となったため、一四年間継嗣を欠いたが、寛文七年（一六六七）後西天皇の皇子幸仁親王が三代を継承し、同一二年に後水尾院の命により有栖川宮と改めた。以後、一九一三年（大正二）に威仁《たけひと》親王が死去するまで一〇代続いた。なお、幸仁は系図のうえでは徳川家と縁戚関係にあるが、家康の血統を受け継いでいるわけではない。

毎年、年頭に将軍が天皇に使者を派遣した答礼として、三月に京都より公家が江戸に参向する。延宝八年（一六八〇）三月には勅使・法皇使・本院使とともに、幸仁親王も参向した。酒井忠清と吉良義央《きらよしなか》が上使として派遣され、例年通りの対応をし、一行は一六日に江戸を出発して京都に戻った。一連の饗応は忠清の差配で行われたが、酒井家は幕府の儀礼を司ることを家役としていたため、このことをもって忠清と幸仁の特別な関係を読み取ることはできない。

この年に幸仁が参向したのは宮家を正式に継いだ挨拶のためとされるが、宮家を継いでからかなりの年月を経ており、人々に不審がられる要素はあった。ただし、家綱は前年の冬から病気がちではあったが、三月七日には右の勅使以下に対面して礼を受けているので、起居もできないというような状態ではなかった。病状が悪化するのは三月一五日からなので、仮に忠清が宮将軍擁立を提案したことが事実とすれば、家綱が病床に臥した後にたまたまその頃江戸に参向していた幸仁に白羽の矢が立てられたのではないかと推測されるが、その目的は宮将軍を一時的に迎えることで、中継ぎ相続を確実にするためであった。いわば、将軍家の家督相続をめぐる騒動を回避するために、貴種としての宮家の血統を便宜的に利用しようとしたのである。

しかしながら、茂睡も伝えるように、実際には計画が具体的に進められる前に家綱が急死した。そして、綱吉の将軍襲職後に忠清が大老職を辞し隠居を許されると、宮将軍擁立計画は「下馬将軍」と呼ばれた忠清の悪政を象徴するものとして語り伝えられることになったのだろう。

参考文献
福田千鶴『酒井忠清』（吉川弘文館、二〇〇〇年）

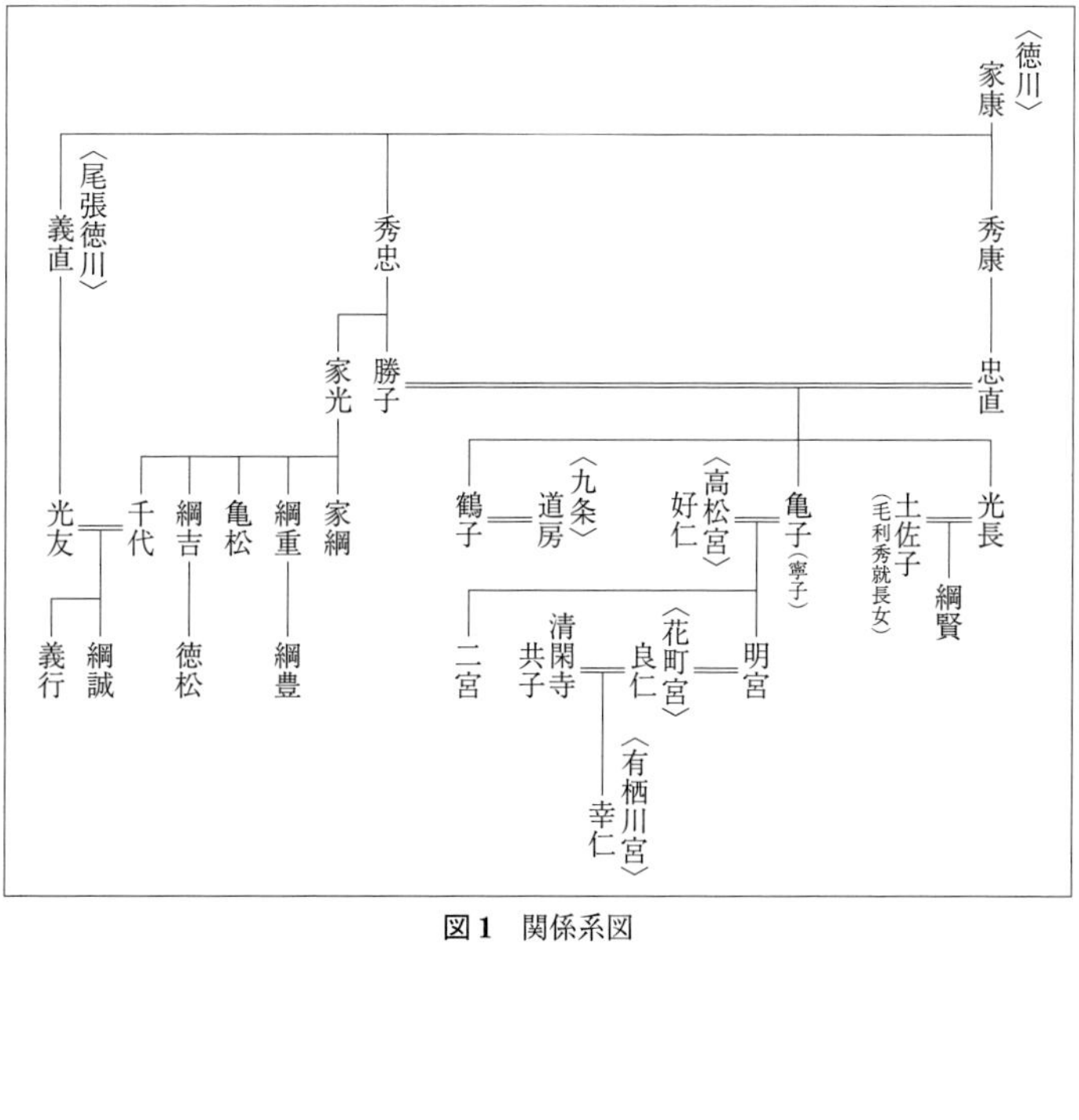

図1　関係系図

武家と官位
―家格と名誉のシンボル

堀　新

越前守が二人いる?

享保《きょうほう》年間の史料に「越前守」とある。しかし、これは大岡忠相《ただすけ》ではないと説明すると、「えっ?　大岡の他にも越前守がいたのですか?」と質問される。

この質問者には二つの誤解がある。まず第一に、「越前守」は官位ではなく、個人名である。百姓の「〇右衛門」や「〇兵衛」と同じで、律令官職に源流があるものの、これとは無関係に名乗られていた。したがって第二に、同時に複数の武士が「越前守」を名乗っていた。近世大名家は約三百あったから、重複するのは当然である。これらは、「内匠頭《たくみのかみ》」や「内蔵助《くらのすけ》」も同様である。

では何が官位なのか。序列の上位から順に記すと、太政《だいじょう》大臣―左大臣―右大臣―内大臣―大納言《だいなごん》―中納言―参議《さんぎ》(宰相)―中将―少将―侍従《じじゅう》―四品《しほん》―諸大夫《しょだいぶ》となる。官位とは位階と官職からなり、例えば従《じゅ》一位・太政大臣という場合、従一位が位階で、太政大臣が官職である。官位序列は官職の上下を基本とし、位階は同じ官職での微調整をする程度の意味合いしかない。

これらの官職は、律令制に源流があるものの、文官と武官が混在するほか、律令制そのままではない。近世武家官位は律令官位に源流をもちながらも、律令からは自立した存在と考えられる。

近世武家官位と天皇

大名を例に説明すると、官位叙任《じょにん》は江戸城で仰せ渡され、大名は任命されたその日から、新官位を称する。そして、老中から京都へ官位叙任のリストが送られ、京都所司代から朝廷へ連絡される。朝廷ではこれを「推挙」とし、形式的ではあるがその是非を審議する。しかし、叙任が拒否された例はない。引き続き、朝廷は口宣案《くぜんあん》や位記《いき》・宣旨《せんじ》といった叙任文書(図1)を準備し発行する。

叙任の日付は、将軍が任命した日である。

叙任文書は、五位の場合は高家《こうけ》*が一括してこれを受け取り、江戸で各大名に渡す。四位以上の場合は、各大名の家臣が派遣されて、京都で受け取る。各大名から朝廷に官物《かんもつ》（官位御礼）が贈られるが、これは朝廷にとって貴重な収入源である。

幕府から朝廷へ派遣された使者に対して、天皇が直接、官位叙任の意向を示すこともあった。この場合、その使者はいったん辞退し、「将軍の許可を得たうえでお受けする」と答える。そして将軍の許可が得られないと、その推任は立ち消えになった。

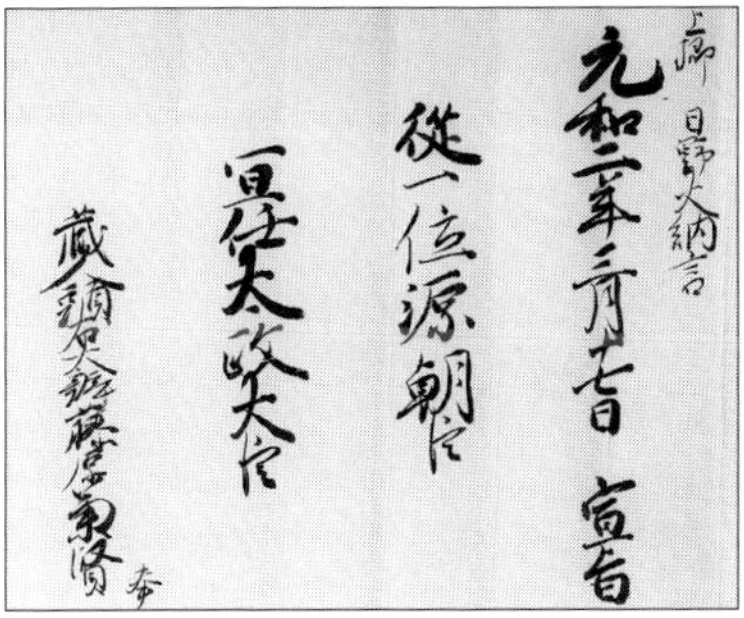

図1　徳川家康任　太政大臣口宣案（久能山東照宮所蔵）

このように、武家への官位叙任は、実質的には将軍に権限があった。しかし、形式的ではあるが、最終的には天皇にも権限があった。このどちらに、より本質的な権限があったかを議論するのは不毛である。そもそも将軍と天皇は、お互いに相手を排除して官位叙任権を一元化しようとしていない。両者はともに相手の権限を前提とし、それを自らの権限の補完材料としていた。武家官位をめぐる、このような将軍と天皇、ひいては幕府と朝廷の関係は、公武結合という王権のあり方を象徴的に示していよう。

ここで、最初に述べた「越前守」や「内匠頭」について補足しよう。これは個人名ではあるが、官位としての要素もある。多くの場合、元服のさいに初めて官位叙任し、同時に通称を「越前守」などに改める。旗本の場合、例えば遠山景元《とおやまかげもと》は御小納戸頭役に就任したさい、諸大夫に叙任され、通称を「金四郎」から「左衛門尉《さえもんのじょう》」に改名する。諸大夫叙任と「左衛門尉」改名は朝廷へ連絡され、それぞれ叙任文書が発行される。

しかし、通称を決めるのは、将軍でも天皇でもなく、大名本人だった。幕府の許可が必要だが、それは同姓同名の者がいないか、老中など幕閣と同じではないか、を確認するだけであった。先祖代々の通称を受け継ぐ者や、領地の国名を選ぶ者もいるが、そうでない者もいる。どの通称にも、ランクの上下はない。また、例えば隠居のさいに通称を改めた場合、これは朝廷へ連絡されることもなく、叙任文書も発行されない。このように、「越前守」「左衛門尉」などは、官位的要素はあるものの、個人名としての要素がより強いといえよう。

朝臣意識と尊皇意識

官位制度の頂点は天皇であり、将軍や大名はその下に位置付けられていた。その形式面を重視すれば、江戸時代においても天皇が君主である。官位制度から大名の朝臣意識、ひいては尊皇意識が生じる。しばしば耳にする話だが、近世天皇が君主であるか否かはひとまず措き、大名の朝臣意識や尊皇意識は、官位叙任から生じるのではない（一般的・観念的な意味での朝臣意識や尊皇意識が大名にはない、と主張しているのではない）。

後述するように、大名は幕閣に官位昇進の内願を行ったが、朝廷にアプローチすることはなかった。これは、将軍から官位をもらったと認識していたからであろう。しかし、慶応三年（一八六七）の大政奉還後に、武家官位の意味が変化する。明治新政府は諸大名に上洛を命じ、譜代大名を中心に、官位を返上して、徳川の臣下としての立場を明確にしようとする動きが出てくる。つまり、大政奉還以後に、初めて官位＝朝臣という意識が生じたのである。

では、近世大名にとって官位とは何だったか？　一言でいえば、家格を示すメルクマールだった。ただし、近世武家官位は朝廷官位の定員外であり、官位に公武をあわせて序列づける機能はなかった。官位は本来、京都御所の座次基準であったが、近世武家官位は江戸城でのそれへと転換したのである。そのため、年末に大量の官位叙任が行われた。

官位と家格

大名の家格は、官位のほかにも領知の規模（国持《くにもち》・城主・陣屋持《じんやもち》）、石高の大小（例えば一〇万石以上とそれ以下）、将軍との親疎（親藩・譜代・外様）など、さまざまにあった。家格としての官位は、「家」とともに「人」につくこと、変更可能であることがその特徴であった。そのため、家格向上をはかる大名は、外様の国持大名を主として、官位昇進を目指して幕閣に猛烈なアプローチをしたのである。天保《てんぽう》年間には、二千両以上の大金が、裏工作に投入されたという。

官位は各家の家格に応じてほぼ定まっていたが、当主が早死になどしてその家の極官《ごくかん》（昇進できる最高位）まで昇進しなければ、それが前例とされてしまう。「自分の代になって家格が低下しては、先祖や子孫にまで顔向けができない」と、大名たちは幕閣にしばしばこう訴えている。また、同格や格下の大名に官位を追い越されることは、最大の屈辱だった。大名は、極官に到達して家格を維持するまでは、隠居も死去もできなかったのである。

ところが、官位昇進をはたしても、別に収入は増えない。せいぜい、江戸城中での儀礼において、畳一枚上座となる程度の変化しかない。しかしこれこそが、自家の家格と自己の名誉を守るため、大名にとって最重要事項だったのである。

武家人口の一パーセント未満

幕初と幕末を除くと、極官は以下の通りであった。大臣以上は将軍とその嫡子、大・中納言は御三家と御三卿《ごさんきょう》、参議は加賀藩前田家、中将は彦根藩井伊家と仙台藩伊達家・薩摩藩島津家、少将は岡山藩池田家などの国持大名、老中は侍従、多くの大名は諸大夫で、勤続三〇年などの功労によってようやく四品に昇進できたにすぎない。

とはいうものの、基本的には全員が官位叙任できた大名はまだよい。大名のほかには、幕府の全国支配に関わる役職についた旗本と、徳川一門・加賀藩前田家の家老が官位に叙任していた。これらをあわせても、全武家人口の一パーセント未満にすぎない。大名も含めて、官位を保持する武家は「公儀の構成員」であり、官位はその証であるといわれるゆえんである。

一パーセント未満とはいえ、中世とは比較にならないほど、大量の官位叙任であった。その結果、たんに官位を保持するだけでは不十分で、より高位へ、一年でも早く叙任される必要が生じた。このため大名たちは、官位叙任を審議する老中・若年寄などの幕閣にすり寄っていった。官位は幕藩制を補強する一面もあったのである。

参考文献

橋本政宣『近世武家官位の研究』（続群書類従完成会、一九九九年）

藤田覚『近世政治史と天皇』（吉川弘文館、一九九九年）

堀新「近世武家官位の成立と展開」（山本博文編『新しい近世史1　国家と秩序』新人物往来社、一九九六年）

堀新「近世武家官位試論」（『歴史学研究』七〇三、一九九七年）

近世の天皇と摂関・将軍
——公武和融の政治構造

深谷 克己

霊元上皇の願文

一六七頁の写真は、江戸時代前期、寛文三年（一六六三）から貞享四年（一六八七）まで二五年間も天皇の地位にあり、譲位後も強い意思を持ち続けて院政を行い、江戸時代の朝廷の歴史に影響力を残した霊元《れいげん》上皇（生没年一六五四―一七三二）が、享保一七年（一七三二）に京都の下御霊社《しもごりょうしゃ》に納めた願文《がんもん》の全文である。江戸時代の朝廷には、天皇も上皇（落飾《らくしょく》すれば法皇）も、「五摂家」（近衛《このえ》・九条・二条・一条・鷹司《たかつかさ》家）と呼ばれる家筋から撰ばれる関白（ときに摂政）も存在し、天皇の親政も上皇の院政もあり、関白・摂政の執政の時期もあった。

右の願文は、これだけでは誰がいつ書いたものかわからないが、霊元上皇（一七一三年落飾ののちは法皇）自筆の願文であることは、神主の奥書から判明する。年代はこれまでは宝永七年（一七一〇）という理解が有力で、江戸時代の通史にも位置づけられてきたが、最新の研究では、霊元上皇最晩年のものであることが判明している。下御霊社は、悲運の天皇や公家などを御霊（無念の死をとげた怨霊）として祀る神社であり、霊元上皇はこの神社を崇敬し、参拝もした（死後、同社の合祀神殿に「天中柱皇神」という神号で祀られた）。

願文の第一条では、「怪我」や「急病」、「不慮之災難」もなく「無病息災」にこの年を過ごせるよう諸神の「加護」を祈願している。当時は、朝廷上層の人々も疫病を免れることはむずかしく、疱瘡をはじめとする流行病に罹患することがあった。それに、朝廷社会だけでなく、天下の凶兆を防ぎたいという心情は上皇という立場にあれば当然持ち続けるものであろう。享保の飢饉がこの年に大きな打撃を与え、江戸でも初めての打ちこわしが起こっているが、この願文は年初のものであることがわか

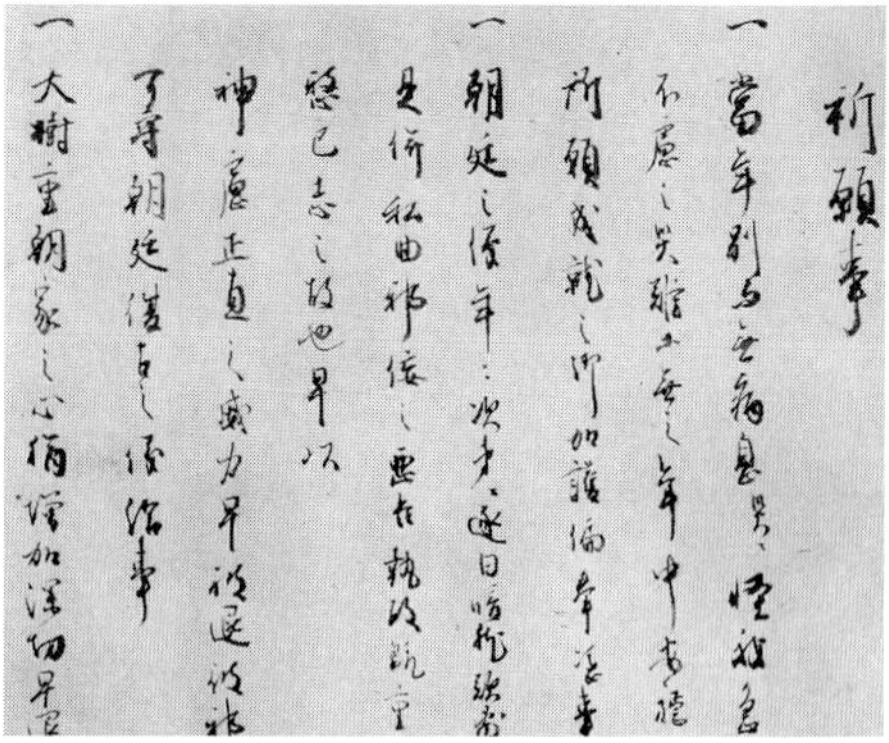

図1　「祈願事」(日本歴史学会編『演習　古文書選続近世編』所収「三七　霊元天皇願文」吉川弘文館，1980 年)

っているから、それへの特別の祈禱ではない。しかし、その前年にも各地では疾病流行、大地震、飢荒などが発生しており、災難は連年のことである。疫病などの災難は御霊の祟りとみなされてもおり、それだけに御霊神の「加護」は招福除災の御利益の効験が大きいとされる。

朝廷内の不一致

しかし第一条だけなら、どの身分でも行う招福除災の祈願を、上皇が願文の形で行い、それが神宝となって伝来してきたということだが、第二・三条の内容は、朝廷の特定人物ないしは勢力を御霊神の威力と徳川将軍の政治力で排除しようとする祈願であり、特異な性格を帯びている。少なくとも、当時の朝廷の内部に、その運営方向をめぐる対立があったことを物語っている。

第二条では、「朝廷之儀」が「暗然」たる状態にあることを嘆いている。原因は、朝廷内に「私曲邪佞之悪臣」がおり、三代にわたって「執政」の役職につき専横なことをしているからだと糾弾する。祈願の趣旨は、したがって「神慮正直之威力《しんりょしょうじきのいりょく》」によって、その「邪臣」を「退」け、「朝廷復古」の道を守護していただきたいというものである。第三条は、「大樹」(将軍)が朝廷を重んじ、早く朝廷内の「邪臣」の「謀計」を「退」けることを祈願したものである。祈願は江戸の将軍に敵対的なものではなく、望ましい朝廷の人事、状態の実現を将軍が促進するよう祈ったもので、第二条と合わさっている。

霊元上皇の望む「朝廷復古之儀」とは、朝儀《ちょうぎ》復興とも言い、長い年月廃れている朝廷の儀礼・神事を再興することであった。これは簡単なことではない。朝廷の儀礼・神事は、その一つ一つが多額の経費と多大な準備の時間を要し、復興するとなれば空間的にも近世天皇の行動として制約されている範囲を超えなければならないものがある。将軍・老中の同意がなければ不可能なことであった。しかし復興できれば、将軍への敵対ではないにしても、天皇・朝廷の位置をより尊厳で高いものにし、近世国家における比重を大きくすることにつながる。

霊元天皇は、後水尾《ごみずのお》天皇の子で、明正《めいしょう》・後光明《ごこうみょう》・後西《ごさい》天皇を経て即位した。譲位後は公武和融を強めていた後水尾上皇と近衛基熈《このえもとひろ》ら周辺の公家衆に対し、霊元天皇と近習の公家衆はしだいに「朝廷復古」をめざすようになった。両者はしだいに勢力化し、霊元天皇は厚く信任していた右大臣の一条兼輝《いちじょうかねてる》を、左大臣を経ずに飛びこえて関白に昇格させ、朝儀復興をめざす朝廷運営を展開した。

その結果、次期皇位継承者であることを天皇が宣言する儲君《ちょくん》の制、儲君を皇太子にする儀式である立太子式、即位後天皇が皇祖諸神を親祭し新穀を共食する儀式である大嘗祭《だいじょうさい》（最初の新嘗祭《にいなめさい》）などの朝儀復興が進んだ。しかし、霊元天皇の子である東山《ひがしやま》天皇が、霊元天皇が望んでいた諸儀礼・行事を再興させて即位すると、東山天皇は近衛基熈を信任し、元禄三年（一六九〇）には関白に昇進させた。近衛基熈は、霊元上皇の権限をおさえようとし、朝廷内の対立的潮流は解消されなかった。

近衛家は、基熈の子の家熈《いえひろ》も、関白、摂政、太政大臣、さらに准三宮《じゅさんぐう》に至り、その子の家久も、享保一一年（一七二六）に関白に昇進している。

譲位後も霊元上皇は、晩年に至るまで朝儀復興の意欲を減退させなかった。近衛家に対抗意識を持つ一条家も霊元上皇の意向を支えた。このような霊元上皇の没年の、いわば遺言に近い気持ちが、御霊神の力を頼んででも近衛家久ら「悪臣」「邪臣」を排除しようとするほどに強いものだったことを示すのが、この願文なのである。

公儀と公武和融

朝儀復興をめざすことは、朝廷の自律性を強めたいという意思をともなっている。霊元天皇・上皇の時代には、朝廷に朝儀復興意欲が高まり、幕府への働きかけや交渉が政治運動の色彩を帯びた。反面で、それを朝廷の安泰のためには「逸脱」としてあやぶむ流れがあり、近衛基熈の働きなどで朝幕間の融和も一段と進んだ。この流れが、朝儀復興派に対する公武和融派として、朝廷運営をめぐる対立が後世に印象づけられることになった。近衛基熈は、娘婿の間柄になる徳川家宣が六代将軍になると、新井白石が建言した新宮家（閑院宮《かんいんのみや》）の創設にも深く関わった。幕藩体制を持続させるうえで欠かせない骨格の一つである公武和融は、このような摂関家公家の活動によって支えられていた。

近世の公的権力体である「公儀」の組織という点から言えば、戦国時代に朝儀も行えず絶家の公家も増えた朝廷勢力を、将軍と大名勢力で構成する公儀は、復興させ造りかえて公儀の権威機構としてその最頂上部に組み込んだ。寺家社家も天皇の支配権を弱めながら公儀の一環に組み込み、国家的な安全・平癒祈禱の役目を持たせた。天皇・朝廷を江戸時代の武家政権に適合させることは幕藩体制の長期的持続にとって不可欠な要件であった。

この過程で、朝幕確執と言われる事件が起こった。しかし、一七世紀前半の家光政権の時代には、将軍家光・幕閣と後水尾上皇・近衛基熈らとの間に公武和融の合意が生まれ、武家伝奏・京都所司代など相互の意思伝達も円滑に機能するようになった。ただ、そうした「秩序」はけっして自足的に安定するのではなく、歴史や現実、人柄などがからんで不可避的に内部に運営方針や政策の不一致が発生し、さらに進めば対立的な潮流に育っていく。一七世紀の後半から朝廷に発生したのは、そうした宿意《しゅくい》関係であり、これが解消されることはなかった。しかし、朝儀復興をめざす潮流も、霊元上皇の願文が将軍の力を頼んでいるように、江戸時代の公武和融の政治構造を解体させようとする志向を抱くものではなかった。それでも朝儀が盛大に実行されることは、朝廷の存在が内外に対して比重を増すことにつながり、その延長上には霊元天皇・上皇を超える「逸脱」が予想できる。それは一八世紀後半になると思想事件となって現れる。

朝廷だけではない。霊元上皇の願文が書かれた時期、将軍吉宗に儒者荻生徂《おぎゅうそ》徠《らい》が献じた幕政改革案である『政談』では、将軍の大名統制力の強化のために、天皇が君主であると考えないように新規に将軍が発給する「十二階」の「武家の格式」を立てることを献策している。幕府の側でも「逸脱」の思考が生まれている。しかし、これもまた公武和融を破るものとはならなかった。

参考文献

久保貴子『近世の朝廷運営』(岩田書院、一九九八年)
高埜利彦『江戸幕府と朝廷』(山川出版社、二〇〇一年)
山口和夫「近世の朝廷・幕府体制と天皇・院・摂家」(『王権を考える――前近代日本の天皇と権力』山川出版社、二〇〇六年)

「日本国王」復号——新井白石の国家構想

紙屋 敦之

新井白石が徳川将軍の対外的称号を「日本国大君《たいくん》」から「日本国王」に復すよう建言したことはよく知られている。正徳元年（一七一一）に来日した朝鮮通信使は「日本国王源家宣《いえのぶ》」宛の国書をもたらした。それに対する徳川家宣の返書もまた「日本国王」と自称した。白石が「日本国王」への復号を提唱したのはなぜか。

大君とは、中国の『周易《しゅうえき》』によると天子のことである、天子は日本では天皇のことであるから、将軍が大君と称するのは僭称に当たる、また朝鮮の『経国大典《けいこくたいてん》』によると国王の正妃の王子が給わる称号であるから、将軍は臣子の位置づけになる、と白石は将軍を大君と称することの不具合を説き、徳川家康《いえやす》がかつて日本国王と称したことを復号の根拠としてあげた。

日朝国交回復と家康国書

慶長三年（一五九八）に日本軍が朝鮮半島から撤退し、七年に及んだ秀吉の朝鮮侵略戦争が終わった。徳川家康は明・朝鮮との講和を追求し、一六〇〇年に島津氏に命じて茅国科《ぼうこくか》を明に送還し、金印・勘合をもって往来したいとの意向を伝えた。金印は日本国王を象徴しているから、家康は日本国王として明と国交を結び、勘合すなわち公貿易を行うことを構想していたことになる。

朝鮮との講和交渉は難航したが、慶長一一年（一六〇六）に朝鮮はその条件として、①先に家康から国書を送る、②犯陵の賊を捕らえて送る、という二点を告げてきた（『朝鮮通交大紀』巻之五）。同年冬家康の国書が朝鮮に送られたので、翌年朝鮮から回答兼刷還使《かいとうけんさつかんし》が来日し、日朝講和が実現した。このときの朝鮮国王の国書が二通存在しており、幕府に伝わる国書は改竄されたあとのものであるが、対馬の宗氏に伝わる原本には「旧きを革めて新たにし、問札を先に及ぼす」とある（同書）。また、礼曹参判の書簡には「(日本)国王が先に親書を送ってきたので、我(朝鮮)国王は使者を遣わし来意に答える」とあり(同書)、家康が国書を朝鮮に届けたことは確かである。

この家康国書に関しては、近藤重蔵(守重)が宗氏の偽作説を唱えている(『外蕃通書』)が、一六〇七年の回答兼刷還使の副使慶暹《けいせん》が、宗義智《そうよしとし》・景轍玄蘇《けいてつげんそ》に、家康は王号を持っているのか、日本国王の印章を用いているのはどうしてか、と質したのに対し、(明皇帝から)王号を給わったわけではない、印章は先年(一五九六年)明皇帝が秀吉を日本国王に冊封《さくほう》したとき与えた金印を使用したと答えている(『海槎録』)。秀吉に与えられた金印を宗氏が所持しているのは不自然であるから、秀吉の死後、五大老の家康が金印を掌中にしていて、宗氏に命じて国書を作成させたと考えるべきであろう。近藤重蔵が指摘するような宗氏の偽作ではなかったといえる。

江戸時代の日本国王

江戸時代の日本国王は誰だったのか。元和元年(一六一五)の大坂夏の陣後、家康は武家諸法度《ぶけしょはっと》・禁中並《きんちゅうならびに》公家諸法度《くげしょはっと》・寺院法度《じいんはっと》を制定した。禁中並公家諸法度第一四条は僧正《そうじょう》の任官に関する規定であるが、ただし書に「国王大臣の師範は各別のこと」とある(「御当家令条」巻二『近世法制史料叢書』第二)。国王は、第一条「天子諸芸能のこと、第一御学問なり」の天子とともに天皇と解釈されているが、天子と国王が書き分けられているのはなぜか検討を要する。橘嘉樹《たちばなよしき》(一七三一—一八〇三年)が著した禁中並公家諸法度の注釈書『慶長公家諸法度注釈全』(学習院大学図書館蔵)は、この国王を「天子将軍」と説明する。つまり、国王は天皇と将軍の二人というのである。ここから徳川氏は征夷大将軍として武家の棟梁という顔と、もう一つ日本国王という顔を併せ持っていたことがわかる。

慶長一五年(一六一〇)、前年の薩摩侵入により日本に連行された琉球国王尚寧《しょうねい》が、家康に聘礼を行うため「日本の王のことく、玉のこし(輿)」に乗って駿府《すんぷ》城に登城した(毛利家文庫蔵)。日本の王は天皇、玉の輿は鳳輦《ほうれん》である。紫衣《しえ》事件(一六二九年)に憤慨して後水尾《ごみずのお》天皇が譲位した。細川忠利が「姫宮様　王ニ成らせられ候」と述べている(『大日本近世史料　細川家史料三』)が、この王も天皇である。その一方で、「天下を守護し将軍国王まします所、などか都といわざらん」と、将軍を国王と見る見方もあった（『慶長見聞集』）。

大君号の制定

国王である将軍が大君と呼ばれるようになったわけはこうである。元和三年（一六一七）に朝鮮から回答兼刷還使が来日した。このとき宗氏は朝鮮への返書に「日本国王源秀忠」と称するよう訴えた。ところが幕府は従来どおり「日本国源秀忠」と称したので、宗氏はそれを「日本国王源秀忠」と改竄した。幕府が朝鮮宛の国書に「王」の字を書かない理由について、以心崇伝《いしんすうでん》は「高麗（朝鮮）は日本からみて戎国に当たるから、日本の王（天皇）と高麗の王と書のやり取りはしない」と述べる（『異国日記』）。すなわち、日本を中華と見立て、朝鮮を西戎（夷狄）とみなして両国は対等の関係にないからというのである。宗氏は寛永元年（一六二四）に回答兼刷還使が来日したときにも、「日本国主源家光」とある返書を「日本国王源家光」と改竄した。

寛永一二年（一六三五）、徳川家光《いえみつ》は対馬藩の御家騒動・柳川一件を解決した。これは国書改竄事件とも呼ばれているが、そのわけは上述のとおりである。柳川一件後、幕府は将軍の対外的称号を検討し、「大君」と称することを決めた。大君は「王と称さないけれども、位もまた（それより）降らない」地位だった（『寛永十三丙子年朝鮮信使記録』）。将軍が朝鮮国王に向かって国王を称すると、天皇も国王であるから、天皇と朝鮮国王が対等な関係になってしまい、古代以来の伝統的な対外観（中国は隣国、朝鮮は藩国）と齟齬することになる。そのことを回避するために国王を大君と言い換えたのである。大君号は一六四五年以降、琉球との間でも使用された。白石は復号の根拠を家康国書に求めるが、禁中並公家諸法度の国王に求めてしかるべきだった。

日本国王と中山王の二つの復号

「日本国王」復号の影に隠れて注目されることがないが、もう一つ「琉球国司」から「中山王」への復号が正徳二年（一七一二）に行われた（『中山世譜附巻三』）。島津氏は禁中並公家諸法度が定められた直後、琉球国王を「琉球国司」と呼んでいる。寛永一二年以降、琉球国王は島津氏の命により「琉球国司」と称した。この二つの復号は何を意味しているのか。

「日本国王」への復号は、天皇と国王の分離、すなわち将軍の国王化を意味する。それは日本国王（徳川将軍）と朝鮮国王を敵礼（対等）の関係に位置づける狙いだった。白石が朝鮮通信使の聘礼改革を行ったのはそのためである。宝永七年（一七一〇）の琉球使節の江戸上りに際し、老中は琉球宛の返書に「賢藩」という言葉を使い（『通航一覧』第一）、琉球を日本に来貢する「藩国」とみなした。琉球使節は東アジアにおいて日本のご威光を高める外国使節として位置づけられた。これからわかるように、「日本国王」復号は将軍「国王」の下に新たな国際関係が構想されたのである。また白石は、「老中ヨリ以下ノ御家人、勲一等二等ヨリ次第ニ勲十二等ニ至リテ、公家ニハ官位ヲ以テ其貴賤ヲ論ジ玉ヒ、武家ニハソノ勲階ト職掌トヲ以テ、其高下ヲ論ゼシニハ」云々（「武家官位装束考」『新井白石全集』第六）と、朝廷の官位とは別に幕府の勲階制を設けて武家階級を編成することを提唱した。

白石は正徳四年（一七一四）に江戸上りした琉球使節に対し、将軍宛の披露状に大君・貴国・台聴の言葉を用いることを禁じた。しからば琉球国王の書式は帝王に用いる言葉を用いるべきかという琉球側の質問に対し、白石は、大君とは天子のことであるから、天子に用いる言葉を用いるのはよろしくない、いうまでもないが、将軍は「天子より御下にて、三公諸王の上」（『鹿児島県史料旧記雑録追録三』）であると答えた。白石は、天皇を将軍の上位に棚上げして、将軍を国王とし、その下で国内外の秩序を再編成することを構想した。それが「日本国王」復号の狙いだった。

参考文献

荒野泰典『近世日本と東アジア』（東京大学出版会、一九八八年）
池内敏『大君外交と「武威」　近世日本の国際秩序と朝鮮観』（名古屋大学出版会、二〇〇六年）
紙屋敦之『大君外交と東アジア』（吉川弘文館、一九九七年）
高橋公明「慶長十二年の回答兼刷還使の来日についての一考察——近藤守重説の再検討」（『名古屋大学文学部研究論集（史学）』三一、一九八五年）
田代和生『書き替えられた国書——徳川朝鮮外交の舞台裏』（中央公論社、一九八三年）
同『日朝交易と対馬藩』（創文社、二〇〇七年）
閔徳基『前近代東アジアのなかの韓日関係』（早稲田大学出版部、一九九四年）

女帝・後桜町の誕生
——皇位継承の論理

久保 貴子

江戸時代最後の女帝後桜町《ごさくらまち》天皇が、皇位を継承したのは宝暦一二年（一七六二）七月二七日のことである。先の女帝明正《めいしょう》天皇の誕生から一三三年の年月が流れていた。後桜町が皇位を嗣がねばならなくなるのは、この年七月一二日に弟の桃園《ももぞの》天皇が二二歳（数え年、以後年齢は全て数え年で表記する）で死去したことに端を発する。当時、桃園には二人の皇子がいた。第一皇子英仁《ひでひと》親王（のち後桃園《ごももぞの》天皇）は五歳、第二皇子二宮《にのみや》（のち貞行《さだもち》親王）は三歳だった。母は、ともに女御富子《とみこ》（一条兼香《かねか》の娘）である。英仁親王は嫡長子だったので、誕生の翌年、宝暦九年（一七五九）一月一八日には儲君《ちょくん》*に定まり、五月一五日、親王宣下《せんげ》を受けた。二宮の方は、宝暦一〇年六月、生後四ヵ月で当時空主であった伏見宮家《ふしみのみやけ》を相続した（これは、誕生前に決められていた）。したがって、桃園が没したとき、儲君英仁親王が皇位を嗣ぐのがもっとも自然だった。しかし、摂家は、英仁親王への直接の皇位移譲を忌避しようとする。この背景には複雑な事情が存在した。

桜町の危機意識

桃園の父桜町《さくらまち》天皇にとって、桃園は唯一の皇子である。桜町の弟宮はいずれも門跡《もんぜき》*となり、皇位継承の権利を有しなかった。ここに、皇統の危機意識が萌芽する。

桜町は、延享四年（一七四七）、二八歳のとき、七歳の桃園に譲位した。「院政」を敷き、桃園の無事な成長を見守っていたが、自身にその後も皇子が誕生せず、不安が心から離れなかった。そのため、正妻であり、桃園の「実母」であった青綺門院《せいきもんいん》（皇太后、二条吉忠の娘舎子《いえこ》）に、桃園後の皇統について考えを話していた。その一つは、桃園に皇子が誕生せず、「幼年」のうちに「皇統の事子細」が生じた場合（つまり死去した場合）の方策で、もう一つは、二人以上の皇子が無事誕生した際の方策である。

まず、桃園が皇子なく早世した場合は、閑院宮直仁《かんいんのみやなおひと》親王に相続させるようにとの意向であった。このことは、寛延三年（一七五〇）、桜町が亡くなる前にも青綺門院に再び述べたという。次に、桃園が無事に成長して二人以上の皇子を儲けた場合は、「第一宮」の皇位継承は当然とした上で、「第二宮」は皇統の固めとして、幕府にはかって親王家を創立したいという意向であった。しかも、世襲親王家の創立ではなく、一代限りという極めて独創的なものだった（『通兄公記《みちえこうき》』）。

世襲親王家の創設は、近世に入って三家を数え、皇統の備えのためと言われることが多いが、八条宮《はちじょうのみや》（桂宮《かつらのみや》）・高松宮《たかまつのみや》（有栖川宮《ありすがわのみや》）の設立事情は、必ずしもあてはまらない。一八世紀に創立された閑院宮家に至って、そうした意図が見られるようになった。今回の桜町の意向は、それをさらに進め、第二皇子を、第一皇子に万が一のことがあった場合の皇位継承者として、明確に位置づけておこうというのである。まさに皇統の危機意識の現れであった。この桜町の意向は、没後すぐに青綺門院から院伝奏八条隆英《はちじょうたかひで》を通じて、武家伝奏久我通兄《こがみちえ》と柳原《やなぎわら》光綱《みつつな》に示され、摂政一条道香《いちじょうみちか》に伝えられた。道香は、この皇統に関わる重事に接し、両伝奏に他言無用を命じ、青綺門院のほかは道香ら四人の秘密とした。

桜町が想定していた皇統に関する方策は、以上の二点である。その後、幸いにも桃園は無事成人し、二人の皇子にも恵まれた。ただ、第二皇子の親王家創設は容易なことではなく、また、宝暦九年六月に伏見宮家当主邦忠《くにただ》親王が嗣子なく没して後嗣問題が起こり、結果、第二皇子の伏見宮家相続が定められた。

桃園の急死と摂家の不安

宝暦一二年、桜町の想定外の事態が起きた。儲君が幼少のうちに、桃園が急死してしまったのである。それでも、摂家が、英仁親王の「幼稚」を理由に、智子《としこ》内親王（初訓はさとこ、後桜町天皇）を暫時、天皇に立てたいと青綺門院に言上したとき、青綺門院が、再三、親王の皇位継承を口にしたように、英仁親王が皇位に就く方が自然である。桜町の意にも叶っている。桃園は、急死だったためか、あるいは儲君が皇位を継承すると思っていたためか、皇統についてはおそらく何の意思表示もせずに死去した（表向き、智子内親王の皇位継承は、桃園の「勅定」「叡慮」とされている）。このため、皇位継承者決定は、青綺門院の承認を得なければならなかった。このときの摂家五人の青綺門院への説得は、かなり強引である。関白近衛内前《うちさき》は、智子内親王の相続が治定しなければ、極めて諸臣一同朝暮不安心であり、かつ、これは親王のためにもよいのだと、強く言上した。青綺門院はついに承諾する。

では、摂家の「不安」はいったい何だったのだろうか。一つは、理由に挙げられている通り、親王の「幼稚」である。当時は幼児の死亡率が極めて高く、疱瘡もまだすませていないことは、摂家を不安にした。親王が皇位に就いたあと不幸にして夭折すれば、再び継承問題が起きる。天皇が幼年の場合、次の皇位継承者を「勅定」として定めることもむずかしい。上皇がいればこの問題は回避できるが、当時は存在しない。このため、親王の成長を今少し待ちたいという心理は理解できる。しかし、乱暴な言い方だが、親王が夭折した時は第二皇子を立てればよいのである（再び幼稚の天皇が誕生することにはなるが）。この皇位継承ならば、桜町の「遺詔」を持ち出すことも可能だったはずである。桜町の意向を知る青綺門院も一条道香も健在だったのであるから。

にもかかわらず、一条道香を含む摂家五人はわずか一日の密議で、智子内親王の中継相続を打ち出した。天皇「幼稚」以外にも、摂家を不安にする要因が、当時の朝廷にはあったのではないだろうか。智子内親王の相続が発表されたとき、若い公家の野宮定晴《ののみやさだはる》は、「歴朝継体の皇統を乱す」など激しい非難の言葉を日記に記している。ここに摂家に同調していない空気がかいま見える。宝暦八年の摂家主導による天皇近習衆の処罰（宝暦事件）以後、天皇近習および儲君付近習らがどのように人選されていったのか、処分を受けた多くの公家衆の処遇はその後どうなったのか、摂家内の主導権はどう変化していくのかなどを分析しなければ、当時の朝廷の姿は見えてこない。しかしいずれにせよ、桜町の死後、「院」という支柱を失った摂家が、若年の桃園を擁し、むずかしい朝廷運営を続けていたことは事実である。そして、まさにこれからという年齢に達した桃園が急死した。摂家は選択をせまられた。

なぜ、後桜町か

結果、摂家は中継相続を選択した。では、誰を、といえば、後桜町しか考えられなかった。というより、後桜町がいたからこその中継相続だったのではないだろうか。「中継」の先例とされる後西《ごさい》天皇は、世襲親王家の当主ではあったが、肝腎なのは、後水尾《ごみずのお》上皇の皇子で、死去した後光明《ごこうみょう》天皇の弟だったことである。彼が選ばれた理由はそこにあり、世襲親王家による「中継」という意識はない。そして、儲君の高貴宮《あてのみや》（霊元《れいげん》天皇）は弟であると同時に、後光明の養子と考えれば、甥ともいえる。これを、宝暦一二年当時にあてはめると、死去した桃園には姉の後桜町しか存在せず、後桜町にとって儲君の英仁親王は甥である。最大の難点は後桜町が皇女だったことであるが、これも明正《めいしょう》の例がある。後桜町が青綺門院の娘で、二三歳の成人だったこともあり、摂家はこの「女帝」に大きな不安を持っていなかった。また、後桜町が将来英仁親王に皇位を譲れば、上皇となり「院」を創出できる。

　したがって、摂家に、このとき世襲親王家の誰かという発想はなかったであろう。天皇家においても同じである。皇位継承者には直宮を優先するのが、天皇家の基本的な考え方だからである。それは、かつて桜町が、桃園が皇子なく早世した場合に、皇位継承者として閑院宮直仁親王を挙げたことにも現れている。直仁親王は寛延三年当時すでに四七歳。年齢的には適任でなくても、東《ひがし》山《やま》天皇の皇子、つまり直宮であることが重要だった。「中継」という微妙な立場ならばなおさら、後顧の憂いを避けるためにも、天皇家内で対応するのが良策である。こうして、朝廷は、儲君英仁親王が一〇歳ぐらいになるまで後桜町に皇位を継承させるという桃園の「叡慮」を幕府に知らせ、将軍徳川家治《いえはる》の了承を得て、七月二〇日発表した。女帝後桜町の誕生が確定した瞬間である。七日後、後桜町は天皇の位に就き、八年後の明和七年（一七七〇）一一月、英仁親王（後桃園天皇）に譲位した。

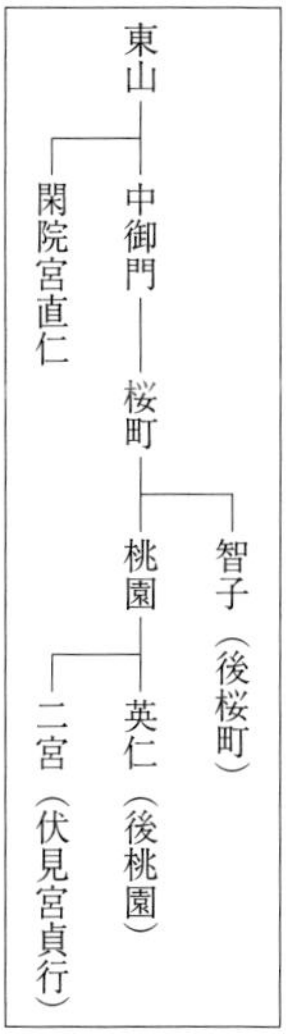

図1

参考文献
久保貴子『近世の朝廷運営』（岩田書院、一九九八年）
野村玄「女帝後桜町天皇の践祚とその目的」（『日本歴史』七〇一、二〇〇六年）

天皇号の復活——諡号と追号、天皇号と院号

久保 貴子

天皇没後の称号

現在、歴代の天皇は全て「〇〇天皇」と呼ばれているため、「天皇」を用いることは当然のように思われているかもしれない。しかし、そう決められたのは、一九二五年（大正一四）のことである。七世紀頃に成立したとみられる「天皇」号は、後世まで、宣命《せんみょう》など一部の文書には登場するものの、没後に贈られる称号としての天皇号は、康保四年（九六七）に死去した村上《むらかみ》天皇を最後に中絶した。

また、天皇没後の称号には諡号《しごう》と追号《ついごう》の別があり、生前の功績を讃える意味を込めた美称が諡号で、そのような意味をもたないのが追号である。追号には、生前の御所名や山陵名などが用いられたり、過去の天皇の諡号・追号をもとにして作られたりした。江戸時代の天皇で見てみると、たとえば、「桜町」は、仙洞《せんとう》御所の宮名桜町《さくらまち》殿《どの》から取り、「東山」は、陵所泉涌寺《せんにゅうじ》の山号にちなむといわれ、「後水尾《ごみずのお》」は、清和《せいわ》天皇の別名水尾に「後」をつけたもの、「明正《めいしょう》」は、女帝の元明《げんめい》・元正《げんしょう》両天皇から一字ずつ取ったものである。

なお、諡号には、漢風諡号と国風諡号（和風諡号）があり、桓武《かんむ》とか仁明《にんみょう》というのは漢風諡号である。国風諡号は、仁明天皇以降用いられていない。諡号と天皇号を組み合わせた称号は、仁和三年（八八七）に死去した光《こう》孝《こう》天皇を最後に中絶する。つまり、「村上天皇」は、追号と天皇号を組み合わせた称号なのである。諡号について付け加えれば、その後、崇徳《すとく》（一一六四年没、一一七七年贈）・安徳《あんとく》（一一八五年没）・顕徳《けんとく》（一二三九年没、ただし一二四二年後鳥羽《ごとば》に改める）・順徳《じゅんとく》（一二四二年没、一二四九年贈）があるが、これはいずれも非業の死をとげるなど、特異な事情による。

さて、村上天皇より以降の天皇没後の称号が何かといえば、これが「〇〇院」という院号である。すなわち、村上天皇の第二皇子で、寛弘八年（一〇一一）に死去した冷泉《れいぜい》天皇に「冷泉院」、第五皇子で、正暦二年（九九一）に死去した円融《えんゆう》天皇に「円融院」が贈られている。言い換えれば、この「院号」は、追号と院号を組み合わせたものなのである。先の崇徳・順徳は、「崇徳院」・「順徳院」で、諡号と院号を組み合わせた称号となる。

「諡号」復活の動き

天保一一年（一八四〇）一一月一九日、時の上皇（これが光格《こうかく》天皇である）が死去した。一二月三日、故上皇に贈る称号について、「追号」（追号と院号を組み合わせたもの）を贈る先例であるが、叡慮がおありなので、決定まで故院と称すると、公家衆に伝えられた。これにより、公家衆は、天皇（仁孝《にんこう》天皇）に「追号」見直しの意思があることを知る。しかし、この段階ではまだ、幕府にはその意思が伏せられ、「追号」を決めるまで故院と称するとだけ伝えられた。

上皇の葬送が行われた翌日の一二月二一日、天皇は、現任の公卿全員に「諡号」について勅問を下し、翌日までに意見を提出するよう命じた。勅問の内容は次のようなものだった。上皇は即位以来、故典旧儀を復興し、公事の再興も少なくなく、在位期間は古代にも稀な三〇年以上に及んだこと、加えて質素を貴び、御仁愛に専心し、「衆庶一同」を懐に抱くように安からしめたことに、天皇は深く感じ入った。そこで「諡号」を贈り、孝道を尽くしたいと考えている。しかしながら、小松《こまつ》帝（光孝天皇）以降、寿永帝（安徳天皇）以外、「諡号」は贈られていないので、今回、「諡号」を贈ることについての可否を問う。

勅問では、光孝天皇以降、「諡号」を贈られたのは安徳天皇のみとしていることから、ここでいう「諡号」が、諡号と天皇号を組み合わせたものであることを窺わせる。ただし、江戸時代に刊行された公家名鑑（『雲上明覧』「雲上明鑑」など）には、安徳天皇は「安徳帝」と記されていて、天皇号が用いられているわけではない。

公卿たちの勅答の全容はわからないが、大方の賛同は得られたのであろう。ただ、参議中山忠能《なかやまただやす》が天皇号を贈ることに反対意見を述べたという史料が残っている。これは一次史料ではないので、真偽について慎重でなければならないが、中山がここで問題にしているのは謚号ではなく天皇号の方である。中山の反対の根拠は、故上皇が譲位して院になっていたためであった。安徳帝と崇徳院・順徳院における「帝」と「院」の使用の違いを、江戸時代にはこのように理解していたのかもしれない。しかし、別の史料には、これに対する反対論として、落飾していなければ問題ないとする記述がある。この根拠は、没後の称号に院号が用いられるようになって以降、たとえ天皇が在位中に死去した場合であっても院号が贈られていたためと考えられる。

いずれにせよ、故上皇に「謚号」を贈ることにまとまり、朝廷は幕府にこの叡慮を伝えた。幕府はこれを承諾し、その返答の際、今回の謚号が後年、追号と混同されないよう記録に留めることを求めた。ここで一つの疑問が湧く。この時、幕府は、朝廷のいう「謚号」が、謚号と天皇号を組み合わせたものであることを認識していたのかどうかという点である。認識していたとすれば、幕府のいう「追号」は、追号と天皇号の組み合わせになる。でなければ混同は起こりえない。あるいは、天皇号のことは知らず、「謚号」を謚号＋院号と思っていたのだろうか。しかし、それにしては、その後、天皇号の復活が話題になった様子はみられない。

天皇号の復活

天保一二年（一八四一）閏一月、朝廷は、謚号の候補を検討し、五つの案から光格、光化の順位で二つに絞った。朝廷はこれを幕府に示し、幕府はこのなかから「光格天皇」を選んだ。この手続きの方法は、当時の元号の定め方と同じである。閏一月二七日、天皇は策命使を泉涌寺に送り、葬所を後月輪陵《のちのつきのわのみささぎ》として、謚号宣下を行った。終了後、公家衆にも披露された。

こうして、故上皇に謚号＋天皇号が贈られ、実に九五四年ぶりの復活となった。天皇号だけでみても八七四年ぶりとなる。同年二月、朝廷は幕府に、今後の謚号・追号・天皇号について申し入れを行った。その内容は、謚号を贈る場合は今回同様、幕府に問い合わせをする、追号の場合は、朝廷で一決しなかった時に幕府に問い合わせる、追号を贈る場合でも天皇号を贈る、今後は謚号も葬送の日に贈る、の四点である。幕府は、このうち、特に天皇号を贈る点について言及し承諾した。幕府・朝廷間で天皇号が議題となったのはこのときだけである。こうして、天皇号は、光格天皇一代に限らず、以後も用いられることに決まった。ちなみに、次の「仁孝天皇」「孝明《こうめい》天皇」は、ともに諡号＋天皇号で、追号＋天皇号は採用されていない。

ところで、天皇号の復活は、もともと光格天皇の生前の意向だったといわれている。ただ、その時点での「天皇号」が、諡号と天皇号を組み合わせたものを指すのか、天皇号だけだったのかはわからない。したがって、仁孝天皇の行動が、光格天皇の遺志をそのまま履行したものなのか、それとも天皇号復活に諡号復活を自らの判断で加えたのか、現状では断定しがたい。

図１　光格天皇画像（泉涌寺蔵）

もっとも諡号・天皇号の復活については、当時、天皇周辺だけではなく、学者らの間でも論じられており、武家でも水戸の徳川斉昭《なりあき》の言にみられ、総体的に追い風が吹いていたといえよう。幕府に何ら議論の起こった様子がないのも、それを裏付けている。一方で、こうした動きは、天保という時代の政治・社会環境を象徴してもいる。天皇号は、他の何人にも、もちろん将軍にも許されない特別な称号であり、これが復活したことは、以降の天皇と将軍の権威序列を考える上で大きな意味をもつ。

その後、天皇号は定着し、冒頭で触れたように歴代天皇にも用いられることになるが、諡号の方は、明治天皇が没した際に、在位中の年号明治を追号とし、以後これを踏襲しているので、近代以降は用いられていない。

参考文献

藤田覚『近世政治史と天皇』（吉川弘文館、一九九九年）

幕末の民衆と天皇——認識と諷刺

奈倉　哲三

民衆は天皇を知っていたか

まず、幕末に限定せずに、「民衆は天皇を知っていたのか」という問を検討することから始めよう。

結論を先に記せば、近世の中後期までであれば、「ほとんどの民衆が天皇の存在を知らなかった」というのも、「ほとんどの民衆が知っていた」というのも正しくない。だが幕末ならば、「ほとんどの民衆が知っていた」といってよい。その根拠は何か。民衆が天皇の存在を知る具体的契機から記していこう。

まず、天皇の死去（＝「崩御《ほうぎょ》」）の情報に触れること。近世では将軍や幕閣などが死去した際、一定期間普請《ふしん》（家の建築）や鳴物《なりもの》（歌舞音曲）を停止《ちょうじ》（禁止）する命が出されるが、天皇が死去した際にもこれが出ることがある。が、それは地域や時期によって大きく異なる。京都では当然毎回触れ出され、停止期間も四九日を超えることが多い。また、即位や行幸《みゆき》も触れ出され周知される。

江戸の場合、院に退いていた東山《ひがしやま》院の死去（一七〇九年、史料上「新院崩御《しんいんほうぎょ》」）を普請鳴物停止令として触れたのが確認できる最初で、次が桃園《ももぞの》院※（一七六二年、史料上は「主上《しゅじょう》崩御」）、その次が仁孝《にんこう》天皇（一八四六年、やはり「主上崩御」）で、この三例が幕末以前であるが、停止期間は僅か五日間で、その徹底を計ったのも仁孝天皇の際に確認できるのみである。※天皇号は復活していない。

幕末激動の情勢のなか、慶応二年（一八六六）末に急死した孝明《こうめい》天皇（触は翌年正月、やはり「主上崩御」）の場合、鳴物停止はこれらと大きく異なり、今まで最長であった将軍死去（「公方様薨御《くぼうさまこうぎょ》」）の事例（多くは四九日間）を大きく上回り、一〇〇日間にも及んで徹底周知された。これにより、江戸民衆のほとんどすべてが、「主上」たる人の存在と、その特異性を認識することになる。

なお、将軍宣下《せんげ》については、その後の「御能」の町人拝見も含め、江戸で大々的に触れ出されたが、新天皇の践祚《せんそ》が単独に触れ知らされたことはない。僅かに桃園院の死去の際、親王が幼少であったために、「緋宮《あけのみや》」（追号は後桜町天皇）が暫定的に践祚したことを触れたことがあるだけで、それも「末々迄申聞候ニ不及《すえずえまでもうしきかせそうろうにおよばず》」とし、名主だけに留めている。先帝の追号《ついごう》（死去後決定される諡《おくりな》）についても、桃園院の追号が触れ出されたことが確認されるだけで、この場合も「町人とも江申聞候ニ不及」とされ、天皇の名（追号・諡号《しごう》）さえ、幕末までは民衆に周知されていなかったのである（一八六三年に天皇の諱《いみな》と同字の使用が禁じられ、周知された）。

なお、京・江戸以外の広い地域で、「主上崩御」がどう伝えられたかは、まだ十分に解明されていない。

孝明天皇の「崩御」に伴う普請鳴物停止が大々的であったことは、幕府が尊王思想に大きく取り込まれたことを意味する。幕末期には、この尊王思想の流布もまた、民衆に影響を及ぼす。が、それは単純な浸透ではない。

尊王思想は民衆に浸透していたか

尊王論が幕府に対する政治的批判に転化し、尊王討幕の路線が勝利し、天皇を前面に担ぐ新政府が権力を掌握したことで、従来、民衆のなかにも尊王思想が浸透していたかのような理解が一部にあった。平田派国学や水戸学の影響を受けた豪農商層の活動、いわゆる「草莽《そうもう》の国学」を実態以上に肥大化させ、民衆の心を捉えていたかのようにみる見方である。

たしかに、尊王思想は権力抗争上、討幕に巨大な力を発揮したし、一部豪農商層の心をも確実に捉え得た。だが、それは一方で民衆の心の離反をも招いていたのである。尊王思想とは、例えば、文久三年（一八六三）から慶応元年（一八六五）の陵墓《りょうぼ》（天皇陵＝山陵《さんりょう》）修復といった、眼に見える大変革が具体的な媒介となって、新たな国家のあり方を構想する人々の間で急膨張していくものなのだが、そんな陵墓修復に対して、慶応元年、現地周辺から鋭い諷刺が発せられた。

「ゐ　鰯のあたまも信心から　山陵の御修復」というものだ。これは、当時大流行していた「見たていろはたとへ」という諷刺作品の一部である。「見たていろはたとへ」とは、「いろはにほへと」四八音の、それぞれの音で始まる諺を決め、四八の諺にマッチする諷刺的文言をあてていくもの。その一つの「見たていろはたとへ」中の、「ゐ」に、妙なものつまらぬものでも、信じる人にとっては有り難く見えるものだという含意の諺に、「山陵の御修復」をあててしまったのである。

これは、陵墓修復の実態をよく知らない現代人には驚愕の諷刺である。が、本書の「創られた「天皇陵」」で詳説されているように、修復といっても実際には造営に近いものも多く、また、陵墓だという認識をもたずにそこで稲作・麦作をし、人糞までかけて生活し、領主も頓着なく年貢を賦課していた、というものもあった。そうした現実からすれば、こうした諷刺が出てくるのも当然だったのである。

尊王論が声高になればなるほど反発も強まるという現実が、この時期、諷刺文芸の大流行のなかから窺える。翌慶応二年、主人を後ろ楯に空威張りしている連中を指弾する諺、「内の前のやせ犬」に、「皇朝学者」が見立てられたのは、その代表的事例であろう。

戊辰戦争時、江戸民衆は天皇をどう見ていたか

では、一八六八年（慶応四＝九月八日以後明治）の戊辰戦争時、江戸民衆は天皇をどう見ていたか。この問に対し、雄弁に語ってくれるのが、戊辰戦争諷刺画である。現在まで一四四点が確認され、内ほぼ確実に天皇が描かれていると判断できるのは六〇点前後である。

図（口絵11）は「子供遊び端午の気生《きおい》」で、作者は歌《うた》川芳藤《がわよしふじ》。この錦絵、四月一一日の江戸城明け渡しが隠された主題だとわかる構図になっている。右側から薩摩・長州の率いる東征軍が、江戸城を意味する屋敷に上がり込もうとやってきている。製作時期は江戸城引き渡しの約一ヵ月後、閏四月中旬。両軍の抗争を、鯉のぼりや五月人形を飾り立てる端午の節句祝いの時に起きた子どもの争いに見立て、東征軍を意味する子どもたちが、江戸城を意味する屋敷にあがり込み、五月人形を腕ずくで獲ろうとする様子に描いている。東征軍側では薩摩・長州が怖そうな顔つきに描かれ、旧幕府側では天璋院《てんしょういん》・慶喜《よしのぶ》がともに柔和な表情に描かれている。

このなかで天皇睦仁《むつひと》（追号明治）はどう描かれているか？　薩摩と長州の間に立つ幼児が天皇である。錦旗《きんき》地模様の服や緋毛氈《ひもうせん》の沓など、天皇であることを示す符号が記されたうえに、当時江戸市民の間に流行っていた天皇に対する呼称、「きんちゃん」に引っかけ、右袖からは「金魚」までぶら下がっている。数え年一七歳の少年天皇は幼児に描かれ、判断力がないと強調され、烏帽子《えぼし》には薩摩を意味する籠目模様が記され、手をひいた薩摩が「おい、ぼちゃんの内へお上りな」と命じている。

この姿には、天皇は薩摩の傀儡《かいらい》にすぎないという作者の訴えが込められている。それにしても開城時には江戸に来ていない天皇を、ここに描き込んだのはなぜか。

それは、天皇を頂点に担ぐ東征軍が江戸城を乗っ取ったということは天皇による江戸支配、つまり江戸親征がやがて始まるのであろうと予感し、その江戸親征は、天皇が薩摩の傀儡である以上、威圧的な支配となるだろうと予測し、警戒を発したかったからである。

だがなぜ、天皇が江戸に来れば、威圧的な支配となるといった見方が江戸民衆のなかに生まれたのか。慶応三年（一八六七）一二月二五日の江戸薩摩藩邸焼き討ち事件の引き金となった江戸での挑発行為が背景にある。一一月初めから江戸や関東各地で頻りに起きていた強盗の犯人が、薩摩藩士と薩摩藩に雇われた浪人であることは、江戸町奉行所から触れ出される町触で長屋の住人に至るまで徹底周知され、江戸の民衆は広く知っていた。戊辰戦争時、江戸は薩摩に対する恐怖心と憎しみで満ちていたのであり、その薩摩が担ぐ天皇による江戸親征を恐れていたのである。

戊辰戦争諷刺画中には、天皇をこういった視点からではなく描いたものも多い。睦仁天皇がまだよくつかめないために、公武融和路線を歩んでいた孝明天皇を評価する視点から、仲介者的な役割を期待したものや、反対に、薩長に操られているのではなく、自ら後方で指揮をしているのだとするものなど、多種類である。天皇に対するこうした多様な判断を含んだ錦絵が、戊辰戦争中の江戸で大量に作られ、大流行していた。

この事実は、天皇には神権的な権威があるとして尊崇する見方などが、江戸の民衆のなかでは、まだほとんど希だったということを物語っている。

参考文献

奈倉哲三『諷刺眼維新変革——民衆は天皇をどう見ていたか』（校倉書房、二〇〇四年）
奈倉哲三『絵解き　幕末諷刺画と天皇』（柏書房、二〇〇七年）
『江戸町触集成』全二〇巻（塙書房、一九九四—二〇〇六年）
『京都町触集成』全一五巻（岩波書店、一九八三—一九八九年）

開国と勅許
――近代国家創出の起点

宮地　正人

近世の天皇・朝廷と幕府との関係のあり方については、論者によって様々に説明されている。近世の天皇は一貫して神武《じんむ》天皇以来一系の「日本国王」であると自己を意識していたが、戦国期衰微の極に至った朝廷を再建・再浮上させてくれた武門の棟梁にして卓絶した武力を有する徳川家を深く信頼・依頼しており、代々の徳川家当主に征夷大将軍職を授けることにより、その全国支配の正統性を賦与しつづけ、他方、徳川家は朝廷尊崇の態度と「四夷」を平定しうる軍事力を前提に公儀権力を掌握し、この公儀権力をなりたたせる不可分離な要素として天皇・朝廷を位置づけていた、と筆者は理解している。「四夷」平定能力とは、国交は朝鮮と琉球とのみ結び、通商は中国とオランダとのみとりおこない、それ以外の外交・通商関係の要求には武力を以ても拒絶する、という鎖国と称される国際政治を展開する政治能力なのである。一七世紀前半、徳川幕府が武力をも用いつつ鎖国体制を敷き、天皇のあり方をイデオロギー的に危機に曝すキリスト教の浸透を完璧に阻止したことは、天皇・朝廷の徳川幕府への信頼感をさらに強固なものとしていた。

したがって、「日本国王」との自意識を保持する天皇は、日本を加護する神仏に四海静謐《せいひつ》、天下泰平、万民為楽を祈念する際には、必ず神代以来一系の「宝祚長久《ほうそちょうきゅう》」を併せ祈ることとなり、また、なによりもその武力並びに諸大名と武士階級への軍事統帥能力が問われている幕府に対し、これまで安定してきた日本のあり方（朝廷はこれを「国家」・「国体」と呼んだ）を武力を以ても維持しつづけるようにと要請することになるのである。

孝明天皇の不安

孝明《こうめい》天皇は弘化三年（一八四六）二月に一六歳で皇位に即くが、ここで指摘した歴代天皇の自意識は十代の若さにおいてもすでに具有しており、同年八月、海防厳備の幕府宛御沙汰書が出されることとなる。同年閏五月には、アメリカ艦隊司令官ビッドルが浦賀に来航して日本の開国を求め、翌六月にはフランス艦隊司令官セシュが長崎に来航して薪水と漂流民の救護を求めたからである。

日本の鎖国という国際政治の維持可能性への天皇の不安は、嘉永三年（一八五〇）一一月の再度の幕府宛意思伝達においても表明されたが、幕府は、この段階では、川越・彦根・忍《おし》・会津四藩による江戸湾防備体制構築で事態を凌ぐことが可能だと判断していた。

だが、嘉永六年六月来航のペリー艦隊は、武力的威圧を以て米国大統領国書を江戸湾において幕府に受領させる方針を実現させた。対外的窓口は長崎一港に局限するという幕府の大原則が崩壊しただけではない。その原則を強制するはずの家門、譜代大名中心の海防体制が全く機能しないことが、朝廷と諸大名、さらに日本人全員の知るところとなったのである。武門の棟梁としての幕府の威信は低下し、幕府はここに、外様大名をも含んだ海防体制の再構築と公儀権力を建て直す上での天皇・朝廷の引出しを図らざるを得なくなり始めた。

浦賀での国書受領は、将軍返書を義務化させ、翌年一月再来したペリーは三月、米日和親条約をかちとり、箱館・下田二港の開港と下田への領事駐剳を認めさせた。

条約調印直後の朝廷宛幕府弁解は、防備体制不備のため余儀なく寛大の処置をとったと事態を正直に述べている。御固めと称し全国の武士を動員し国力を疲弊させた上でのこのザマか、との廷臣を含んでの激しい幕府への国内不満は、阿部政権下での大々的な軍事改革の中に吸収されていった。そして海防用銃砲鋳造のため寺院梵鐘を回収するに際し、全国の寺院と僧侶に対する威信と法的権能を有している朝廷の登場が幕府から要請され、ここに安政二年（一八五五）三月、梵鐘改鋳を命ずる太政官符が朝廷から発せられることとなる。他方、米露英蘭との和親条約成立後、天皇・朝廷にとって差迫った課題として意識されたのは、禁裏と京都の警衛、海からの入口に当る摂海（大阪湾）防備、皇祖神を祭り海に近接する伊勢神宮守衛の三点であり、その警備責務を帯びる幕府への要求は厳しいものとなっていったのである。

和親条約から通商条約へ

薪水給与、欠乏品補給、漂流民救助レヴェルの和親条約から通商貿易条約への移行は早晩余儀なしとの認識は幕閣には当然存在し、その枠組みを作るためにこそ、岩瀬忠震《ただなり》主導のもと、安政四年（一八五七）八―九月、長崎・箱館での会所式貿易を認める日蘭追加条約・日露追加条約が締結されたのだった。しかし、同年一〇月より江戸で開始された日米修好通商条約交渉において、下田領事兼交渉全権委員ハリスは、日本側提案を一蹴し、公使の江戸駐劄、神奈川・兵庫・長崎・箱館・新潟五港の開港、江戸・大坂の開市、官憲介入なしの完全な自由貿易という対案をつきつけ、中国で激戦中の英仏連合艦隊来日以前の条約締結を強く岩瀬他の日本側委員に要求した。

この条約案を受諾する自信は幕府にはなかった。公儀権力を不可分離に構成している天皇から条約勅許を獲得し、将軍の軍事統帥権のもとにある諸大名及び武士階級の反発を緩和させるという条約勅許方策を、幕府内開明派官僚の代表的人物である岩瀬忠震と川路聖謨《かわじとしあきら》が主張し、老中首座堀田正睦《まさよし》が勅許奏請のため、両人を従えて着京するのが安政五年二月のことである。堀田等は容易に勅許されると楽観していた。

だが孝明天皇は別の立場から事態を判断していた。朝廷の最も憂慮している摂海防備に関し大坂開市・兵庫開港すら拒絶することが幕府にはできない、ハリス一人の口舌が幕府をここまで追いつめるなら、軍事力を以て威圧する英仏使節に対してどこまで幕府は譲歩するのか、宝祚長久と神宮守衛を幕府は保障できるのか、それへの確信がもてない以上、天皇は条約案を承認できなかった。天皇・朝廷がその中核となっての国家のあり方が意識されていた以上、三月二〇日、「今度仮条約の趣にては御国威立ち難く思召され候」と、条約勅許せずとの被仰《おおせい》出書《だされしょ》が堀田に渡されたのは当然のことであった。

ただし、そこに三家以下諸大名の意見を徴し重ねて勅裁を乞うべしとの今後の道筋も同時に示されていたように、幕府側で時間をかけ、全大名の合意をかちとった上で、再度条約勅許を奏請したならば、裁可される可能性は皆無ではなかった、と筆者は考えている。しかし、幕藩制下の国内政治のテンポと一九世紀後半に入った東アジアでの国際政治のテンポはあまりにも隔絶していた。英仏連合軍が大勝、天津《てんしん》条約が締結されたとの急報を聞き、直ちに江戸湾に乗りこんだハリスと幕府の間に日米修好通商条約が調印されるのが、安政五年(一八五八)六月一九日のことである。続いて矢継ぎ早に英仏蘭露四ヵ国と条約が調印され、無勅許開国路線が始動する。ここに国家意思の明白な分裂が三千万日本人の知るところとなった。公儀権力を両者相俟って始めて成立させていた天皇・朝廷と徳川将軍家の意思の分立である。

終わりの始まり

だが、国際政治は水の低きに流れるようには国内には貫徹しない。それは国内政治の猛反撥に会う。安政六年(一八五九)六月からの貿易開始は、国内経済を大きく混乱させ、命を賭して国家を守ることを自己の存在理由としてきた武士階級のみならず、民衆一般の幕府批判も加速させることとなった。そして、この際の最も有効なスローガンが幕府「違勅」だったのである。公武合体体制の再構築は幕府にとって必須の課題となった。安政六年一二月末(一八六〇年二月)、老中間部詮勝《まなべあきかつ》は孝明天皇から当面現今の事態やむなしとの意思表示を獲得するため、「前々御国法通り鎖国の良法に引戻す」旨を約束し、桜田門外の変後、幕府の威信がさらに低下し、その挽回のため、皇女和宮《かずのみや》降嫁を介しての公武合体を図った際、万延元年(一八六〇)七月幕府は一〇年内に鎖国に戻すと天皇に確約する。

文久二年(一八六二)四月島津久光《しまづひさみつ》の率兵上京を阻止出来なかったことは幕府権威の低落を促進し、事態を抜本的に建直すため、同年一二月将軍家茂《いえもち》は奉勅攘夷の請書を江戸下向の勅使に呈し、翌年三月上洛、参内して江戸時代始めての政務委任の勅書を授けられ、天皇を中軸とする公武合体の強力国家形成のため、攘夷の全責任を引きうけることとなった。しかし、八・一八クーデタでの孝明天皇による長州藩激派の排除、翌元治元年(一八六四)五―六月の横浜鎖港を命ずる勅命の幕府の履行不能、さらに同年七月禁門の変での長州藩朝敵化などは、再構築された公武合体下の攘夷政策を破綻させ、慶応元年(一八六五)一〇月、連合艦隊摂海進入の軍事圧力のもと、孝明天皇自らがついに条約を勅許せざるを得なくなったことは、幕府の命運のみならず、近世的な天皇・朝廷の威信と存在そのものを危殆《きたい》に瀕しさせた。万世一系の皇統を根軸とする強力国家を創出するには別箇の方策をとるほかない。薩長との連携を図る王政復古派公家集団が幕末史の舞台に登場しはじめる所以である。

近松劇の中の天皇――文芸作品に描かれた天皇像

加藤　貴

近松の「天皇劇」

近松門左衛門《ちかまつもんざえもん》（一六五三―一七二四）は、浄瑠璃作者・歌舞伎作者として知られ、生涯に確定作だけで九〇余編の浄瑠璃（うち世話物二四編、時代物約七〇編）、歌舞伎約三〇編の作品を残した。

近松の時代物について、「天皇劇」という用語を初めて用いたのは、木谷蓬吟《きたにほうぎん》である。木谷は、天皇劇を、天皇が舞台に登場する浄瑠璃として三三編をあげ、さらに付随的に天皇が登場する一二編を加えて、総計四五編をあげている。青年期に公家へ仕え、天皇と交流のあったことが、近松に尊王意識や幕府批判精神を強く植え付けたとする。その要素として、①天皇の使命は民を愛しみ国を治めることにあり、②中間に介在する武士層を排除して天皇と民衆との直接親和を図り天皇親政を理想とし、③悪王子・逆臣の皇位簒奪による天皇の逆境と天皇家をめぐる悲劇を強調し、④天皇も自由に恋愛をし、⑤天皇家への尊崇の裏返しとしての幕府批判がみられ、⑥天皇の身替りとなる忠臣を登場させるところに尊王意識がみられ、⑦天皇の尊厳を示すために奇蹟的叙述がなされる、の七点をあげている。近松の尊王意識を強調し、生身の人間としての天皇を描きつつも、武士層を排除した天皇親政を理想としたという理解は、近松の天皇劇の読み方としては極端すぎ、そのままは受け入れられない。

次いで、近松の天皇劇に注目したのが、森山重雄である。森山は、江戸幕府によっても神話的超越性を空無化することができなかった天皇霊を、舞台上に招魂するものであり、天皇霊の復活再生を期待する祝祭典劇であるとしている。そして、天皇劇の主要なモチーフを位争いと皇位の簒奪にあるとし、これがなければ天皇劇とは呼べないとし一五編に限定している。こうした森山の王権をめぐる祝祭典劇という理解は、演劇論的解釈に傾きすぎていよう。そこで、近松が天皇をどのように描いたのかを、作品の中から読み解いていくことにしたい。

近松が描いた天皇像

近松の天皇劇では、ほとんどの作品で、はじめに「海の幸、山の幸うけつぐ君や、廿一代安康《あんこう》天皇のしろしめす、国ぞ常世とさかへける」(浦島年代記)というように、天皇の名をあげて、時代の設定が行われている。木谷は、天皇の存在を強調するものとし、森山は、位争いの予告でもあるとしている。近松がそこまでの意味を持たせたかどうかはわからないが、はじめに天皇名をあげるのは、天皇劇の一つの特徴であることは確かである。なお、「平家女護島」では、「平の朝臣清盛入道相国の、四海におほふ驕慢の網には、もるゝかたもなし」というように、天皇名ではなく、平清盛《たいらのきよもり》の名をあげているのは、すでに王権が清盛によって、実質的に簒奪されてしまった時代を示そうとしているのであろうか。いずれにしても、他の天皇劇にはみられない形式である。

次いで、二人の王子による位争いが発生し、悪王子や逆臣が王権を簒奪して擬の王・仮の王となり、天皇や善王子が流浪し、混沌と無秩序な状態となるが、忠臣らの活躍によりそれを克服していき、王権が回復されるという筋になっている。悪王子はほとんどが、架空の人物設定がなされている。これは、内山美樹子によれば、近松は、天皇と上皇・法皇が争った史実があっても、舞台上では悪王子を登場させて、直接天皇と上皇・法皇を争わせることを避けており、そのため近松には壬申《じんしん》の乱を扱った作品がないとしている。

近松は、日本を、「日本秋つ島は、神のべうゐい(苗裔)たへせず、仏法をたつとんで、慈悲をむねとし、儒道を学で五倫の道をまもり、正直柔和の君子国」(大織冠)というように、神の子である天皇が儒仏、もしくは神仏の加護にささえられて治めている国としている。そして、天皇の役割については、「されば十善の位はふむ共、民のやしなひあらずんば、いかでか天下を治むべき」(天智《てんじ》天皇)というように、民を育むことにあるとしている。同様のことだが、持統《じとう》天皇に「一天の君となつては天下の父母、万民は皆我子」であって、「民の寿命のめでたきこそ、悦の悦ぞ」(持統天皇歌軍法)と言わせている。つまり、近松は、民を愛しみ、国と民を繁昌させるのが、天皇の役割であるとしたのである。なお、斉《さい》明《めい》天皇が逆目《さかめ》の王子に譲位を強要され、「御身を位につけんため三しゅの宝を渡ぞとよ」（天智天皇）というように、三種の神器に皇位継承の重要な意味をもたせている。

治国治民の王としての天皇

それでは、治国治民の王として、具体的に天皇は何をなしたのであろうか。森山は、天皇が儒教的な聖天子として、あるいは無人格的な行動しない守護される存在として描かれているとしている。また、内山は、天皇は善であり、尊い存在であるが、権力や体制とはかかわりをもたず、忠臣が天皇のために無償の奉仕・献身を行うというように構想されており、これが、近代の尊王思想と区別される点としている。つまり本筋とかかわっては、天皇は何も行動しないのである。

最後は、悪王子・逆臣が善王子・忠臣に滅ぼされて、王権が回復し、「千秋楽万歳楽の万世迄、是を祝ひのはじめにて、なほうちつゞく松竹の、よはひもつきず、世もつきず、仏神おうご（擁護）の此所はんしやう（繁昌）にこそさかゑけれ」（用明天王職人鑑）というように、仏神の擁護によって、国も民も繁昌するという、天皇の御代を寿ぐ章句で終っている。ところが、武士の時代になると、これに変化がみられるようになる。「嫗山姥《こもちやまんば》」では、源頼光らが村上《むらかみ》天皇を悩ませた鬼神を退治し、「源の氏も繁昌、国繁昌、五穀豊穣《ごこくほうじよう》の民繁昌、蓬莱国《ほうらいこく》の秋津《あきつ》島《しま》、治まる御代とぞ祝ひける」というように、天皇の御代のもとで、国・民に加えて源氏の繁昌も寿ぐようになる。同じように「平家女護島」でも、文覚《もんがく》が「平家にあはふかせ、源氏一統の御代となし、天下太平、国繁昌、五こく成就、民安全、めでたいづくめにしてみせんと、袋追取りくびにかけ、いさみいさんで急ける。百億万ざい末かけてゆるがす、動かず、かたぶかぬ源氏の御代の腰押は、六神通の文がくが、従ひ守る神と君、久しき国社《こそ》楽しけれ」というのは、天皇と源氏の御代を並べて寿いでいるように理解できる。建武政権が樹立されると、古代に戻って、「大塔宮日曦鎧《おおとうのみやあさひのよろい》」にみられるように「朝敵滅亡、御代万歳、二度てらす日の本の、つゞいて天下太平記、四海におほふ網のめに、もるゝ民なき君子の徳百万歳とぞいはひける」というように、天皇の徳により、天下が太平となったと寿ぐものの、南北朝が合一され、近松は、太平記の理解に従って、足利尊氏《たかうじ》を逆臣としなかったため、再び、「吉野都女楠」では、「天下一とう、源氏一とう、太平国に太平の、君がゐくはうは万々歳、治る御代こそ久しけれ」というように、天皇のもとで天下一統・源氏一統が太平に繁栄する御代を寿いでいる。

天皇劇の影響

幕府と朝廷との関係でいえば、天皇のもとで全国統治を行う将軍という図式が示されていると理解できる。しかし、天皇は政治の表舞台には一切登場せず、ひたすら国と民の繁昌を希求するだけの存在にとどまっている。近松が提示した天皇像をこのように読み取ることができるとしても、これが、当時の観客にどのように受け入れられたかを、具体的に確認することはできない。近松の天皇劇は、ほとんどが大坂竹本座で初演されている。初演のみか、一、二度の再演にとどまる作品も多い。また、全体の上演回数からみると、過半数以上が、大坂で上演されている。こうしたことから、近松が描いた天皇像が観客に影響を与えたとするならば、それは大坂の町人たちを中心としたものであったといえよう。

今後の課題をあげておくならば、近松が素材を求めた『日本書紀』『大鏡』『平家物語』『源平盛衰記』『太平記』などの史書類をはじめ、中世の能・謡曲、説話・物語、古浄瑠璃などの芸能・文学作品にも、天皇が登場するものがあり、近松が描いた天皇像とそれらの間には、どのような違いがみられるのかを検討することが重要であろう。一方では、内山が、近松門左衛門が、天皇を理想的存在としつつも、本筋では中心的役割を与えなかったのに対し、一八世紀後半の浄瑠璃作者近松半二は、天皇を明確な政治的意志をもった存在として行動させ、天皇権威の高揚をはかろうとし、近代の尊王思想につながるものがあると指摘しているが、近松門左衛門以後の浄瑠璃作品などで、天皇像がどのように変容していくのかを検討する必要もあろう。こうした作業を通じて、近松の歴史認識や天皇観の歴史的位置もより明確となってくると思われる。

参考文献

木谷蓬吟『近松の天皇劇』(淡清堂出版、一九四七年)
森山重雄『近松の天皇劇』(三一書房、一九八一年)
内山美樹子「演劇史のなかの天皇」(辻達也編『日本の近世2』天皇と将軍　中央公論社、一九九一年)
近松全集刊行会編『近松全集』全一七巻・補遺・二一冊(岩波書店、一九八五—九六年)

天皇の肖像——創られた君主像

小田部雄次

キヨソーネの「御写真」

明治天皇最初の写真は、一八七一年（明治四）一一月二一日からの海軍演習の折り、横須賀にての記念撮影であるといわれる。天皇は小直衣《このうし》、切袴《きりばかま》姿で、金巾子《きんこじ》を冠し、扇子を持って椅子にもたれ、後方には太刀を捧げた侍従がいる。その後、馬上の写真なども撮っている。

明治天皇の写真が下賜《かし》されたはじめは、一八七二年二月に、条約改正の予備交渉のために欧米に渡っていた特命全権大使の岩倉具視《いわくらともみ》が、天皇の「御写真」を送付するように求めてきたことによる。外交上、元首の写真を交換する習わしがあったためである。束帯《そくたい》と、直衣・金巾子の二種の天皇の「御写真」が撮られ、九月一五日、岩倉に届けられた。

この後、宮内省は公使館や領事館への「御写真」下賜を決定し、また、翌一八七三年には地方庁への「御写真」下賜がなされた。外国や地方庁への下賜がはじまると、新制の軍服を着用し、帽子を卓上に置き、剣をついて椅子にもたれている別の「御写真」が撮影され、これが使われるようになる。

しかし、一般に天皇の「御写真」として知られるのは、エドアード・キヨソーネ（Edoardo Chiossone）のコンテ画を一八八八年（明治二一）に撮影したものである。キヨソーネはイタリアの版画家で、日本の印刷技術発展に貢献し、日本の貴顕《きけん》の肖像を多く遺したことでも知られる。

皇后の「御写真」も、天皇に一年遅れて翌一八八九年六月一四日と一五日に撮影された。この皇后の「御写真」は洋装の立姿であった。天皇・皇后の「御写真」は、官立諸学校、府県立尋常中学校およびこれと同等なる諸学校以上に限り下賜されるが、一八八九年一二月六日、願いがあれば公立高等小学校にも下賜することとなり、

「御写真」は「御真影」と俗称されるようになる。
そして一八九〇年八月、芳川顕正《よしかわあきまさ》文部大臣は「御真影」を市町村立尋常小学校および幼稚園にも頒布し、三大節（四方拝《しほうはい》、紀元節《きげんせつ》、天長節《てんちょうせつ》の三大祝日）などにおいて職員、生徒に拝ませ、忠君愛国の精神を育てたいと、土方《ひじかた》久元《ひさもと》宮内大臣に請願する。土方は、この趣旨に同意し、すべてに配布する費用はないので、市町村立尋常小学校および幼稚園に限り、近隣の学校に下賜された「御真影」を自費にて複写して奉安することを認めた。

写真や像の売買禁止

ところで、当時、「御写真」や「御真影」とは別に、天皇の写真や肖像が広く売買されていたため、政府はこれを制限したり、禁止したりしていた。古くは一八七四年（明治七）、東京府内で天皇の写真を売買する者が現れたので、政府は「猥《みだ》りに売買する者」を監視すべき旨を東京府に伝えた。また、一八八一年（明治一四）以後には、天皇、皇后、皇太后を錦絵や団扇に描いたり、天皇、皇后の像を販売する者も出現し、徳大寺実則《とくだいじさねのり》宮内卿は各府県および警視総監に禁止令を発したりした。

大日本帝国憲法や教育勅語が発布されて、一八九一年（明治二四）ごろには、天皇の神格化も進み、土方は警視総監と地方長官に、天皇、皇后、皇太后の尊厳を冒瀆するものを除き、その肖像販売を黙許すると内達した。ただし、「御写真」の複写販売は禁止のままであった。

しかし、その後も、粗悪品が流布したのであろう、一八九八年（明治三一）一二月二八日、西郷従道《さいごうつぐみち》内務大臣は、天皇と皇族の肖像について、粗造であったり、陳列や販売に際して取扱が不敬であったりしないように諭告している。

この間、一八七二年（明治五）一〇月一九日、造幣権頭の益田孝徳《ますだたかのり》と造幣寮雇《ぞうへいりょうやとい》のトーマス・キンドルらが、天皇の肖像を貨幣に使う案を大蔵省に提唱していた。世界各国の制にならい、天皇像を貨幣に刻もうというのである。しかし、これは却下された。のち、一八八〇年（明治一三）一月、大蔵卿の大隈重信は、神武天皇の画像を印刷することを提案するが、人力車をひく車夫や博打《ばくち》を業とする博徒も手にし汚穢《おわい》や塵垢《じんこう》にまみれるし、貨幣価値が下がれば皇室の尊厳も損ねると反対され、大隈案は裁可されなかった。もっとも、神功皇后《じんぐうこうごう》の画像はすでに許可され、印刷もされているので、これは裁可された。

「御真影」への最敬礼

さて、一八九一年（明治二四）一月九日、第一高等中学校嘱託であったキリスト教思想家の内村鑑三《うちむらかんぞう》が、始業式に教育勅語を礼拝せず、不敬の故を以て職を追われた事件は有名である。内村の「不敬」を糾弾した旧制一高の生徒たちは、内村の「頭の下げ方が足りない」と騒ぎ、内村糾弾の同盟を組織し、辞職勧告をし、校長には解職を要求したのである。

内村は、退職後も、「国賊」、「不敬漢」との汚名を浴びせられ続けた。内村の事件は法的な不敬罪ではなく、あくまでも不敬事件であったが、こうした超法規的かつ「草の根」的な社会制裁こそが、近代天皇制を支えた力の一つでもあった。

一九〇〇年（明治三三）には、文部省令小学校令施行規則によって、「御真影」への最敬礼が義務づけられた。そしてこれに反するものは、法的措置のみならず、社会的制裁をも加えられ、近代法の規定を越えた加重な罰則を与えられることとなった。各学校は、「御真影」を警護するために、教員の学校宿直制を導入し、奉安庫あるいは奉安殿という堅固な保管施設を設置した。「御真影」を保管する奉安庫・奉安殿は、天皇の「分身」扱いであり、その処理に事故などがあれば社会的制裁は免れないという暗黙の前提があった。実際、命をかけて「御真影」を守り、殉職した人びとも少なくない。「御真影」を安置した小学校が焼けた責任をとって校長が自殺したり、中学校火災で宿直が「御真影」を運び出そうとして逃げ遅れて死亡するなどの「殉職」が続き、これらは美談として広まったのである。

イメージの変遷

皇后の肖像もまた、重要な意味を持った。とりわけ、明治以後の近代日本政府は、夫に従順ではあるが、たんなる家庭婦人にとどまらない、より活動的な女性を求めた。いわゆる良妻賢母教育であり、この模範となったのが、皇后美子《はるこ》（昭憲皇太后《しょうけんこうたいごう》）であった。美子は、自ら軍事救護活動や工場視察なども行い、明治天皇のよき妻として夫の社会活動を影で支援したのである。こうした皇后の肖像には、一定の政治的配慮がなされ、和装と洋装の写真が使い分けられ、和装は女性の私的役割と「日本＝アジア」性、洋装は公的役割と西欧化を示した。

また、当初は天皇の側室で、嘉仁親王《よしひとしんのう》（のちの大正天皇）の実母である柳原愛子《やなぎわらなるこ》もともに描かれていたが、そうした構図は、嘉仁親王が皇太子となってのちは、柳原の姿は消えた。西欧的な一夫一婦制の構図が、家族の公式の形としてみなされていったのであろう。

　一方、「現人神」「大元帥」としてのイメージの強い昭和天皇であるが、そのイメージが「軍服」へと変化したのは、大正から昭和初期にかけてであり、それまでは、天皇も皇族も「平民」化、「健康」のイメージであった。しかし、昭和天皇の「平民」化イメージは国粋主義者や保守主義者からの反発があり、「健康」イメージは天皇自身の長びく風邪でジャーナリズム管理に失敗した。その後、昭和天皇は、戦時中は「現人神」「大元帥」として絶対的なイメージを持ち、国民の戦争動員のシンボルとなったが、戦後はさらに「背広の紳士」へと変貌し、平和と民主主義の象徴としてアピールした。

　平成の皇室の写真は、ヴァイニング夫人のアメリカ型民主主義教育を受けた天皇明仁や、民間出身の皇后美智子のライフスタイルの影響もあり、夫婦から家族、さらに皇太子や秋篠宮《あきしののみや》などを当主とする核家族へと変化し、この構図が現在では一般的となった。皇室カレンダーなどに掲載されているこうした皇室写真構図は、戦後の市民社会の家族構成とも一致するものであり、皇室と一般社会の家族のあり方は相互に連動しあって、一定の調和を得ている。

　一方、伝統的な男系主義を重視し、男女平等を求める現代的な市民感覚とは異なる皇室像が創られようともしている。とくに将来の皇位継承をめぐる騒ぎから、天皇家の家族構成のあり方にも不自然な抑圧が加わり、皇室の写真や肖像にも微妙な変化がうまれはじめているといえる。

参考文献

伊藤之雄『昭和天皇と立憲君主制の崩壊』（名古屋大学出版会、二〇〇五年）
岩本努『「御真影」に殉じた教師たち』（大月書店、一九八九年）
大河原礼三『内村鑑三と不敬事件史』（木鐸社、一九九一年）
宮内庁『明治天皇紀』全一二巻（吉川弘文館、一九六八―七五年）
工藤美代子『ジミーと呼ばれた日』（恒文社21、二〇〇二年）
若桑みどり『皇后の肖像』（筑摩書房、二〇〇一年）

西郷隆盛と明治天皇
——天皇と皇国主義者の出会いと別れ

猪飼　隆明

朝臣の誕生

西郷隆盛は、幕末維新の激動のなかを主体的に生きることができたのは、主君島津斉彬《しまづなりあきら》によるものと思い続けていた。この島津への恩と忠誠心を保持しつつ幕藩体制の解体に関わる自らの行為の根拠、名分をどこに求めうるのか。西郷は、それを天皇の朝臣となること、皇国主義者となることに求めたのである。征韓論争に敗れて下野した西郷は、一八七六年(明治九)一〇月に、熊本で神風《しんぷう》連が反乱し、それに続いて秋月・萩の士族が反乱したとき、呼応して起とうとはしなかった。しかし、天長節(天皇睦仁の誕生日)であれば、君側の奸(有司専制)を除くという名分大義ができる、さすれば、自らも起つ理由となると述べていた(もっとも、西南戦争は、彼の思いに反して、名分大義を明らかにしえない、蜂起となったが)。

これは、西郷の行動や心情の根拠としての天皇であるが、西郷と明治天皇との具体的な関係も、日本近代史にとっては重要な位置を占めている。

明治天皇は、ペリー来航の前年、嘉永五年(一八五二)九月二二日(陽暦一一月三日)、孝明天皇の二宮として生まれ、祐宮《さちのみや》と命名された。母は、権大納言・中山忠能《ただやす》の娘で、典侍《てんじ》の慶子《よしこ》である。孝明天皇にはすでに、正室(九条夙子《くじょうあさこ》)から皇女が、側室(坊城伸子《ただこ》)から皇子をもうけていたが、皇子は即日母ともども死亡し、皇女も三歳で早世していたから、周囲の期待を一身に受けて育てられた。万延元年(一八六〇)七月「儲君《もうけのきみ》」と定められ、准后《じゅごう》(正妻)の実子とされ、ついで九月、親王宣下《せんげ》を受け、睦仁《むつひと》と名づけられた。京都を舞台にした幕末の政争のなか、元治元年(一八六四)七月の禁門の変では直接危険が身におよびそうになることもあった。

明治天皇の即位

慶応二年(一八六六)一二月二五日、父孝明天皇が三六歳で死去したため、睦仁は翌慶応三年一月九日、満一四歳で、まだ元服を済ませてはいないまま、践祚《せんそ》した。これより前、将軍家茂《いえもち》が急死して、一橋慶喜《よしのぶ》が一五代将軍となったが、政局は公議政体派と討幕派との公然・非公然の駆け引きと対立のなか、一〇月一三日には天皇のあずかり知らないところで討幕の密勅が出され、翌日には将軍慶喜が大政奉還を奏上した。そして一二月九日には討幕派によって王政復古のクーデターが起こされる。このクーデターは、大久保利通・西郷隆盛・岩倉具視《いわくらともみ》を中心とする武力討幕派のプランニングと主導によって行われたが、ここに生まれた維新政権は、公議政体派勢力を排除しえないでいたが、翌慶応四年(一八六八)一月三日からの鳥羽・伏見の戦いでの維新政権軍の勝利によって、討幕派の勝利は決定づけられ、公議政体派は存立の根拠を失った。その後も戦乱(戊辰戦争)は続くが、政権内部では、天皇の親裁を経なければ国家意志は実現されないという国家意志決定のプロセスがつくられる。

とはいえ、天皇は未だ「幼冲《ようちゅう》の天子」と揶揄されるような状況にある。そこで、まず同月一五日、元服式がおこなわれ、成人の天子が演出された。しかし大久保は、何よりも、京都の因循姑息な公家と後宮《こうきゅう》(宮中奥向きの殿舎で女官が主導権を握っている)のつくる社会から睦仁を切り離すことが必要であるとして、大坂遷都を主張したが、激しい抵抗に遭い実現できず、ともあれ三月二一日大坂親征(二三日着)を行った。この親征は睦仁にとって大きな意味をもった。一つ目は、東征に向かう海軍を閲兵し、諸藩兵の調練を激励するという元帥への一歩を踏んだこと、二つ目は、維新変革を推進し、いまは権力の中枢にいながら接触することさえできなかった大久保や木戸孝允《たかよし》らと面会することができるようになったことである。ただ、西郷は、二月一二日に東海道先鋒軍の薩摩藩諸隊差引《さしひき》として京を発ち(一四日に東征大総督府下参謀に任じられる)、江戸城の開城を実現し、上野の戦争に勝利した後、鹿児島に戻ってしまう。この間、勝海舟の徳川処分案について了解を得るため、ついで徳川家の家禄高および彰義隊などの抵抗への対処について議するために京に舞い戻っているが、天皇とは面会していない。再び北陸出征軍総差引《そうさしひき》を命じられて、越後から庄内を軍事指揮して一一月には、鹿児島に凱旋帰国してしまい、勅使の催促を受けて一八七一年（明治四）二月に東京に上るまで九州を離れてはいない。いっぽう、睦仁は、八月二七日にようやく即位の式典をあげた（九月八日には明治と改元するとともに、一世一元の制が定められた）。そして九月二〇日東京（七月一七日に江戸は東京とされた）に行幸、暮れに一時京都に戻って一条美子《はるこ》を娶るが、翌年三月ふたたび東京へ行幸し、そのまま東京住まいとなった（二月二四日の決定にしたがって、太政官も東京に移され、事実上東京遷都が行われたのである）。

西郷と宮廷改革

西郷は、先述のように、明治四年二月に上京して（廃藩置県実現のため）、六月に参議に任じられた。西郷が天皇に直接面会したのはこのときからではないかと思われる。それまで、西郷は天皇の名において小銃（シャップル銃）を下賜されたり（慶応四年三月二〇日）、征討の功を賞されて二〇〇〇石を賜ったり（明治二年六月）、正三位《しょうさんみ》に叙せられたり（同年九月、西郷はこれを固辞し、翌年五月位記返上が許される）しているが、天皇に直接会ってはいない。かつて禁門の変が起きるに際して、西郷が祐宮に会っているかのように記されているものもあるが、史料の上で、そのような事実は確認できない。

さて、西郷や大久保らは、宮廷改革を廃藩置県に続く重要な課題と位置づけ、吉井《よしい》友実《ともざね》を宮内大丞に任じて、公家出身の侍従や女官を罷免し、薩摩の村田《むらた》新八《しんぱち》や高島《たかしま》鞆之《ともの》助《すけ》、佐賀の島義勇《しまよしたけ》、旧幕臣の山岡鉄太郎《やまおかてつたろう》ら、維新変革の激動をくぐり抜けた剛毅な武士を侍従に任じて天皇と交わらせたのである。この改革を、一九歳の天皇が大いに気に入った様子や自分と天皇睦仁との親密な関係を、叔父（母の弟）椎原與三次に宛てた明治四年一二月一一日付の手紙のなかで、西郷はリアルに述べている。すなわち、「色々改革が行われたが、喜び貴ぶべきことは、天皇の身辺のこと」であるとして、これまでは、「華族之人」でなければ、宮内省の官員であっても、天皇の前に罷り出ることはできなかったが、その「弊習」は改められ、士族出身の官員も公卿や華族同様の扱いを受けることができるようになった。とくに天皇は士族出身の侍従を「御寵愛」になり、「実ニ壮なる御事」だ、「後宮」へは行くのを好まず、朝から晩まで「御表ニ出御」して、和漢洋の学問をし、ついで「侍従中ニ而御会読」をするなど寸暇を惜しんで修行している。「昔日之主上」とは大違いだと、三条・岩倉の両卿さえ言うほどだ。「一体英邁之御質」、かつ壮健で乗馬が大好きで、天気さえよければ毎日でも馬に乗っている。そして、「調練といって近衛兵を一小隊ずつ呼び寄せ、是非大隊を率いる大元帥になるのだと言われる、また私どもを召出して、同じテーブルで食事をされる、政事についても研究熱心だ」と、西郷は喜びを隠さない。

ここに見るように、天皇の元帥への基礎固めは、近衛都督である西郷の指導を受けて急速に進んだとみてよいだろう。一八七三年（明治六）四月、天皇はその近衛兵を騎馬で親率して千葉習志野で野営演習を行った。このとき風雨が烈しく、夜中、雨漏りに耐える天皇を西郷が親しく見舞ったというエピソードは有名である。

このような親交も、西郷が征韓論争で敗れて下野・帰郷して、終了した。近衛局長官篠原国幹《しのはらくにもと》はじめ多くの近衛将校も西郷のあとを追った。

天皇と西郷にとっての西南戦争

明治一〇年一月末、天皇は、父孝明天皇一〇年式年祭のため京都に行幸したが、西郷が私学校兵を率いて反乱したため、そのまま京都にとどまり、御所に仮太政官が設けられた。天皇の名による追討が行われることになったが、天皇は、見るからに異常な行動をとったと言われる。天皇は、好きな乗馬も拒否し、侍講を東京から呼ぶことも許さず、常御殿にいて大臣・参議をも容易に寄せ付けず、太政大臣三条実美から毎朝戦争の概況を聞くだけの日がつづいたというのである。飛鳥井雅道は、「西郷びいき」ゆえの「天皇の反抗」であったというが、いっぽう、西郷は、自らを慕い畏れる若い私学校兵や呼応して起った熊本その他の諸隊が血みどろになって戦い斃れるのを臨みながら、指揮するでもなく、犬を駆って猟をし、追われれば逃げるという無為な数ヵ月を送り、ついに城山に果てるのである。

参考文献

飛鳥井雅道『明治大帝』（筑摩書房、一九八九年）
飯沢匡『異史　明治天皇伝』（新潮社、一九八八年）
宮内庁編『明治天皇紀』第一～四巻（吉川弘文館、一九六八—七〇年）
西郷隆盛全集編集委員会編『西郷隆盛全集』第三巻・第六巻（大和書房、一九七八年・一九八〇年）
大西郷全集刊行会編『大西郷全集』第二巻（平凡社、一九二七年）

二つの憲法と天皇
――近代天皇制の過去・現在・未来

奥平　康弘

明治憲法の二面的性格

近代日本は、一八八九年（明治二二）二月一一日、ときの天皇（睦仁《むつひと》）により公布された大日本帝国憲法（明治憲法）にもとづいて法規範的に確立した。その憲法は、本文に先立つ告文において「皇祖《こうそ》皇宗《こうそう》ノ神霊」に向けて、憲法制定の由来を説明している。天皇の統治権威は、その祖先であるところの神々の権威に淵源するという神権主義を本質とした。

憲法は、その「第一章　天皇」にはじまり、第一条「大日本帝国ハ万世一系《ばんせいいっけい》ノ天皇之ヲ統治ス」とあって神権主義が明瞭に打ち出されており、第二条では「皇位ハ……皇男子孫之ヲ継承ス」と定めて「万世一系」につらなる男子間にのみ皇位継承が生ずるものとする。第三条で天皇の神聖・不可侵性が語られ、第四条では「天皇ハ国ノ元首ニシテ統治権ヲ総攬《そうらん》シ此ノ憲法ノ条規ニ依リ之ヲ行フ」とある。天皇が実質的に政治権能を掌握する統治機関であることを明らかにしている。とくに天皇の権力性が顕著なのは、第一一条から第一四条にわたり規定している軍事についての関与諸権であり、とりわけ第一一条の「天皇ハ陸海軍ヲ統帥《とうすい》ス」の規定である。

だからといってもちろん明治憲法は、文字どおりの絶対主義君主制樹立を目指したものではない。もしそうであれば、憲法制定などという厄介事は不要であった。裸の権力で押しまくればいいのである。ところが、新生日本の悲願であった不平等条約撤廃のためには日本の国家的社会的なレベルでのなにほどかの近代化が不可欠であったし、なんらかの程度の立憲化の外観が必要であった。こうした要請に応ずべく作られた憲法には、いやおうなく、あるいはそれとなく、立憲主義的な様相を呈する装置が工夫されていなければならなかった。天皇条項につづく「第二章」は「臣民権利義務」に関する諸規定を並べ、統治機関のありようを定める諸章条では、権力分立主義になぞられた構造と準則が採用された。

戦後憲法学において一般には、明治憲法は、多かれ少なかれ絶対主義的傾向として現れる神権的側面と、それを押え込みまたは和らげることを指向する民権的側面の二面的性格をもつものと特徴づけられている。

明治憲法における天皇（天皇制）を語る場合、これを一枚岩構造のものとして扱うのは正しくない。憲法そのものの矛盾し合う二つの魂が歴史的な脈絡のなかで、ある種独特な妥協の産物という形をとって現れるからである。

明治憲法下の天皇制の変化

それは、ごく大まかにいえば、次のような展開となる。①憲法典施行期あるいは初期化段階——神権主義の優位、②いわゆる大正デモクラシーの出現と展開——民権主義定着のきざし、③十五年戦争への対応——神権主義再興と嵐、この三つに分けてとらえて大過なかろう。

こうしたなかで、天皇をどう性格づけるのか。①では、天皇統治の実践は、いわゆる有司専制あるいは藩閥政治であり得た。内村鑑三《うちむらかんぞう》教育勅語不敬事件（一八九一年）と久米邦武《くめくにたけ》著作物不敬事件（一八九二年）は、この時代を象徴する出来事である。両事件とも不敬罪違反という正式の公権力行使事件ではなく、いわば社会面的なトピックスであった（↓「不敬罪」）。しかし、天皇権威が社会内部に浸透していく過程を象徴的に示す。天皇制にとっては、教育・宗教・出版など文化領域での権威調達は、警察・軍事などの領域における端的な公権力発動契機とならんで、重要であった。

①の時代は、幸徳秋水《こうとくしゅうすい》らの大逆《たいぎゃく》罪の断行（一九一一年死刑判決）で頂点の高みにのぼりつめたが、これに後続する②の時代にはむしろ、労働者・市民らの住居移動によって都市形成がみられ、文化の大衆化がはじまる。こうして大正期半ばには、国家という抽象的団体組織それ自体が主権の担い手であって（国家の最高意思主体であり、対外主権主体となる）天皇は国家機関のひとつであるに止まるという憲法理論、いわゆる天皇機関説が憲法学上の通説となった。市民の政治組織としての政党が内閣構成に大きな影響を及ぼすようになる。天皇は、皇室典範《こうしつてんぱん》というそれ自体憲法典とあいならんで最高法規たる性質を

そなえた特殊規範および政務と区別された宮務官僚制度に守られた超越的な存在でありつづけたが、神権主義的性格は注意深く天皇家内部で単純再生産されるに止まった。

この時代は、政治の基盤を民衆的なものにおくべしとする民本主義的思想が台頭し、それにもとづく政治改革がみられた。その骨頂は二五歳以上の男子に平等選挙権を与える衆議院選挙法改正であった。注意すべきはしかし、この法律の法律番号一番ちがいで、同日成立したのが、かの悪名高い治安維持法であったことである。治安維持法は、①の時代に確立した治安警察法その他の抑圧体系を前提として、独特な天皇制権力を再編成するばかりではなく、「〝万世一系〟の世界に冠たる〝国体〟」イデオロギーを作り上げ熟成させるのに決定的な役割を果たした。

②の時代は、次の③の時代（天皇制〝狂奔〟期）と区別される独自性を有しながら、しかも自らの内に後年への橋渡しになる準備をその後期におこないつつあった点に留意されるべきである。いずれにせよ、②が独自であり得たのは、第一次世界大戦をはさんだとはいえ、自国の国益を掲げて排外的軍国主義な振舞いをあえてするような国際環境に無かったことが、大きく帰因する。

ところが一九三〇年代に入って、とくに三一年九月、関東軍が満州占領を企て、特異な軍事行動を起して満州事変がはじまるや、日本国、したがってまた天皇（制）のありようはいちじるしく変化する。「十五年戦争期」として画期づけられる時期の天皇制は憲法理論としては神権主義を局限にいたるまで拡張し、社会・思想・文化・私生活のすみずみにまで浸透させた。この間の憲法理論上最高の政治責任者であるところの天皇の戦争終結（敗戦）宣言により、③の時期はひとまず終幕をみた。

日本国憲法と象徴天皇制

日本国は一九四五年八月一四日、連合軍側の降服条件としてのポツダム宣言を受理するむね通告した。それは、日本国のありようの根本的な変更をもとめるものであったから、これを受理した日本政府は、一方では戦争責任の追及・遂行を、他方では国家新生のための新憲法制定を課題とすべきであった。けれども政府・支配層は、「国体」すなわち「万世一系ノ天皇ガ統治権ノ総攬者」であるという国柄を「護持」するのでなければ、「日本は日本でなくなる」という、いまからみれば奇妙きてれつな、しかし明治をひきずっていた当時代日本人には意外な程度に広くかつ深く浸透していた「国体」観念にとり憑かれていた。当時日本を支配していたGHQと連合国のあいだには、護持されるべきものとして「国体」、したがってまた天皇のありようについては、意見がまとまらないまま、結局はGHQ（背後における国務省・ワシントン政府）が憲法改正作業の直接の担い手となり、そこから現在の日本国憲法が誕生することになる元の憲法改正草案が作られた。

こうして出来上がった新憲法は、天皇（制）をともかくも生き残した。さあこれを、どう新構成したか。決定的なのは、主権の担い手は天皇から国民へと移転したことである。主権在民の建前は、民主主義的な国家運営を目的とするものであったから、天皇はいっさいの政治的実質的な権限を持つことができず（第四条一項）、ただ、憲法が明示する純粋形式的な任命権（第六条）と、憲法がリストアップする手続き的形式的儀礼的な行為のみを「内閣の助言と承認」にもとづきおこなうこと（第七条）が定められるに止まる。

万事あらかじめ作成されている指示書にしたがって、指示された仕事を、指示された手続きにのっとりおこなう（国事行為）。そして、それをおこなうことをつうじて「日本国の象徴であり日本国民統合の象徴」という役割を果たすところに、天皇の地位が存する。これが憲法の設定する天皇である。それだけのことであるから「神聖不可侵」（旧憲三条）でもないし、「国ノ元首」（同四条）でもないし、慣用語でいわゆる「君主」でもない。「君主」という、旧時代に西欧に通用した制度の外飾は、外国君主との社交上で用いられることがあるとしても、それは憲法外の世界のことに属する。

こうしてみれば、天皇（制）は、明治憲法下のそれと現憲法のそれとでは、名はおなじ「天皇」でも、その実質（主義・制度的構築物・権力内の効果など）は、比較を絶する二つのものと、把握するほかない。こうした結論を以って議論が完結すればいいのだが、そうはいかないところに、天皇という存在の摩訶不思議さがある。

神権主義的慣行の残存と利用

天皇を残そうとした支配層側の思惑に少なからざる差異があった。残すことを得策と判断したGHQを代表する米国のそれと、神権主義のこびりついている「万世一系」の国体イデオロギーに固執するために可能なかぎり損傷をまぬがれた形の天皇を存続しようと願う日本支配者層とのあいだでのちがいである。そのちがいが、設計された制度のなかで、古い法・しきたりをどう残すのか・切り棄てるかの細部設計へのありように反映した。

たとえば皇位継承のありようである。ＧＨＱは、皇室法に「皇室典範」という明治伝統的な名称の踏襲を黙認したのみならず、さすがに「万世一系」という夜郎自大的な形容語をつかわせなかったものの、「皇位は、皇統に属する男系の男子が、これを継受する。」(第一条)として、皇祖皇宗の神々につらなる男系男子が、「万世一系」の血統をひきついで天皇に就くという仕組みを認めた。神話的構成にもかかわらずに「万世一系」イデオロギーは、残る余地があった。この家督相続と同じように、規定上許容されると否とを問わず、天皇家の仕来たりのあれやこれやが無自覚に生き残った。このような形で生き残りえたものの最大のひとつが、天皇家の祭祀である。祭祀部分は、性質上天皇家という特殊家族集団に固有の宗教的パフォーマンスであり、現今では国家と切離された、その意味で私的な儀礼行為であるが、天皇家自身が「国家・国民の象徴」という公的な役割をはたす公的な集団であるという解釈に支持されて、公費支弁の宮内庁職員(公務員)が日常的におこなっている。天皇家面々は、天皇の「象徴」行為は公共的なものであるという理由づけに支えられて、その日常生活振りのなかに公費・私費のいちじるしい混合がみられる。天皇家を抱えた天皇という存在は——もし生き残れるならば——いちじるしく曖昧模糊の部分を付着したまま未整理部分を多く残したまま、ありつづけるであろう。

天皇には政治的国政的な権限が与えられておらず、戦後日本では相当程度に民主主義的制度が伸張し、人びとの政治批判の自由も確保されているから、この憲法のもとで天皇が恣意的に政治勢力と結託して「法の支配」ならざる「人の支配」をやらかすということは、まずないであろうと信じたい。

天皇制に未来はあるか?

天皇の存在価値は、その地位において「国家・国民の象徴」であるという点にある。では一体、「〃象徴〃である」という機能は、現にいかなるところでいかにはたらいているのであろうか。もしそうであれば、それがそうでありうるのは、いかなる理由によってであろうか。

明治憲法の天皇は自ら「統治権の総攬者」と名乗り、政治的・社会的・経済的・文化的、要するに日本国を現実に統括する力と組織をもっていた。なによりも天皇は、神々の末裔であり、自らを現人神《あらひとがみ》として神々と人びととの中間的存在であるという理論を人びとに信じさせてきた。しかし、これらいっさいは、現憲法下の天皇にあてはまらない。

「万世一系の天皇」の死去により皇位（天皇の地位）に空きが生じた場合には、現皇室典範が採っているように、世継ぎは「皇統に属する男系の男子」でなければならない。女系女子ではいけないのである。この建前が二〇〇〇年代中葉大騒ぎになった。女系天皇でもいいではないかという世論が強かった。しかし女系天皇という観念は「万世一系」とはあいいれない。将来において日本国民は「万世一系」という神話的な理屈づけを棄て、それに代わりいかなる天皇正当論（正義論）を案出することになるだろうか。

参考文献

中村政則「戦前天皇制と戦後天皇制」（歴史学研究会編『天皇と天皇制を考える』青木書店、一九八六年）

吉井蒼生夫「補章1　二つの憲法下の天皇制」（吉井蒼生夫『近代日本の国家形成と法』日本評論社、一九九六年）

皇室典範——男系主義・男子主義の桎梏

奥平 康弘

皇室典範《こうしつてんぱん》とは

皇位（天皇の位）のありかた、その継承、皇族の範囲・身分、摂政、皇室問題を審議決定する皇室会議などを定めた、要するに天皇家のありように関する法律（一九四七年法三号）のことを指す。この名称は、日本国憲法第二条の「皇位は……国会の議決した皇室典範の定めるところにより、これを継承する。」（傍点―引用者）とある文言に由来する。日本国憲法に先行する明治憲法のもとにあって、明治憲法と同日（一八八九年二月一一日）制定された「皇室典範」という名の特別な「皇室法」があった。この旧皇室典範と現皇室典範とは、その内容はもちろんのこと、その法的な基礎づけ・性格においてまったく異なるものであることに注意を要する。

旧皇室典範は、旧憲法と同様、天皇の名において天皇自らが制定した、その意味で両者とも欽定《きんてい》である。しかし、憲法は統治のありかたを臣民に対して示し社会全般に向かって施行するものであったのに反し、皇室典範は皇族一門にのみかかわる「家法」であると位置づけられた。このゆえ、両法とも同日づけで発表されたものの、憲法は公布されたが、皇室典範はたまたま便宜上官報登載して通告する手続をとっただけである、と解された。このゆえに皇室典範は帝国議会の立法権の手が届かない特別法であって、将来の改正増補は「皇族会議及枢密顧問ニ諮詢シテ勅定」（典範第六二条）されると定められた。

特別な性質の、特別な手続で制定される特別法であったが、旧皇室典範は天皇という国法上最高位にある制度に関するものであるがゆえに、明治憲法と互角の最高法規であるとされた。

以上の一切が、現皇室典範には妥当しない。両者はその内容についていくつかの継承関係をもつが、法的にいえば、こうした重複は単に偶然の産物である。現典範は、天皇家という特別な家族集団についての定めであるから、その意味で特別法であるが、国会がふつう法律を制定するさいのっとるべき立法手続にしたがって作られたものである。この点から言って、ふつうの法律と全く異なるところがない。現典範は、旧典範とちがって、憲法規範と肩を並べた最高法規たる性格をもつものではない。

実質的には現典範は旧典範と似て非なるものであるのに、恰《あたか》も両者のあいだに独特な内容上つながりがあるがごとき感じをいだかせているのは、新憲法のなかに「皇室典範」という特別な法律タイトルを埋め込むのに腐心した事実が象徴したように、天皇制度設計者の意図が成功した証拠である。すなわち、旧憲法と新憲法とのあいだには内容上架橋すべき共通要素が存在しないにもかかわらず、後者は、前者の改正手続条項（七三条）により改正された産物であるがごとき外観を取りつくろい、また前者に倣って「第一章　天皇」を冒頭に据える形式をあえて踏襲した。支配者層はこんなふうに「国体」（天皇が「万世一系」のつながりをもって日本国を支配し給うという国柄《くにがら》）は「不変更」であるというスローガンで天皇制の危機を乗り切ろうとした。皇室典範の「生き残り様」はそういった天皇制の「したたかさ」の現れである。

皇位継承について

皇室典範の最大のポイントは皇位継承の定めにある。現典範第一条は「皇位は、皇統に属する男系の男子が、これを継承する」と皇位継承資格を定める。これは、旧典範第一条「大日本国皇位ハ祖宗ノ皇統ニシテ男系ノ男子之ヲ継承ス」の引き継ぎであるのは、歴然である。「皇統」とは「天皇（家）の血統」のことだが、それは、旧憲法第一条でいわゆる「万世一系ノ天皇」の、すなわち天照らす神の御代につながるところの、「神統」を意味する。かくして天皇は、現人神《あらひとがみ》なのである。そして、もうひとつ資格という点で大事なのは、両典範が宣言しているように「男系の男子」でなければならないとする要件である。母方が天皇の胤《いん》を有するというだけのつながりでは駄目である。父が天皇の血脈をもつのでなければならない。

明治のはじめ、いかなる「王政復古」をするかが政治課題であったさい、西欧諸国に倣って女性の皇位継承可能性に途を開く意見が無かったわけではない。しかし、支配層の大勢は、男系男子の要件こそ「万世一系」の根本要素であり、これに変革を加えることは、天皇統治の正統性・正当性論議に困難を来すおそれがあると考えた。大きく伝統主義に傾いていた。この意見が旧典範作成過程で優位を占めたのは、驚くにあたらない。驚くべきはむしろ、現典範が「男系の男子」要件をほとんど難なく墨守し得たことである。明治期と異なって、敗戦後の憲法は男女同等原則を明示的に語り、女性解放イデオロギーは相当に高揚していた。それなのに、国民世論は「国体不変更」のクリシェ（大勢的な決まり文句）のもとで天皇制を受容したとき、男系主義・男子主義で張りめぐらした「万世一系」イデオロギーをも抵抗なく併呑した。

男系・男子主義の問題のひとつは、皇位継承者の払底という事態を招来しかねないことである。近世までの天皇家では、この事態に備えて、庶系容認という制度を採っていた。旧典範はこの制度を採った。そもそも、明治憲法の制定者であったところの明治天皇が庶系であった。のみならず、のちの大正天皇となる嘉仁《よしひと》親王も庶系である。旧典範は皇位継承順位において嫡出子を優位としたものの、庶子も後順位ながら有資格であったのだ。

男系主義・男子主義を採って「万世一系」をつらぬいた現典範は、しかしながら、庶子を容認せず、むしろ「伝統」に反して嫡出主義を選んだ。敗戦直後には皇族がたくさん居るから、男子継承者に欠けて困ることはあるまい、と観測されたのである。こうして「男だけの〝万世一系〟」がはじまった。

皇位のありように関して論議が分かれるもうひとつの争点がある。天皇の「生存退位」なるものを制度上認めるかいなかということをめぐってである。近世までの歴史においては、そんなに珍しい事象ではなかった。天皇家と仏教の関係あるいは結びつきが現代人の理解を超える程度に密接であり強いものであった時代には、退位して法皇の身分において安住するということは、ある意味で自然な道筋であったと言えよう。しかし、天皇を国家の機軸と位置づけ、その政治的・社会的な役割を現実的に荷うことを期待する側からみれば、途中下車の観がある「生存退位」は簡単に認めたくない。それに、天皇家と仏教寺院との連繫は、神社神道の国家宗教化を促進するうえで、よろしくない——そういう思惑がはたらいていたにちがいない。天皇の絶対主義化を確立するためには、現人神という観念があらためて重要視された。天皇は神祇と人間の両方に跨った位置にあって、人びとを神々と結びつける役割を果たすので、その地位は個人の意思を超えたところにある。退位の意向などあるべきはずはなく、制度上それを許容する余地は無いと考えられてきた。現典範第四条の「天皇が崩じたときは、皇嗣が、直ちに即位する」という規定は、旧典範第一〇条の同趣旨規定を引き継いだものであって、その意は、即位は「天皇が死去したときにのみ」生ずるということにある、と解されている。こうして現典範もまた、天皇の退位を認めない路線が踏襲されることになった。

「女性」天皇論をめぐって

現典範制定過程では、既述のように男系主義・男子主義のもとであっても皇位継承に困難を生ずることはないと観測されていたが、その後GHQ指示により天皇直近の皇族以外は皇籍離脱を余儀なくされたこともあり、かつ残存の直近皇族家のなかから、なぜか男児誕生をみることがなかった。とくに世紀の代り目に入りかけるころからは、皇太子（徳仁《なるひと》親王）夫妻の間にそもそも子の誕生が無いことから社会支配層の間に皇位継承に対する危機感が強まった。けれども二〇〇一年一二月、愛子内親王が誕生したのを機縁に皇室典範を改正して女系天皇を認めることへの途を探ることになった。こうして二〇〇五年一月、小泉純一郎首相は「皇室典範に関する有識者会議」を設けて、女系天皇を可能にする方向での法改正を検討させた。有識者会議は同年一一月、男系・男子主義は皇位継承にゆきづまりを生ずるおそれを内在しているから、これを補正するため女系天皇をも承認するよう法改正がなされるべきむねの報告書を提出した。

政府がこの方向に沿った法改正を試みる可能性が見えるようになってから、「万世一系——男系男子主義」の主義者らのあいだから異議申立ての声が沸き上がった。女系天皇承認ではなくて、庶系男子や養子の容認・皇籍離脱の皇籍復帰などの制度改革によりなんとしても「万世一系」型天皇制を断固維持するべきだと論じたのである。

参考文献

奥平康弘『「萬世一系」の研究——「皇室典範」なるものへの視座』（岩波書店、二〇〇五年）
園部逸夫『皇室法概論——皇室制度の法理と運用』（第一法規、二〇〇二年）

聖蹟と行幸
――行幸・行啓の政治学

小田部雄次

「旧多摩聖蹟記念館」

明治天皇以後の近代天皇に限らず、行幸《ぎょうこう》は古来からあった。行幸は天皇の外出、皇后、皇太子、皇族などは行啓《ぎょうけい》と称した。数ヵ所の行幸や行啓を、それぞれ巡幸、巡啓と呼ぶが、厳密に区別しないこともある。行啓や行幸があると、地元が主体となった記念碑や記念誌なども多く残されてきた。とくに天皇行幸の地は、聖蹟として特別視された。

東京都多摩市桜ヶ丘公園内にある「旧多摩聖蹟記念館」も、そうした聖蹟の一つであった。同所は、かつて明治天皇が兎狩りや鮎漁などの目的で四回ほど訪れた多摩連光寺《れんこうじ》であり、その際の「明治天皇御野立所」の碑なども残っている。政策としての史蹟保存は日露戦争後の地方改良運動から本格化し、大正後期には史蹟や聖蹟の保存が各地に広まったのだが、多摩でもこの明治天皇の御猟場を、観光資源として開発する計画が進んだ。そして大正天皇陵が多摩の浅川村に建設されて参拝客が増えたことに刺激され、さらに当時、民間活動に活路を求めていた元宮内大臣の田中光顕《みつあき》の奮闘によって、一九三〇年（昭和五）一一月に明治天皇の顕彰のための多摩聖蹟記念館が建てられ開館した。館は当時のモダン建築の一つで、多くの入場者を集めた。また、同地には、被差別部落民が居住することを知った明治天皇が、屈強の者もいるので「勢子《せこ》」（狩猟で獲物を駆りたてる人びと）に採用することを命じたという逸話が残っており、記念館と同年同月に建築された融和事業のための「兄弟荘」もあった。記念館開館の三年前に、昭和天皇に軍隊内の差別撤廃を直訴した水平社の北原泰作《たいさく》の動きなどもあり、当時、宮中でも融和問題に強い関心が払われていたのであった。

ちなみに、文部省は、一九三〇年代に史蹟に指定された聖蹟調査をし、図版入りの『歴代天皇聖蹟』や『明治天皇聖蹟』を刊行した。そこには、明治天皇聖蹟だけで東京の徳川家達公爵邸はじめ七八ヵ所が収められている。

明治天皇の行幸

ところで、寛永三年（一六二六）に後水尾《ごみずのお》天皇が二条城に行幸して以来、江戸時代の歴代天皇は二三七年もの間、御所を出たことがなかった。幕末の文久三年（一八六三）になって、孝明《こうめい》天皇が攘夷祈願のために賀茂社と石清水に二度行幸したが、その際も鳳輦《ほうれん》（輿）の中におり、その姿を人びとに見せることはなかった。さらに、御所内で公家や幕府要人と会うにも御簾《みす》を介しており、天皇が直視されることはなかった。

明治天皇もはじめは御簾の奥にいたが、慶応三年（一八六七）にはじめて御所の外に出て、藩兵の調練を閲したのであった。そして、慶応四年の東幸で、天皇は京都を発して東京（この年に江戸から改称）に向かった。沿道の老若男女が混じり合って車駕《しゃが》を拝観し、狼藉もなく、粛然として紀律があり、拍手《かしわで》をもって天皇を拝してその音はやまなかったと、『明治天皇紀』にある。通過予定地の駿府《すんぷ》（現静岡市）では、天皇を自由に礼拝してよいが、安倍川の河原ですることなどが命ぜられた。天皇が民情を視察したいと希望しているので、当日は農民、商人ともに仕事を休むなどもある。

その後、東京に遷都した明治天皇は、一八七二年（明治五）から一八八五年（明治一八）にかけて、全国各地を行幸し、旧藩主に代わる最高権力者としての存在を知らしめていったのである。明治天皇の行幸は一道三府三三県におよび、行幸の目的は主として「神祇」「孝道」「軍事」に関するものであり、具体的には、御陵、神社、県庁、裁判所、学校、軍事施設および演習地、勧業施設などを訪れた。その際に、地方の人びとへの下賜《かし》などもなされたのである。

ちなみに、一八九四年（明治二七）の日清戦争開始時には、明治天皇は大本営を広島に移し、自らも行幸した。この時、皇后美子《はるこ》も傷病兵慰問の名目で広島に行啓し、各病院を巡回している。皇后美子は、平時にも女学校や福祉施設のほか、軍事演習にも行啓しており、広範囲に各地を回り、女子の模範としてふるまった。

饒舌な皇太子

明治天皇の皇太子である嘉仁《よしひと》の場合は、幼少時から病弱で学習が遅れ、それを補う意味と健康回復のために、行啓を重ねた。地理歴史見学のための「微行《びこう》」ともいうべきもので、明治天皇の行幸とは性格を異にしていた。巡啓中、嘉仁は饒舌と奔放なふるまいで、多くの国民の心をひきつけた。とはいえ、急遽予定を変更したり、回答に窮するような問いを投げかけたり、一種、奇行といえなくもない言動もあり、側近や周囲を驚かすことも少なくはなかった。しかし、こうした皇太子の姿は、訪問地の人びとに親近感も与えた。

一九〇七年（明治四〇）には韓国に行啓し、当時一〇歳であった韓国皇太子の李垠《イウン》と親しく交遊した。この行啓に関して、『大韓毎日申報《りぎん》』などは、第二次、第三次日韓条約の不当性を隠蔽するものと批判した。皇太子行啓が伊藤博文らの韓国支配に政治利用されていることを鋭く指摘したのであった。

この間、皇太子妃節子は、皇后美子とともに女学校や福祉施設訪問などを重ねていた。

明治天皇が亡くなると、大正天皇は、明治天皇同様、陸軍大演習などの視察をこなすこととなるが、あまり積極的ではなかった。

裕仁の外遊と巡幸

皇太子裕仁《ひろひと》は、一九一五年（大正四）以後、地方見学を目的として、全国各地を回るようになった。一九二〇年（大正九）には、大正天皇に代わり陸軍特別大演習を統監した。裕仁は、寡黙で気持ちを口に出さない性格であり、大正天皇のように饒舌で意表をついた言動をとることはなかった。

一九二一年、皇太子裕仁は欧州に外遊する。将来の天皇たるべき皇太子の欧州外遊は例がなく、当時の国論を二分したが、この外遊は裕仁の人生最良の思い出となった。裕仁自身、戦後に、「この外遊で自由な生活を体験し、以来私の人間形成に大いに役立っている」と語ったほどである。

ところが、帰国後、裕仁は虎ノ門事件、桜田門事件と続けざまに命を狙われた。このため、天皇行幸の警備は厳重になり、警備する側は極度の緊張を強いられた。一九三四年（昭和九）一一月には、群馬県桐生市で、鹵簿《ろぼ》（行幸の行列）先駆車の運転手が極度の緊張の中、行程を間違えた事件が起きた。行幸後、先駆車の運転手は精神錯乱となり、群馬県警部の二人は自宅謹慎、その一人は日本刀で自殺をはかった。そして行幸後、全市民がお詫びの黙禱を捧げ、知事以下の関係者が懲戒処分となった。以後も、太平洋戦争の終結まで、天皇の行幸は厳戒態勢でなされ、参列の人びとも天皇を直視することは許されず、最敬礼で送迎するのが常態となった。

しかし、敗戦後の一九四六年（昭和二一）一月、天皇裕仁は人間宣言をし、親しみをもった「背広の紳士」として国民に接した。神奈川県行幸を皮切りに、一九五四年（昭和二九）八月の北海道巡幸まで、九年にわたり沖縄をのぞく全国一道二府四二県に足を運んだ。この時に天皇が発した「あっ、そう」は、「現人神《あらひとがみ》」「大元帥」から「人間」へと変貌した天皇裕仁を強くアピールした。

皇室外交

近代皇室の欧米外遊は日露戦後から盛んになされたが、いわゆる皇室外交というものは、一九六〇年（昭和三五）、皇太子明仁《あきひと》と皇太子妃美智子が、安保騒動で険悪化した日米関係改善のために訪米したことを先がけとする。米国では「庶民出身のプリンセス」である美智子妃の人気が高く、皇太子もヴァイニング夫人の薫陶を受けたことで米国の受けがよかった。この訪米の成功で、以後の皇太子夫妻の国際親善活動にはずみがついたのである。この後、明仁の外遊は、皇太子時代に二二回四二ヵ国、天皇となってからも二〇〇二年（平成一四）までに一〇回、二〇ヵ国に及ぶ。これらの訪問のほとんどに美智子妃（皇后）が同伴し、「お二人の名外交官ぶり」とまで評された。

しかしながら、皇室外交は、皇太子徳仁《なるひと》と結婚した雅子妃の大きな障害となった。雅子妃は父と同じく外交官となり、こうした経歴から次代の皇室外交の担い手として期待する声もあった。ところが、雅子妃は、「お世継ぎ」問題などの心労も重なり、「適応障害」と診断され、その治療すらままならない状態に置かれてしまった。また、憲法上も皇室の政治活動は許容されがたく、今後の皇室外交のあり方が問われている。

参考文献

草地貞吾『多摩の聖蹟』（財団法人多摩聖蹟記念会、一九八一年）
佐々木克『幕末の天皇・明治の天皇』（講談社学術文庫、二〇〇五年）
多摩市史編集委員会『多摩市史』（多摩市、一九九九年）
原武史『大正天皇』（朝日選書、二〇〇〇年）

恩賜公園——柔らかな天皇制と国民統合

小田部雄次

「恩賜の煙草」など

恩賜《おんし》とは「天皇や主君から賜る」の意味であり、戦前日本の場合、帝国大学や陸海軍関係学校の最優秀卒業生に天皇から与えられた「恩賜の金時計（銀時計）」「恩賜の軍刀」や、兵士などに与えられた「恩賜の煙草」などが、よく知られる。「恩賜の煙草」は、戦後も天皇皇后の地方訪問の際に尽力した関係者や、皇居の清掃奉仕の人びとなどに感謝の品として配布してきたが、晩餐会などに供される接客用煙草を残し、二〇〇六年（平成一八）度末で廃止することになった。なお、大正天皇と貞明皇后が愛煙家であったことは知られるが、昭和天皇は喫煙の習慣はなく、戦後にマッカーサーとはじめて会ったときに勧められた煙草を手にしたのが唯一と伝えられる。

一九一一年（明治四四）に設立された恩賜財団済生会《さいせいかい》も有名である。済生会は、医療を受けることができないで困っている人びとに施薬救療をするようにとの趣旨の「済生勅語」を、明治天皇が発し、一五〇万円の基金を下賜したことに起源がある。一九二三年（大正一二）の関東大震災のような天変地異の際には、天皇や皇太子からの下賜金による救護事業を行ったりした。その他、一九三三年（昭和八）の三陸沿岸大海嘯《かいしょう》（潮津波）の救護や慰問もした。

このように天皇はその資産の一部を下賜したりしながら、国民との結びつきを強め、他方、国民はこうした恩賜の品々によって、天皇や皇室への親近感を高めたのであった。戦後になっても、各種スポーツなどの天皇杯、秩父宮杯などがあり、同様の機能を果たしている。

恩賜公園も、天皇から下賜されたものであり、現在も、多くの人びとの共有財産として活用されているものが少なくない。恩賜公園として有名なものとしては、東京では、上野公園、芝離宮公園、浜離宮公園、井の頭公園、猿江公園などがあり、そのほかの地域でも、箱根の箱根離宮公園、神戸の須磨離宮公園などがある。

恩賜上野公園

恩賜上野公園の歴史は、徳川幕府時代に三代将軍家光《いえみつ》が江戸の北東にあたる丑寅《うしとら》の鬼門を封じるために寛永寺《かんえいじ》を建てたことにはじまる。幕末維新の戊辰戦争では新政府軍と幕府側の彰義隊《しょうぎたい》とが戦い、焼け野原となった場所でもある。現在の上野公園のほぼ全域が寛永寺の旧境内であった。最盛期にはその二倍の面積の寺地があったといわれ、現在の東京国立博物館は寛永寺本坊《ほんぼう》跡、博物館南側の大噴水広場は根本中堂《こんぽんちゅうどう》跡であった。

維新後、寛永寺周辺は、軍用地や病院建設予定地などの案が出たが、一八七三年（明治六）に太政官達により日本第一号の公園に指定された。一八七六年（明治九）に内務省博物局の所管となり、博物館や動物園が設置された。動物園の開園は、一八八二年（明治一五）であり、明治天皇が臨幸（外出してその場に臨む）し、一般の観覧も許された。そして、一八八六年（明治一九）に宮内省の管轄下に置かれ、動物園の飼育動物数や入園者も増加した。一九二四年（大正一三）一月一日に、皇太子裕仁《ひろひと》と久邇宮良子《くにのみやながこ》の結婚記念として、上野公園と動物園が東京市に下賜され、現在に至る。

離　宮

天皇家の別荘を一般に離宮あるいは御用邸と呼ぶ。離宮は一定規模の敷地や建物を備えており、御用邸は離宮より小規模である。現在、離宮は京都に桂離宮《かつらりきゅう》や修学院《しゅうがくいん》離宮《りきゅう》などがあり、国が所有する皇室用財産として宮内庁が管理している。御用邸は栃木県の那須《なす》御用邸、神奈川県の葉山《はやま》御用邸、静岡県下田市の須崎《すざき》御用邸の三ヵ所がある。

そのほかのかつての離宮や御用邸は下賜されたりして、公園などとなっている。たとえば、離宮では、現在は迎賓館となった赤坂離宮、国会前庭南地区にあった和風を基調とした回遊式庭園となっている霞ヶ関離宮、名古屋城を離宮とした名古屋離宮、京都の二条城離宮などがあり、恩賜公園となったものでは、芝離宮、浜離宮、箱根離宮、武庫離宮がある。

芝離宮は、もともとは貞享三年（一六八六）に老中大久保忠朝が作庭した「楽寿園」であり、干満によって景色が変化する回遊式庭園であった。その後、所有者を変え、幕末には紀州徳川家の芝屋敷となった。一八七一年(明治四)には有栖川《ありすがわ》宮家の所有となり、一八七五年(明治八)に宮内省が購入して「芝離宮」としたのであった。芝離宮は園内に洋館を新設して迎賓館としての機能を持たせて外交の舞台ともなったが、一九二三年(大正一二)の関東大震災で焼失し、翌年、皇太子裕仁の結婚記念として東京市に下賜され、一般に公開された。

浜離宮は、江戸時代には葦原で、将軍家の鷹狩場であった。のちに四代将軍家綱《いえつな》の弟綱重《つなしげ》が海を埋め立てて「甲府浜屋敷」を建て、綱重の子である六代将軍家宣《いえのぶ》以後は、「浜御殿」と称され歴代将軍家の別邸となった。幕末には外国人接待所として石造洋館の延遼館《えんりょうかん》が建設され、明治維新後も鹿鳴館完成までの迎賓館として機能した。ただし、維新後には宮内省管轄となり、「浜離宮」と呼ばれるようになった。のち、延遼館は取り壊され(一八八九年)、関東大震災や戦災で、建造物や樹木が損傷した。一九四五年(昭和二〇)一一月三日、連合国総司令部(GHQ)の指令により東京都に下賜され、一九五二年(昭和二七)に文化財保護法に基づき、旧浜離宮庭園として特別史蹟・特別名勝に指定された。

箱根離宮は、一八八六年(明治一九)、「塔ヶ島」と呼ばれる芦ノ湖に突出した半島に皇族の避暑と外国賓客の接待のために宮内省により造営された。二階建ての洋館と日本館を中心にした離宮であったが、関東大震災と一九三〇年(昭和五)の北伊豆地震で倒壊した。その後、再建されないまま、戦後の一九四六年(昭和二一)に離宮跡地は神奈川県に下賜され、「恩賜箱根公園」となった。

武庫離宮は、もともとは西本願寺の大谷家別荘であり、在原行平が須磨に隠棲していた時に月を観賞したとされる高台に建てられた総檜造りの宮殿であった。明治天皇の神戸沖での観艦式の折りの宿泊所の必要性から一九一二年(明治四五)に着工され、一九一四年(大正三)に竣工したものである。陸軍特別大演習などでは大本営としても利用された。一九二二年(大正一一)に貞明皇后が、大正天皇の病気全快祈願と皇太子裕仁渡欧平癒祈願のために九州行啓をした際に立ち寄ったこともあった。一九四五年(昭和二〇)戦災で焼失し、宮内省から神戸市に御料地が下賜され、GHQの射撃演習場として接収された。一九五六年(昭和三一)に神戸市に返還され、一九五八年（昭和三三）の皇太子明仁結婚記念事業として公園造成に着手し、一九六七年（昭和四二）、欧風庭園「須磨離宮公園」として開園した。

御用邸など

なお、かつての御用邸で、現在、記念公園や施設の一部として残っているものは、以下の通りである（括弧内は現在の情況）。神戸御用邸（ハーバーランドの一部）、熱海御用邸、伊香保御用邸（群馬大学伊香保研修所）、日光の山内御用邸、沼津御用邸（沼津御用邸記念公園）、箱根の宮ノ下御用邸（富士屋ホテル別館菊華荘）、田母沢御用邸（日光田母沢御用邸記念公園）、鎌倉御用邸（御成小学校、鎌倉市役所）、静岡御用邸（静岡市役所所在地）、小田原御用邸（小田原城内）、塩原御用邸（天皇の間記念公園）。これらのうち、沼津と田母沢の旧御用邸内は公開されており、畳の間に絨毯を敷いて、洋風の家具や電灯などを配した独特の生活様式もうかがえるし、かつての間取りなどの一部を今に伝えている。たとえば、沼津には改築されたものではあるが女官部屋や玉突所があるし、田母沢には「御《お》東《とう》（大便）」検査のための引出付きトイレがある。なお、記念公園となった沼津邸内には、昭和天皇が幼少時に書いた軍艦の絵や、遊んだ三輪自転車なども残されている。ほかに、離宮や御用邸ではないが、帝室御料地や貯木場が下賜されて恩賜公園となったものに、井の頭恩賜公園と猿江恩賜公園がある。井の頭公園一帯は、江戸時代には神田上水が引かれたり、歴代将軍が鷹狩りを楽しんだ場所であり、幕府御用林として保護されてきた。明治維新後、東京府が買収し、のち宮内省所管の帝室御料地となり、一九一三年（大正二）に東京市に下賜され、一九一七年（大正六）に恩賜公園として一般公開された。

猿江恩賜公園は、江戸時代には幕府の貯木場であった。「御材木蔵」と呼ばれ、材木を水に浮かべて貯めておいたのである。維新後、皇室の貯木場となり、一九二四年（大正一三）に敷地の一部が東京市に払い下げられ、一九三二年（昭和七）に猿江恩賜公園となった。

参考文献

恩賜上野動物園編『恩賜上野動物園　創立七〇周年記念小史』（東京都、一九五二年）
済生会編『恩賜財団、済生会志』（恩賜財団済生会、一九三七年）
日本専売公社東京工場工場史編集委員会『たばこと共に七十余年』（日本専売公社東京工場、一九八二年）

創られた「天皇陵」——新しい伝統の創造

外池 昇

「天皇陵」の問題点

ともするとこの国の古代史を語る文化財とみられがちな「天皇陵」であるが、今日みられる「天皇陵」の姿は決して古代の姿をそのまま伝えているのではない。幕末～明治維新以降新に創り上げられた姿である。さらにいえば、どれが何天皇陵かといういわゆる「天皇陵」の被葬者の比定も、最終的にはこの時期になされたのであって古代から連綿と被葬者の名が伝えられてきたのでもなければ、最新の古代史・考古学の研究成果が反映されてのことでもない。また、三―七世紀は一般に古墳時代とされこの国の国家形成期にあたる。しかし多くの古墳のうち主要なもの、なかでも巨大前方後円墳とされるもののほとんどが今日宮内庁によって「天皇陵」として管理され、その管理が十全であるという宮内庁自身の認識のもとに「文化財保護法」に基づく史跡指定を受けておらず、また、天皇による祭祀の対象であるとして宮内庁は「天皇陵」とされている古墳を基本的には学術調査の対象として位置付けていない。なぜこのようないびつなことになったのか。

文久の修陵

巨大古墳に改変の手が加えられその姿が改変されるに至った端緒は幕末期に求められる。文久二年（一八六二）閏八月に宇都宮藩主戸田忠恕《ただゆき》が提出した「山陵修補の建白」を幕府が認め、筆頭家老間瀬《まなせ》和三郎は戸田忠至《ただゆき》と姓名を改め同年一〇月に藩士を従え京に着き一一月から一二月にかけて「天皇陵」研究家谷森善臣《よしおみ》・北浦定政《きたうらさだまさ》等と共に畿内の「天皇陵」を見分した。これにはじまる一連の動向を文久の修陵という。要点は概ね次のとおりである。

①他の「天皇陵」に先駆けて神武《じんむ》天皇陵が決定された。

それには谷森のミサンザイ（神武田）説と北浦の丸山説が対立したが、孝明《こうめい》天皇が文久三年（一八六三）二月に谷森説を採ることによって解決された。神武天皇陵の修補には巨額の費用がかけられ初代天皇の陵として相応しい外形が整えられた。

②「天皇陵」の決定は谷森や北浦のような研究家の説によったもので、決して「天皇陵」の被葬者が自明であったのではない。

③「天皇陵」の創出は、古墳の外形を大きく損ねるものであった。例えば雄略《ゆうりゃく》天皇陵（島泉丸山古墳〈円墳〉・平塚古墳〈方墳〉、大阪府羽曳野《はびきの》市）は、雄略天皇の頃の「天皇陵」は前方後円墳との認識のもとに最終的には円墳と方墳を合体させて前方後円墳として完成された。

④「天皇陵」には例外なく拝所《はいしょ》が設けられ、祭祀の対象としての聖域であることが明らかにされ、勅使の奉幣もなされた。

⑤それまで巨大古墳の墳丘・周濠は周辺の農村によって入会林・田畑として利用されていたが文久の修陵の後は固く禁じられるに至り、周濠が田畑であった場合には田畑が廃され周濠が復活された。

⑥決定・修補の対象となったのは基本的に「天皇陵」に限られ、皇后陵、皇子墓・皇女墓等については対象外であり、「天皇陵」にも不明陵が残された。

さて神武天皇陵（奈良県橿原《かしはら》市）は文久の修陵の後も拡張・整備が繰り返された。そのため被差別部落洞《ほら》村が移転させられたことはしばしば指摘されるが、移転を余儀なくされたのは洞村に限らない。一八九〇年（明治二三）には神武天皇陵に隣接して祭神を神武天皇と皇后媛《ひめ》踏鞴《たたら》五十鈴《いすず》媛《ひめ》命とする橿原神宮が創建され、紀元二六〇〇年（一九四〇〈昭和一五〉）には社殿・神苑が改築・整備された。このようにして、神武天皇陵・畝傍《うねび》山・橿原神宮を中心とする一帯はますます「聖蹟」としての体裁を整えることになった。

今日見ることができる神武天皇陵はこのような歴史的経緯を経た後の姿であり、文久の修陵の際に創り出された姿ですらない。他の「天皇陵」、あるいは陵墓一般（天皇・皇后等の墓所を「陵」、皇族の墓所を「墓」といい、総じて「陵墓」という）にあっても、程度の差こそあれ次第に聖域としての価値を高めていくというプロセスは同様である。

「天皇陵」の祭祀

さて次には祭祀の問題である。文久の修陵に際して「天皇陵」に拝所が設けられたからといって、直ちに陵墓が恒常的な祭祀の対象となったのではない。「天皇陵」が天皇による祭祀の体系に組み込まれたのは、一八七〇年（明治三）二月「聖忌御祭典《せいきごさいてん》につき諸陵寮《しょりょうりょう》建言」（『公文録』（独立行政法人国立公文書館所蔵））が、歴代天皇の「聖忌御祭典」、つまりすでに亡くなった天皇への祭祀に際して御所や神祇官から遥拝するのではなく「天皇陵」で行うべきことを述べて以降である。

ここで近世における天皇による祖先祭祀の詳細を述べる余裕はないが、基本的には対象となる天皇の陵が営まれあるいはゆかりのある寺院でなされていたとみてよい。その後一時期御所や大内裏の神祇官からの遥拝に改められていたものが、「天皇陵」の現地で祭祀がなされるべきことがこの「建言」で主張されたのである。

一八七〇年一一月「御追祭定則《ごついさいていそく》」（『公文録』（同））は天皇による祖先祭祀を「御追祭」として規定し、毎年亡くなった日に行う「御正辰御追祭《ごしょうしんごついさい》」、春と秋に行う「春《しゅん》秋御追祭《じゅうごついさい》」、定められた年ごとに行う「式年御追祭《しきねんごついさい》」を定めた。また一八七一年（明治四）二月「太政官達」は、祭祀の対象であるべき后妃・皇子・皇女の陵墓に不明のものが多いとして沖縄県を除く全国に陵墓の調査を命じた。この結果多くの皇子墓・皇女墓等が決定されたが、それでもなお多くの不明陵墓が残された。

このように天皇による陵墓祭祀の体系は次第に整備され、途中、一八七八年（明治一一）六月に綏靖《すいぜい》天皇以下後桜町《ごさくらまち》天皇まで、つまり初代神武天皇と時の明治天皇の五代前の天皇までを除く天皇の正辰祭と式年祭が廃止されたこともあった（太政官『単行書・行政決裁録九、明治一一年五―六月』「綏靖天皇以下後桜町院天皇迄御歴代御式年正辰祭共被廃更ニ春秋二季祭ヲ被置候儀」（国立公文書館所蔵））ものの、一九〇八年（明治四一）九月「皇室祭祀令《こうしつさいしれい》」によって法的な根拠も与えられたのである。

ここで「皇室祭祀令」にみえる陵墓にかかわる祭祀についてまとめると、毎年亡くなった日の「先帝祭」（大祭）、「先帝以前三代ノ例祭」・「先后ノ例祭」（小祭）、春分日・秋分日の「春季皇霊祭《しゅんきこうれいさい》」・「秋季《しゅうき》皇霊祭」（小祭）、定められた年の「先帝以前三代ノ式年祭」・「先后ノ式年祭」・「皇妣《こうひ》（天皇の母）タル皇后ノ式年祭」（大祭）、「綏靖天皇以下先帝以前四代ニ至ル歴代天皇ノ式年祭」（小祭）となる。大祭とは天皇が皇族・官僚を率いて自ら行う祭祀、小祭とは天皇が皇族・官僚を率いるが掌典長が行う祭祀である。これらについて「皇室祭祀令」は宮中三殿の皇霊殿《こうれいでん》での祭祀を規定しているのであって陵墓での祭祀を規定している訳ではないが、事実上陵墓はここに天皇による祭祀の対象、つまり聖域としての地位を確立したのである。

「皇室祭祀令」は「日本国憲法」施行前日の一九四七年（昭和二二）五月二日に廃止されたが、その後も天皇による祭祀は「日本国憲法」の趣旨に沿って私的行事としてそれ以前とほぼ変わらない形で継続された。そのことの根拠は、同年五月三日の宮内府長官官房文書課長高尾亮一から各部局に宛てられた「通牒」が「皇室及び附属法令は、五月二日限り、廃止せられたることになったについては、事務は、概ね、左記により、取り扱うことになったから、命によって通牒する」とし、「皇室祭祀令」がその第三項に「従前の規定が廃止となり、新らしい規定ができていないものは、従前の例に準じて、事務を処理すること」とあるのに該当することによるとされる。

今日みられる陵墓の姿は文久の修陵あるいは明治期以降に新たに創り出されたものであり、それを対象としてなされる天皇による祭祀も、今日みられるあり方としてはその淵源を明治初年以前に遡り得るものではない。「天皇陵」とされる古墳を基本的には学術調査の対象として位置付けないのは天皇による祭祀の対象であるからというのが宮内庁の見解であるが、その祭祀の歴史的経緯はこのとおりである。そして祭祀の対象であるがゆえに、宮内庁の側によって一旦固定されるに至った被葬者は変更されるべくもないのである。この矛盾の解決のための糸口は、現在のところ全く見出せていない。

参考文献

高木博志『近代天皇制と古都』（岩波書店、二〇〇六年）
外池昇『天皇陵の近代史』（吉川弘文館、二〇〇〇年）
外池昇『文久山陵図』（新人物往来社、二〇〇五年）
外池昇「近代における陵墓の決定・祭祀・管理——式年祭の変遷」（『歴史評論』六七三号、二〇〇六年）
外池昇『天皇陵論——聖域か文化財か』（新人物往来社、二〇〇七年）

教育勅語——強制された国民道徳

岩本　努

教育勅語の由来

教育勅語は公式には「教育ニ関スル勅語」。一八九〇年（明治二三）一〇月三〇日に明治天皇の名前で渙発された。制定の動きは明治一〇年代からある。一八七九年に天皇の侍講・元田永孚《ながざね》が起草した「教学大旨」は、文明開化の「流弊」として仁義忠孝、君臣父子の大義の大切さを忘れていくことをあげていた。文部省が小学校で外国史を教えなくしたのは八一年。外国史ではフランス革命や、アメリカ独立革命などを教えないわけにはいかず、これは危険なことだと察知したからである。

この懸念は民権運動が活発になってくるとさらに増幅した。八四年頃、各地を視察した役人や、県令たちの報告は子どもたちが西洋かぶれをしていることを慨嘆している。その頃ボアソナードを中心として民法典も編纂中であった。その民法では妻が夫を訴えたり、子が父を訴えることができるらしい。県令たちは驚いて司法大臣に質すと、欧米風の民法でないと条約改正問題で各国が承知しないとのこと。それならば仕方がない「この上は教育の方面でよく始末をつけねばならぬ」と県令たちがやっきの運動を開始したのが八八年だという。

教育勅語制定の直接の動きは一八九〇年二月、東京で開かれた地方官（知事）会議で出てくる。知事一同は、最終日に榎本武揚《えのもとたけあき》文相と面談、「徳育涵養ノ義ニ付建議」を手渡し、山県有朋総理にも届けた。山県は知事たちの声にすぐに反応した。天皇も榎本に「徳育の基礎となるべき箴言」を編纂するように命じたという。ところが「教育より理化学方面に関心が強かった」榎本ではらちがあかなかった。同年五月、内閣改造にあたり、山県は榎本を更迭し、腹心の芳川顕正を文相にすえた。芳川は山県が内務大臣（第一次伊藤博文内閣以来）時代の内務次官であり、山県の娘婿。山県は八二年に軍人勅諭をつくったが、教育にも同様なものがほしいと考えていた。
芳川は中村正直（帝国大学文科大学教授）に草案の起草を委嘱した。出来上がった中村草案を山県も見て、井上毅（法制局長官）に意見を求めた。井上は中村草案を読んで「王言の体《てい》」になっていないと一蹴した。井上は近代社会では君主といえども臣民の心の自由には干渉できないと考えていたが、天皇の意向を背景とした山県・芳川の懇請を断ることもできず、しぶしぶ自らも草案を認めた。以後、天皇と意志疎通ができる立場の元田の協力を得て井上は教育勅語作成に深くかかわっていくことになった。このように井上―元田―山県のグループが中心となり、主要な草案は天皇に上奏して意見を求め、何度かの修正・推敲を経てできあがったのが教育勅語である。

教育勅語の内容

教育勅語の内容は三段に分かれている。前段では皇室の祖先が昔から徳をもって国を治め、臣民が変ることない忠誠心でそれにこたえてきた、これが「国体の精華」で、「教育ノ淵源」がここにある。中段では「父母ニ孝ニ、兄弟ニ友ニ」以下、夫婦、友人、恭倹、博愛、修学、習業、知能啓発、徳器成就など一四の徳目を連ね、それらを「一旦緩急アレハ義勇公ニ奉シ　以テ天壌無窮ノ皇運ヲ扶翼スヘシ」で収斂させている。後段では中段の教えは皇室の先祖の遺訓であり、古今東西どこでも通用し、天皇と臣民がともに遵守すべきものだと説く。

このように、教育勅語は天皇制国家の教育のあり方を天皇のことばとしてのべたもので、皇帝が民を教導するという儒教的色彩は明らかである。教育勅語には国務大臣の副署がない。帝国憲法（五五条）違反の詔勅となるが、教育勅語から政治臭をとるための井上の考えからきていた。しかし、そのことはかえって教育勅語に超法規的性格をもたせることになり、発布の翌年九一年一一月の文部省令「小学校教則大綱」（第二条）に「修身ハ教育ニ関スル勅語ノ旨趣ニ基キ」と規定されたように、省令が法規以上の拘束力をもつということにもなった。

普及の方途

勅語発布の翌日、芳川文相は勅語謄本を全国の学校に配布し、学校では式日を設け常に勅語を読むべしと訓示した。勅語普及の施策は基本的にはこの訓示にそって実施されていった。謄本は九〇年末から交付がはじまり九一年二月頃には全国二万五千余の学校にほぼいきわたった。そして、文部省は九一年六月「小学校祝日大祭日儀式規程」を制定、九三年には儀式用唱歌も告示した。その頃から配布されるようになった御真影も活用して、儀式は御真影に最敬礼、両陛下万歳奉祝、勅語朗読、校長訓話、君が代、儀式用唱歌斉唱という内容で挙行された。勅語の内容は難解であり、校長の訓話も子どもにとっては興味をひくものではなかったであろう。しかし、白手袋に威儀を正し、うやうやしく奉読する校長の姿を見、自分たちもくりかえす「気を付け」、「礼」の動作をとおして、子どもたちは天皇への崇敬の念を培った。また、儀式には父母や地域住民も参加させたから、儀式の効果は一般住民にまで広がることになった。

学科のなかで教育勅語を教えたのは修身。一九〇四年からはじまる国定教科書時代には四年（当時の義務教育最終学年）の修身は末尾に教育勅語を掲載。一〇年からの第二期国定教科書以降では（〇八年から義務教育は六年制となった）敗戦にいたるまで四学年以上の修身教科書の冒頭に載るようになり、日露戦争前後から小学校では教育勅語の暗記・暗写がはじまった。

保管の厳重化

九一年一一月、文部省は御真影と教育勅語謄本は「最モ尊重ニ奉置セシムヘシ」という訓令を出した。教員の宿直が普及するのもこのころからである。この訓令を護るため天変地異で殉職する教員も現出することになる。

交付された当初、保管場所は宿直室の押入れや職員室の棚などの簡便な奉置所であったが、殉職者が出るに及び、一九二〇年代から次第に校舎とは別棟とし、土蔵、石造り、耐震・耐火の鉄筋コンクリート製の奉安殿となっていった。そこは次第に聖域となり、生徒の登下校時の拝礼、掃除当番は高学年の「優等生」とするなどして、「皇恩」への感謝を表す機会と場所は拡がっていった。

戦時中には、「御真影、勅語謄本ノ奉護」は「学生生徒及児童ノ保護」より優先され（文部省「学校防空指針」一九四三年）、疎開させたところもある。奉護義務により、敗戦までに二十数名の教職員が殉職し、奉護できずに処分をうけた学校関係者は枚挙にいとまがない。

教育勅語等の廃止

四五年八月の敗戦後、政府・文部省は御真影の回収を急いだ。総司令部の口出しの前に処理し、天皇の権威失墜を防ぎたかったからである。いっぽう教育勅語の処理は遅れた。GHQが四五年中に出した教育の民主化に関する四つの指令に教育勅語に関しては直接の言及がなかったためか、四六年二月、文部省で開かれた全国教学課長会議で田中耕太郎学校教育局長は「教育勅語は吾国の醇風美俗と世界人類の道徳的な核心に合致する」と述べていた（「朝日新聞」一九四六年二月二一日）。また、同年三月に来日した米国教育使節団に協力するためにつくられた日本側の教育家委員会が文部省に出した意見書でも「教育勅語は天地の公道を示されしものとして決して謬りにはあらざる」と肯定していた。しかし、民心は動いていた。田中局長発言に対して、評論家の本田喜代治は「教育勅語にのっとって自発的かつ自由に考へた教職員が一人でもあったかどうか。」と言い、長野県の前国民学校長・三沢隆茂は（教育勅語は）「教師生徒の自主性をうばひ、教育勅語順応で万事事足れりとする盲目服従の習性をまねいた」と批判した（「朝日新聞」一九四六年三月四日付「投書」）。

こうした世論の動向をみて、教育刷新委員会（日本教育家委員会の後を受けて四六年八月に設置された内閣総理大臣直属の機関）では教育勅語を否定する意見が強まった。新憲法下の国会でも教育勅語の廃止には根強い抵抗があったが、羽仁五郎（参議院議員）の「それが完全な真理であっても専制君主の命令で国民に強制したところに間違いがある」という発言が説得力をもった。四八年五月〜六月、衆院文教委員会で約一〇回、参院文教委員会でも四回の会議を経て、同年六月一九日、「教育勅語等排除に関する決議」（衆議院）、「教育勅語等の失効確認に関する決議」（参議院）を満場一致で議決。この議決を受けて、文部省は六月二五日、各学校の教育勅語謄本などの返還を求める通牒を出し、回収した。こうして敗戦から約三年、発布から五八年で教育勅語は公の場から姿を消した。

参考文献

佐藤秀夫「御真影と教育勅語」（『続現代史資料』8・9・10、みすず書房、一九九四—九六年）
岩本努『「御真影」に殉じた教師たち』（大月書店、一九八九年）
岩本努『教育勅語の研究』（民衆社、二〇〇一年）

不敬罪
——思想信条の自由に対する弾圧法規

奥平　康弘

不敬罪とは

天皇・皇族および神宮・皇陵などの尊厳をけがす行為いっさいを戦前日本では不敬と称し、それを刑法によって処罰するものとした。不敬罪は、天皇制を維持するためのイデオロギー犯のひとつとして、格別に重要な役割を果たした。現行刑法（一九〇七年〔明治四〇〕法四五号）には、「第二編罪／第一章　皇室ニ対スル罪」のなかの第七四条および第七六条の二ヵ条にその定めがあったが、戦後（一九四七年）の刑法改正（昭和二二法一二四号）によりこの第一章そのものが削除され、不敬罪規定も消滅した。

「不敬ノ行為」とは、学説上「尊厳をおかす一切の行為を指し、名誉棄損、侮辱、悪口、あしざまなそしり、その他軽蔑の意味を有する言語形容書画等をすべて包含する」と解されていた（泉二新熊参照）。すなわち文字、映像、音声その他表現媒体のいかんを問わず、天皇等の尊厳をきずつけたメッセージを禁止するのが眼目とされた。こうしたメッセージを外部社会に表出することを要件とするのではなく、個人用メモ、日記類に記録するような個人の内面的な行為にとどまっているものであっても——たまたま官憲によって認識されたならば——当然処罰の対象となると通説は解した。要するに天皇等の身体生命に対して危害を加える物理的な行為を大逆罪《たいぎゃくざい》として厳罰に処するものとし（天皇から皇太孫にいたる直系への加害行為には選択の余地なく死刑〈七三条〉、その他皇族への加害に対しては死刑または無期懲役〈第七五条〉）、メッセージの作成伝達などで天皇等の権威を冒瀆する精神的・抽象的な行為には不敬罪で対処するという構えになっていた。

近世までの日本にあっては、「皇室ニ対スル罪」のような範疇の特別犯罪は存在しなかった。明確に意図して天皇を国家の機軸とする独特な統治支配体制を構築することを目指した明治初期政権のもとにおいて、大逆罪・不敬罪が設けられたのである。

　不敬罪を国法上最初に登場させたのは、讒謗律《ざんぼうりつ》（一八七五年（明治八）六・二八太政官布告一一〇号）である。讒謗律は名誉毀損刑罰法であって、天皇（乗輿）に対して犯す者には「禁獄三月以上三年以下罰金五十円以上千円以下」が科せられ（第二条）、皇族に犯す者には「禁獄十五日以上二年半以下罰金十五円以上七百円以下」が科せられる定めになっていた（第三条）。

　整備された刑法典のなかで不敬罪が現われたのは、一八八〇年（明治一三）の、いわゆる旧刑法（一八八〇年布告三六）においてであって、これが概して、一九〇七年制定の、現行刑法へとつながっていくのである。ただし、「神宮又ハ皇陵ニ対シ不敬」が付け加わるのは（第七四条第二項）、一九〇七年刑法においてである。その後の歴史からみて、「神宮」（天皇制の神話的要素）が付加された意義は小さくない。

　刑法上の不敬罪と密接な関連を持つ取締り法規として新聞紙法（一九〇九年（明治四二）法四一号）四二条と、同趣規定として出版法二六条（一九三四年（昭和九）法四七による改正）がある。これらは、定期刊行物・出版物による不敬罪の定めである。多くの起訴事件は刑法上の不敬罪と新聞紙法および、もしくは出版法上の皇室尊厳冒瀆罪のダブル適用の形をとった。

　さらに、この法領域では、いわゆる十五年戦争期になると、宗教集団に対する治安維持法（一九二五年（大正一四）四六号。およびその全面改正法一九四一年（昭和一六）法五四号）の適用が加わり、重複はトリプルになる。

不敬罪の適用のかずかず

　讒謗律は言論弾圧法として悪名高い。しかし、そのわりに第二条の不敬罪規定の存在意義は低い。いまは断言し兼ねるが、明確に天皇不敬を謳って本条文で裁判になった例は、少なくても歴史的に意義あるものとしては無いようである。それは、天皇を統治権総攬《そうらん》者と位置づけ格別に特権的な制度として確立させることになる明治憲法以前のことがらに属するからである。

　実は法としての不敬罪適用がともかくも真正面から問われた最初の事例は、一九二一年（大正一〇）二月のいわゆる第一次大本教教団起訴事件である。教団主宰の出《で》口《ぐち》王《お》仁《に》三郎《さぶろう》と浅野和三郎および教団機関紙「神霊界」発行責任者吉田祐定が不敬罪（および新聞紙法違反罪）で起訴された。第一審・京都地裁、第二審・大阪高裁ともども、被告人全員の有罪を認定し、それぞれにおなじ量刑を（王仁三郎に懲役五年、浅野に懲役一〇月）科した。

被告の抗弁のように、「神懸り（神憑り）」にほかならない民衆宗教を、国家が不敬罪と裁くのはお門違いであった。一九二五年七月、大審院は主犯人の精神鑑定など事実審理をおこなうむねの決定をした。

内務省・司法省など権力機構は、この時期に特有な社会変化に応じて異常に隆盛しはじめてきた新興宗教運動に対して、不敬罪という武器を用いて、頓挫せしめようとした。こうした形の権力行使への当局の衝動に対して、大審院は「事実審理」決定で、一応「待った」をかけたのは、歴史の一齣として興味深いものを感ずる。その後、大審院の審理が終わらないうち、一九二七年五月、大赦令（一九二七年勅一一号）により、刑法七四条事件関係者はおしなべて免訴となる。そして、内務・司法当局は一九二八年四月、天理研究会に対して不敬罪をふたたび適用することを企てた。やがて十五年戦争期において、不敬罪事件が多発する時代を招来することになる。

ここではしかし、不敬罪という法的サンクションが問題になるのとは別に、「不敬」というコンセプトが社会文化的な意味合いにおいて、すなわち法制度を媒介とすることとは別建てで、その後の日本社会に決定的な意味を持ったふたつの著名事件に一言しておきたい。いずれも、明治憲法の公布および教育勅語の発布という天皇制確立にとって画期をなす出来事があった、その直後の「不敬」騒動である。

ひとつは内村鑑三《うちむらかんぞう》教育勅語不敬事件（一八九一年）であり、もうひとつは久米邦武《くめくにたけ》著作物不敬事件（一八九二年）である。前者では勅語奉戴式にふさわしい敬礼をしなかった不礼が、後者では学術論文「神道は祭天の古俗」が公認の天皇の歴史的性格に疑義をさしはさんだとして、論議の的になった。いずれも職を去ることで一件落着となった。第一事件はキリスト教のみならず思想・信条の自由のありように、第二事件では諸学校における歴史教育や「国史」研究の自由のありかたに対して、決定的な影響を与えた。

戦争期前後における不敬罪の乱発

大本教教団への不敬罪摘発事件は、社会的な事件として甚大なパンチ力を持ったが、刑事事件としての結末は未完であった。内務・司法官憲が自らの権力発動の適法性を確認し、その将来の有用性を確保するために、もうひとつ別の類似宗教組織・天理研究会をターゲットとして引き起したのが、一九二八年四月全国的規模で展開する天理研究会不敬罪事件であった。起訴人員一八〇名(起訴猶予人員二八七名)にのぼる大検挙は、ほぼおなじ時期に観覧の用に供せられる、三・一五および四・一六事件の共産党検挙の大芝居と同様であったことを想起されたい。

しかし、この場合には、非合理的・神話構成的な「神憑り」世界に入り込まざるをえず、第一審・第二審のまことしやかな有罪判決にもかかわらず、大審院は一九三〇年一二月事実審理の結果、教祖大西愛治郎《おおにしあいじろう》は心神喪失と判定されて無罪となった。裁判としてはこれにより落着した。けれども、すでに大検挙により天理研究会が受けた打撃は尽大であった。当局もまた監視を怠ることがなかった。天理研究会は教団として立直しを図り、一九三七年、その名称を天理本道とあらためた。これに対し当局は、一九三八年一一月、教団そのものの組織的潰滅をはかるべく治安維持法の適用を前提に、全国的な検挙に踏み切った。被起訴者二三八名(被検挙者三七四名)。予審中に内務省は、一九四〇年九月、天理本道は結社禁止処分を受け解散させせられることになる。第一審・第二審とも治安維持法違反・不敬罪などを理由に有罪判決を下した。大西らはこれに上告して争っている最中、日本国は敗戦となり、占領軍の命令(一九四五年一〇月四日発令の「政治的社会的宗教的自由に対する制限撤廃の覚書」)にもとづき治安維持法など政治犯の釈放をせざるをえなくなり、大西らは釈放された。

話は戻る。当局は天理研究会不敬罪事件で大芝居を打ったのち、満州事変以降急速にファショ化した大本教に対し、一九三〇年一二月第二回目取り締まりをおこなった。この第二次大本教事件にあっては、やがて天理本道に対して発動することになる治安維持法と不敬罪の抱き合わせ方式が採られた。この方式はその後——とくに改正治安維持法の衣更え以降ますます——キリスト教集団も含め宗教集団取り締りのために、当局は愛用することになる。第一審裁判所はほぼ全面的に検察側の主張を認め、教祖出口王仁三郎に無期懲役の刑を科し、その他の被告人全員に有罪の判決を下した。第二審裁判ではしかしながら、治安維持法違反を認めず、出口ら幹部に対し不敬罪についてのみ有罪とした。大審院の判決があったのは、敗戦後、一九四五年九月八日のこと。大審院は第二審判決を維持するむねの判断に達した。

十五年戦争期後半においては、キリスト教団や新興のいわゆる類似宗教団体に対する不敬罪適用例はむしろ減少傾向であった。これは、一九四一年改正の新治安維持法があらたに不敬罪的なものを取り込んだ結果の現象だと思われる。

しかしながら端的に個人に向けては、不敬罪はますます遠慮会釈なく適用される。たとえば、機関説問題で張本人とされた美濃部《みのべ》達吉《たつきち》への検察当局による不敬罪容疑取り調べである。起訴猶予処分で恰好をつけたものの、このころの不敬罪概念の拡がりを象徴する。一九四二年五月、東京地裁は津田左右吉《そうきち》（および岩波茂雄）の記紀分析専門書が出版法違反（「皇室の尊厳」）で有罪とされ、尾崎行雄《おざきゆきお》が友人の応援選挙演説のゆえに、一九四二年一〇月、第一審で有罪（二年間の執行猶予つきで、懲役八月）とされた（さすがに、大審院は事実審理の決定を経て、一九四三年六月、無罪と判定した）。この事件は不敬罪という法の存在が、いかにたわいのないものであり、それゆえにいかに始末の悪いものであったかを如実に示している。

不敬罪の敗退

官憲当局は、敗戦にもかかわらず天皇制そのものは無疵で残っていると信じた。一九四六年五月、「コメよこせ」大会の参加者のひとりが掲げた「朕はタラフク食ってるぞ　ナンジ人民　飢えて死ね」とあるプラカードのゆえに、不敬罪容疑で逮捕され起訴されたのは、その証拠である。さすが第一審では不敬罪適用を回避して、より普通の罪たる名誉毀損罪を転用して有罪（懲役八月）とした。第二審では不敬罪成立を前提としつつ、これより先に発せられた大赦令（一九四六年勅五一一号）が不敬罪の罪を――治安維持法その他もろもろの罪とともに――「これを赦免する」とあることを理由に、免訴とした。最高裁も、この処理を肯定した。

大赦令はしかしながら、不敬罪そのものを廃止したわけではない。これを立法的に消滅させるためには、刑法一部改正（一九四七年法一二四号）がなければならなかった。社会支配層がいかに不敬罪存続に固執したかは、吉田・マッカーサー間の往復書簡のなかの議論にみることができる。極言すれば、不敬罪消滅は「占領軍による〝押しつけ〟」であった。

不敬罪廃止にともない刑法（二三二条二項）は、天皇、皇嗣などに対する名誉毀損の告訴は、内閣総理大臣が代わってなす、と定めた。天皇・皇嗣が前面に出るのは適わしくないと考えられたのでもあろうか。

不敬と刑罰の関係は切れたが、戦後ある時期までは、たとえば深沢七郎『風流夢譚』事件（一九六〇年）、『思想の科学』天皇特集号自主廃棄事件（一九六一―六二年）のような出版物への右翼があって、天皇タブーが社会にゆきわたっていることを知らしめた。一九八六年春からはじまる富山県立近代美術館事件は、地方公共団体が天皇コラージュ展示を天皇不敬のゆえに撤回させた事件である。一方で、いまでは皇族のスキャンダル・プライバシーは花咲りの観があり、天皇家への報道規制を望む声が少なくない。

現代にあって、天皇・皇族の人気を保つことと、にもかかわらずそのスキャンダル化を防ぐこととを両立させることは、なかなかむずかしい。

参考文献

吉井蒼生夫「旧刑法の制定と『皇室ニ対スル罪』」（『神奈川法学』一三巻三号、一九七七年）
渡辺治「天皇制国家秩序の歴史的研究序説――大逆罪・不敬罪を素材として」（『社会科学研究』三〇巻五号、一九七九年）

天皇と軍隊——統帥権を保持する大元帥の実像

山田　朗

大元帥としての天皇の地位と統帥権の〝独立〟

明治以降、アジア太平洋戦争の敗戦まで、天皇は日本軍の総司令官＝「大元帥」であり、統帥権《とうすい》（軍隊を指揮・統率する大権）を保持するものとされていた。

明治天皇が一八八二年（明治一五）一月に発布した「陸海軍人に賜はりたる勅諭」（軍人勅諭）では「兵馬の大権」すなわち軍隊を指揮・統率する大権は、その「大綱」を天皇みずからが握っていること、日本の軍隊は天皇が親率することが大原則であると示され、同時に天皇は軍人の「大元帥」であることが強調されている。

「大元帥」の名称が軍の指揮・統率者としての天皇の正式の尊称として制度化するのは、一八九八年に、天皇の軍事上の最高顧問機関として元帥府が設置されてからである。元帥の称号は、陸・海軍大将のなかでとくに軍功のあった者のみに授けられた。元帥の称号を受けた大将は、終生、現役でいることができ、軍の「大御所」として影響力を保つことができた。この元帥たちが列席して天皇の諮問に答えるための機関が元帥府である。元帥・元帥府の制度化にともない、以後、天皇のことを「大元帥」「大元帥陛下」と称するようになった。

この日本陸海軍の最高位の軍人である大元帥が、軍隊を指揮・統率する権限を統帥権（統帥大権）という。一八八九年に発布された大日本帝国憲法には、「第一一条　天皇は陸海軍を統帥す　第一二条　天皇は陸海軍の編制及常備兵額を定む」とある。一般に、昭和初期までは、第一一条を天皇の統帥大権を定めたもの、第一二条を国務大権の一部である編制権を定めたものと解釈されていた。条文上はともに、天皇が直接行使する大権であるが、慣習的に統帥権は、内閣の介入を許さず、天皇に直隷する参謀本部（陸軍）や軍令部（海軍）などの軍令機関のみが輔翼《ほよく》（補佐）するものとされた。これを統帥権の独立という。「独立」とは内閣（政治）からの独立の意味であるが、本来、統帥権の「独立」とは、ひとたび作戦が始まれば、政府は作戦の細部に容喙すべきではない（政治的配慮が作戦の自由度を拘束するので）という考え方であり、逆に、作戦担当者が政府の戦略・政策決定にも容喙すべきではないという考え方とセットのものであったが、日露戦争後、軍人の政治的発言力の強まりを背景に、次第に前者だけが強調されるようになった。一方、天皇の国務大権は、内閣が輔弼《ほひつ》（補佐し責任を負う）するものとされた。

統帥権は政治から独立しているとされ、統帥大権（軍事）と国務大権（政治）は分裂しているように見えるが、これが天皇によって統一されている、というのが明治憲法体制の建前であった。また、大正期までは、国務にも統帥にも能力を発揮した明治の元勲たち（とりわけ彼らのなかで天皇によって「元老」に任じられた者の権威・権力は大きかった）が健在で、彼らが国家意思の調整・決定者として存在していたので、この国務と統帥の形式上の分裂は、実際の国家運営・戦争遂行のうえでは大きな矛盾を生まなかった。

しかし、日露戦争以降、陸海軍が官僚機構を肥大化させて、独自の対外戦略をもち、政治力を強めたのにたいし、大正期に、元勲たちが次々と死去し、国家戦略の決定そのものに軍の官僚組織が大きな影響力をもつようになった。このような段階で、軍がもちだした統帥権の独立とは、軍に対する政府の介入拒否ということであり、文字どおりの国務と統帥の分裂をもたらすものであった。したがって、天皇という一機関によって統合されている建前の国務（政府）と統帥（軍）は、国家の指導層がはっきりとした国家戦略を決定しないかぎり、天皇が国務か統帥かの優先順位を決めなければならず、天皇個人をも分裂させてしまう恐れがあったのである。大日本帝国憲法の構造的な不備が、元勲個人による調整という能力の喪失によって、表面化しはじめたのである。

大元帥としての天皇の軍務

天皇による統帥権の行使とか天皇親率とか言われることの実態はどういうものであったのか。

天皇自身による実際の統帥権の行使とは、大きく分けて三つに分類できる。①奉勅命令の発令（大本営命令の発令）、②下問などを通しての戦略・作戦指導、③将兵の士気の鼓舞である。

第一の命令の発令とは、戦時には、日本陸海軍の最高・統一司令部としての大本営が設置され、そこから出される軍事命令のことである。

大本営命令をだす場合、その許可を求める総長からの一連の上奏（命令案とその理由書である「御説明」の上奏）がおこなわれ、「御下問」と「奉答」をへて、天皇は、〈大陸命《たいりくめい》〉（陸軍への最高命令）〈大海令《だいかいれい》〉（海軍への最高命令）案の表紙に「可」の印を捺す。これで、ようやく〈大陸命〉〈大海令〉は天皇の命令として発令できる。また、これらの命令には、通し番号がついているので、天皇が知らないうちに大本営命令が発令されてしまうことがないようになっていた。日中戦争から戦後、大本営が閉鎖されるまでに、天皇の命令としての〈大陸命〉一三九二件、〈大海令〉三六一件が発令されている。

第二の戦略・作戦指導については、昭和天皇の場合、平時においても「陸海軍年度作戦計画」が天皇の発言によって変更された事例が確認されている。また、戦時においても、昭和天皇が、一九四二年八月、ガダルカナル島をめぐる攻防戦が始まるころから、きわめて精力的に作戦に介入したことが知られている。たとえば、ラバウル・ソロモン諸島方面への陸軍航空隊の派遣は天皇が再三要求し実現した。

第三の士気の鼓舞は、戦時・平時を通じてのことであり、将兵に天皇親率を実感させるものである。とりわけ平時における大元帥の仕事として特に重要なものは、この士気の鼓舞に関連するものである。そのため、平時においても、天皇は、観兵式・観艦式などでの閲兵や軍学校卒業式などの行事への出席、軍の官衙・諸機関への行幸・視察、軍旗の親授式（新設された陸軍の連隊への軍旗の授与式）、将官の親補式（師団長などへの任命式）、毎年秋に行われる陸軍特別大演習の統裁など、さまざまなイベントに出席した。とりわけ、将兵にとっては、天皇の前での分列行進と天皇の閲兵は、〈天皇の軍隊〉としての団結心と一体感を感じさせるものであった。また、昭和天皇の場合、軍首脳部を叱咤激励するというケースもしばしば記録されている。戦況が悪化し、一九四三年五月のアッツ島陥落のころから、天皇は、作戦の不手際を叱責し、決戦を行えと軍首脳を叱咤するようになる。天皇は、戦況を無視して無理難題を要求していたわけではなく、軍首脳を叱咤することによって、統帥部の引き締めや、陸海軍間の連携強化を図っていたものと考えられる。

大元帥を支えるスタッフ

天皇は、国務については政府、統帥については軍令機関の補佐をうけ、その大権を行使するわけであるが、これとは別に、つねに天皇の近くにいて天皇の軍務を支える侍従《じじゅう》武官長・侍従武官が存在した。侍従武官長には、慣例として陸軍の中将以上の将官が就任した。また、天皇の傍らには、武官長のほか少佐から少将クラスの陸軍四人・海軍三人の侍従武官が交代で勤務し、天皇の軍事問題に関する下問に対応するほか、陸海軍の要人、軍機関の責任者との連絡にあたった。

このうち、侍従武官長の役割は非常に大きく、大元帥の軍事顧問として、天皇の軍事的判断に影響を及ぼした。昭和天皇につかえた五人の武官長のうち、天皇が皇太子時代から一一年間にわたり武官長であった陸軍大将・奈良武次《たけじ》は、大元帥としての昭和天皇の行動様式を作り上げたといっても過言ではない存在であった。

また、侍従武官には、天皇の目となり耳となって各地に視察に行き、天皇の「聖旨」を伝達し、天皇が直接には赴けないような地方（戦地・植民地）の将兵の士気を鼓舞するという重要な任務もあった。昭和天皇につかえた侍従武官の人数は、皇太子時代の東宮侍従武官が陸軍八名、海軍八名、天皇になってからが陸軍二五名、海軍一八名にのぼる（秦郁彦編『日本陸海軍総合事典』）が、陸軍・海軍という大組織を一人で統括する大元帥としてのスタッフとしては、日常的に天皇のもとにいる軍人が武官長と当直の武官一人という陣容はあまりにも貧弱なものであった。それゆえ、侍従武官は、天皇を支える軍事スタッフとしては、近代戦争に対応できるものとはいえず、大元帥としての天皇に大きな負荷をかけざるをえないシステムであった。

参考文献

H・ビックス『昭和天皇』上下（講談社、二〇〇二年）
藤原彰『昭和天皇の十五年戦争』（青木書店、一九九一年）
山田朗『大元帥・昭和天皇』（新日本出版社、一九九四年）
山田朗『昭和天皇の軍事思想と戦略』（校倉書房、二〇〇二年）

靖国神社――〈英霊サイクル〉の中核機関

山田　朗

国家神道における靖国神社――「合祀」と「戦没」

靖国神社は、戦前の軍人（一部の軍属を含む）の戦没者の霊を合祀《ごうし》している神社である。「合祀」とは、一ヵ所（一つの神社）に複数の祭神（神霊）をあわせて祀ることをいう。一般的に、神社には祭神の霊が宿るとされている「御神体」という崇拝物が安置されるのだが、靖国神社の場合は「御神体」は鏡と剣で、祀られている祭神は、合祀されている戦没者の霊そのものである。

また、靖国神社における「戦没者」とは、戦死者・戦傷死者（戦闘での負傷がもとで死亡した人）および戦病死者（戦場で病気になり死亡した人。餓死も含む）の総称で、あくまでも軍人・軍属（軍人ではないが軍の仕事をしている職員）のみに適用される言葉であり、たとえ戦争で死亡しても民間人は含まれていない。ただし、民間人であっても、軍需工場で働いていて空襲にあったり、沖縄戦における地上戦闘において軍に協力したりしたことが認められる場合にはその限りではない。また、戦前の日本軍には女性兵士は存在しなかったが、女性軍属（たとえば従軍看護婦）が戦没した場合には合祀されている。しかし、「従軍慰安婦」は戦没しても、正式の軍属あるいは軍属扱いではなかったので合祀の対象とはなっていない。また、戦没者は本人や遺族の意志・希望や信じていた宗教にかかわりなく、つまり、仏教徒もキリスト教徒も、無神論者であっても一律に「護国の英霊」として靖国神社に合祀された。さらに、朝鮮や台湾出身の軍人・軍属の戦没者も、「日本軍人」として合祀されている。

戦前において靖国神社は、陸軍省・海軍省が共同で所管し、天皇自らが戦没者の霊を祀るためにしばしば親拝（天皇みずからの参拝）するきわめて特殊な、天皇と国家の戦争政策と切り離すことができない神社であった。靖国神社の責任者である宮司には退役陸軍大将があたり、神社の運営費は陸軍省予算から支出され、社域の警備には憲兵があたっていた。

なお、戦前においては靖国神社の事実上の地方分社として、各地の招魂社《しょうこんしゃ》(一九三九年に護国神社と改称)があった(ただし、現在では靖国神社は単体で独立した宗教法人で、護国神社は神社本庁傘下の宗教法人となっており靖国神社の地方分社ではない)。

靖国神社の「合祀」の歴史

明治維新政府は、一八六八年(明治元)五月、「癸丑《きちゆう》以来殉難者の霊」の祭祀を京都東山において行う布告を出すとともに、各藩に対して戊辰《ぼしん》戦争における官軍側戦死者の招魂祭をとりおこなうよう指示した。なお、「癸丑」とはペリーが来航した幕末の嘉永六年(一八五三)のことである。こうした政府の方針にしたがい、一八六九年六月に東京九段坂上に東京招魂社が造営された。この招魂社が、のちに拡大・増築されて、靖国神社となった。

最初、東京招魂社に合祀されたのは、鳥羽・伏見・箱館の戦いにおける官軍側戦没者三五八柱のみであった。その後、佐賀の乱関係、台湾出兵関係という具合に、明治維新以降の内乱・対外侵攻での戦没者が順次、合祀されていった。合祀者が一挙に増えるのは、西南戦争によって一八七七年一一月に六五〇五柱が合祀されてからである(その後も西南戦争による戦没者は順次、合祀された)。七八年には竹橋事件関係で四柱が合祀されている。

そして、一八七九年、東京招魂社から靖国神社へと改称されたことを機に、過去の各藩「殉難者」の合祀が始まった。一八七九年から一九〇〇年にかけて、かつて官軍を構成した各藩の「癸丑以来殉難者」(戦闘における死者だけでなく、暗殺された人、獄死した人なども含む)が順次、合祀されていった。

ただし、祀られた戦没者は、日本人であっても、あくまでも天皇制政府側に限られ、戊辰戦争における旧幕府側や西南戦争における薩摩側の戦没者、あるいは佐賀の乱・竹橋事件などにおける反乱者(処刑者)などは除外されている。この点から、東京招魂社・靖国神社における「招魂」「慰霊」という行為は、あくまでも政策的な行為(天皇側の戦没者の顕彰行為)であり、死者一般の鎮魂というものとは性格を異にするものであることがわかる。

靖国神社の祭神（合祀された戦没者）は、二四六万六〇〇〇余柱にのぼる。戦争別の祭神の数は、靖国神社によれば、「明治維新七七五一柱、西南戦争六九七一柱、日清戦争一万三六一九柱、台湾征討一一三〇柱、北清事変一二五六柱、日露戦争八万八四二九柱、第一次世界大戦四八五〇柱、済南事変一八五柱、満洲事変一万七一七六柱、支那事変一九万一二五〇柱、大東亜戦争二一三万三九一五柱」の合計二四六万六五三二柱と分類されている（戦争の名称はすべて靖国神社によるもので、祭神は二〇〇七年七月現在の数字。現在でも、戦死が判明すると合祀が行われるので、祭神は次第に増えていく）。

靖国神社に合祀されている戦没者には、前述したように沖縄戦・本土空襲・原爆・ソ連軍の侵攻などで死亡した民間人は基本的に含まれていない。また、必ずしも一般的な意味での「戦没者」の範疇には入らないが、一九七八年（昭和五三）には、国際極東軍事裁判によって刑死・獄死したA級戦犯一四名が合祀されている。また、いわゆるB・C級戦犯裁判での刑死者も合祀されている。

祭神は、官位・姓名を記した霊爾簿《れいじぼ》が、神体の鏡・剣とともに本殿の内陣に奉斎され、二名の戦没皇族北白川《きたしらかわの》宮能久王《みやよしひさ》、北白川宮永久王《ながひさ》を一座、他の臣民戦没者すべてを一座としている。

〈英霊サイクル〉の中核に位置した靖国神社

アジア太平洋戦争敗戦まで、靖国神社では、春秋二季の例大祭、別に新祭神（戦没者）の合祀祭として臨時大祭が行われていた。例大祭には勅使が派遣され、臨時大祭には天皇自らが参拝した。戦前においては、靖国神社に「英霊」として祭られることは、天皇と国家への忠誠の模範であり、最高の栄誉とされていた。戦争の性格を度外視して、軍人・軍属の戦没者を無条件で祭神として神聖化する靖国神社は、戦前の軍国主義と戦争政策を精神的に支えた重要な装置の一つだったといえる。

また、靖国神社と地方の護国神社という二重の戦没者慰霊機関が設けられたのは、東京招魂社と地方招魂社という設立経緯もさることながら、日本軍が〈天皇の軍隊〉であり、なおかつ当初より郷土部隊（同一地域の出身の将兵から成る部隊）として編成されたという軍の成り立ち方にも深い関係があった。日本軍の将兵は、大元帥＝最高司令官としての天皇に無条件の忠節を誓い、戦死すれば「護国の英霊」として靖国神社に祀られ、天皇の親拝をうける一方で、郷土の護国神社（地方招魂社）にも祀られて郷土部隊と郷土の名を高めるものとされたのである。

つまり、中央の靖国神社が〈天皇の軍隊〉としての統一性・一体性・上下の秩序を強調し、天皇との関係性を第一義とする国家神道の中核的な顕彰・慰霊機関であったのに対して、地方の護国神社は国家神道の重要な伝道機関として靖国神社との連続性を有しつつも、多くの場合、郷土部隊として編成されていた日本軍の地域単位の結束性・横の結びつきを再生産する機関であったといえる。

戦前においては、靖国神社や護国神社で英霊を拝することで、次世代の若者たちは、〈天皇の軍隊〉であり郷土の部隊である日本軍の構成員となることの名誉を自覚させられ、一旦緩急あれば自らも英霊となる覚悟を迫られた。その点で、靖国神社は、新たな英霊を生み出す〈英霊サイクル〉の中核に位置づけられた機関であった。

戦後、同社は東京都知事認証の単立宗教法人となった。一部の保守勢力は同社の国家管理をめざし、一九六九年には靖国神社法案を上程したが成功しなかった。軍国主義と戦争政策を支えた戦前の同社の性格から、一九八五年の中曽根康弘首相と閣僚の「公式参拝」には国内とアジア諸国から強い批判があり、以後も政治・外交問題のひとつの焦点であり続けている。

なお、靖国神社には遊就館という軍事博物館が併設されている。遊就館は、一八八二年に開館した施設で、靖国神社に祀られている祭神の遺品や戦争に関連した遺物（兵器・武具類）・資料を保存・展示しているが、戦争の諸外国・諸民族に対する侵略性や民間人犠牲者に対しては全く配慮を欠いた展示・解説がなされおり、軍事博物館としては公共的な性格を欠いているといわざるを得ない。

参考文献
大江志乃夫『靖国神社』（岩波新書、一九八四年）
田中伸尚『靖国の戦後史』（岩波新書、二〇〇二年）
村上重良『慰霊と招魂』（岩波新書、一九九五年）
靖国神社編『靖国神社百年史』全四巻（同社、一九八三—八七年）

植民地と天皇

――「一視同仁《いっしどうじん》」と皇民化の強制

山田　朗

天皇制と〈同化〉＝皇民化政策

近代日本の植民地支配の特徴は、〈同化主義〉あるいは〈同化政策〉というキーワードで説明することができる。そして、天皇制との関係で言えば、〈同化主義〉は皇民化と言い換えることが可能である。

明治期において日本国民を指す「帝国臣民」という言い方は一般化したが、「皇国の民」あるいは「皇国臣民」を意味する「皇民」という言葉は、琉球処分後の沖縄、領有後の台湾・朝鮮において、また、第一次世界大戦後に委任統治領となった「内南洋」の島々において、主として「皇民化」という言い方を通して使われるようになった。本来、「帝国臣民」と「皇民」は同義であるはずであったが、内国植民地である琉球・北海道、海外植民地である台湾・朝鮮などにおける住民への〈同化政策〉が推進されるなかで、大日本帝国憲法が施行される帝国

本国の住民は「帝国臣民」、その「帝国臣民」を中核としつつ天皇の威令＝「御稜威《みいつ》」のもとに生活する住民の総体が、植民地住民を含んで「皇民」という概念で捉えられるようになった。

「皇民」は、日本語を母語とし、皇国史観を歴史認識の基礎とし、天皇を自ら属する共同体の頂点とみなして忠孝にはげむ「日本人」のあるべき姿を理念型とし、それへの接近が皇民化として捉えられた。内国植民地あるいは海外植民地において、この皇民化を公権力によって遂行したのが皇民化政策である。

皇民化政策（広義の皇民化）は、北海道においては開拓期以降、沖縄においては琉球処分以降、台湾や朝鮮などではその領有以降、展開された。日本語の普及と天皇崇拝の強制、「文明化」の名の下に固有民族文化・価値観への圧迫がその特徴である。

しかし、一般的に皇民化政策（狭義の皇民化）と言った場合、それは主に一九三〇—四〇年代に朝鮮・台湾・沖縄および中国・東南アジアなどの占領地で、住民を忠良な「皇民」にするためにとられた施策をさすことが多い。

皇民化は、「一視同仁」すなわち天皇の前の「平等」をたてまえとする〈同化政策〉であるが、これは、日本本国の日本人と他民族を同等・平等にあつかうものでは決してなかった。すでに「皇民」としての資質をそなえている日本本国の「帝国臣民」（その子孫を含む）と、さらなる皇民化を必要とする植民地・占領地住民とは、はっきりと区分・差別された。皇民化政策とは、あくまでも他民族が、日本語を使い、「忠君愛国」の天皇制国家の秩序意識と価値観を身につけ、天皇のために命を投げ出す理想化された「皇民」になることを強要する政策であった。

台湾における皇民化政策

一八九五年（明治二八）に日本の植民地になった台湾では、最も長期にわたって皇民化政策が展開された。

日中戦争の全面化にともない、精神動員・労働力動員の必要性から、植民地であった朝鮮・台湾などでの〈同化政策〉＝民族性抹殺政策には拍車がかけられた。

台湾では、一九三七年（昭和一二）には、国語常用運動が始まり、偶像・寺廟撤廃、神社参拝強制、旧暦正月行事の禁止などが実施された。日本語の強制がさらに強められ、中国語文の公表や中国語劇の上演が禁じられた。台湾の公学校（台湾人用学校）でも、台湾そのものの歴史に関する授業がなくなり、日本の歴史だけが教授された。

一九四〇年には国民精神総動員運動の推進機関として台湾皇民報国会が作られた。報国会は地域に支部を組織し、民衆の生活を統制・監視した。朝鮮での創氏改名にあたる日本式「氏」の創出（家父長制の導入）と「名」の変更の強制は、台湾でも一九四〇年より実施され、「改姓名」と呼ばれた。

台湾の人々の軍事動員もおこなわれた。朝鮮同様、太平洋戦争勃発以後、捕虜監視要員や軍夫（労務奉仕団）などとして戦地に派遣された人も多い。また、〈天皇の軍隊〉への動員も一九四二年四月一日より陸軍特別志願兵制が、翌四三年八月一日より海軍特別志願兵制が実施されることにより始まった。一九四三年九月二三日、日本政府は台湾にも日本の兵役法を適用することを閣議決定し、翌年より兵役法が台湾にも施行され、四五年より徴兵がおこなわれた。一九七三年の厚生省の発表によれば、台湾出身の軍人は八万四三三人、軍属は一二万六七五〇人にのぼり、うち三万三〇〇人が戦死したとされている。

朝鮮における皇民化政策

朝鮮にたいする日本の植民地統治は、日中戦争期以降、朝鮮民族を戦時動員体制に組み込むために、その民族性抹殺の度合いをさらに強めた。「内鮮一体」のスローガンのもとに、朝鮮人を「皇国臣民」とするための一連の皇民化政策がとられた。一九三〇年代半ば以降の皇民化政策は、学校教育・神社崇拝・地域支配をそれぞれ強化することを柱として展開され、創氏改名（一九四〇年）と徴兵制の導入（一九四三年公布、四四年より徴兵実施）によってその極致に達した。

一九三七年一〇月、朝鮮総督府は、「私共ハ心ヲ合セテ天皇陛下ニ忠義ヲ尽シマス」などの「皇国臣民ノ誓詞」を制定し、学校で児童生徒に毎朝斉唱させた。

また、一九三八年三月には第三次朝鮮教育令が公布され、「内鮮共学」と称して日本と同じ国定教科書を使い、朝鮮語を正課からなくして日本語の常用を強制するようになった。

朝鮮総督府は、日中戦争期に一面（村）一神社設置計画を推し進め、また各戸にも神棚を作らせ、「天照大神」の御札を毎朝礼拝するよう奨励した。キリスト教徒は弾圧され、神社参拝を容認しない牧師・信者の多くが検挙投獄されて五〇人以上が獄死、二百余の教会が閉鎖されるまでに至った。

一九三八年七月には皇民化政策を推進する機関として国民精神総動員朝鮮連盟が発足し、地方・学校・企業ごとにも連盟支部が組織された。そして、さらに連盟の末端組織として約一〇戸を単位とする愛国班が作られた。愛国班は、地域における皇民化政策の推進主体となり、宮城《きゅうじょう》遥拝や神社参拝、日の丸掲揚から貯蓄運動などをおこなった。また、日常の生活物資の配給まで愛国班がおこなったため、朝鮮民衆は、連盟・愛国班を通じて日常生活のすみずみまで統制・監視された。

創氏改名は、一九三九年（昭和一四）一一月二六日、

朝鮮総督府によって朝鮮民事令・朝鮮戸籍令などの改正として公布され、翌一九四〇年二月一一日（紀元二六〇〇年の紀元節）を期して施行された。

朝鮮人の名前は、先祖の出身地（本貫）と男性血統を示す標識である「姓」、そして個人別の「名」から成り立っている。「姓」＋「名」としての名前は終生不変であり、夫婦は別姓で、家族内にも複数の「姓」が存在する。

創氏改名は、全朝鮮人に対して、従来の「姓」とは別に「氏」（同一戸籍内の家族は同一「氏」のみ）を作り、あわせて日本式に「名」を改めることを定め、「氏」＋「名」を公式名称とさせた。創氏は義務（法的に強制）、改名は任意とされたが、現実には日本式改名こそ「皇民化の指標」とみなされて、有形無形に強制された。

一九四〇年八月一〇日の期限までに三二二万戸（約八割）が創氏改名を届け出たとされるが、抗議の自殺、日本人高官をもじった創氏や改名などさまざまな抵抗があった。氏設定（創氏）は、法的に強制されたものであったので、届け出がない場合も、従来の「姓」を日本語読みにしてそのまま新しい「氏」とされた。

創氏改名は、朝鮮人による日本式氏名を名乗りたいという申し出を口実にして押し進められたが、これは当時の日本本国人による朝鮮人差別を反映するものでもあった。創氏改名は、単に日本式氏名を名乗らせるということだけでなく、天皇制による植民地住民への心の支配の一環であり、戸主を中心とする家観念を確立し、朝鮮人に対して日本式の家父長制観念（天皇を宗家とする家制度と家《いえ》序列）をうえつけようとするものであったといえる。

一九四五年（昭和二〇）八月、朝鮮の独立が回復されると、朝鮮人の名前は、従来の「姓」＋「名」に戻った。だが、在日朝鮮人の場合、民族差別などのために創氏改名の際の名前を通名として使用し続けた人もいる。

参考文献

小田部雄次・林博史・山田朗『キーワード日本の戦争犯罪』（雄山閣、一九九五年）
駒込武『植民地帝国日本の文化統合』（岩波書店、一九九六年）
近藤正己『総力戦と台湾』（刀水書房、一九九六年）
宮田節子『朝鮮民衆と「皇民化」政策』（未来社、一九八五年）

疎開学童と皇后のビスケット——すりこまれる皇室の「仁慈」

青木　哲夫

集団疎開の思い出

アジア太平洋戦争の末期、アメリカによる日本空襲が必至となるなか、空襲対策として、東京など都市の子どもたちを学校単位で地方に移し、寺院や旅館で生活させる学童集団疎開が、一九四四年（昭和一九）八月から実施された。学童の疎開は、親族などの家に移る縁故疎開を原則としていたが、それでは十分ではないことが分かったのである。

おおむね翌一九四五年一一月まで続いた（前後にかかる例もある）集団疎開についての体験者の思い出には、その全体的な感想が各人で大きく異なっているにもかかわらず、ある種パターン化した共通の出来事も多い。虱《しらみ》に悩まされたこと、飢えを逃れるため歯磨き粉・絵の具・消化剤などを食べたこと、「ボス」などといわれたいじめっ子的な子どもによる他の子どもの食事の取り上げ、脱走事件（大多数が失敗した）などである。ここで取り上げる「皇后陛下のビスケット」もその一つである。もっとも、先にあげた虱以下の例がつらい思い出であるのに対し、「皇后陛下のビスケット」は多くの場合、楽しく回想されるものとなっている。しかし、本質的な差異は、虱以下の例が期せずして各疎開地で共通して起きてしまったものであるのに対し、「皇后陛下のビスケット」は、周到に用意され、疎開地どこでも同じになるよう意図されたということであった。

飢えと寒さの疎開先

「皇后陛下のビスケット」とは何か。子どもたちが疎開先で本格的な冬を迎えた一九四四年一二月二二日、皇后良子《ながこ》は、二宮治重文部大臣を通して集団疎開学童に菓子および短歌を下賜《かし》した。二三日の皇太子明仁《あきひと》の誕生日を機に集団疎開学童の身を思いやって、というものであった。前者が「皇后陛下のビスケット」であり、後者が「つぎの世をせおふべき身ぞ　たくましくただしくのびよ　さとにうつりて」という皇后「御歌」である。「御歌」は、後に曲がつけられ、疎開学童たちによって歌われる（図1）。

この菓子の下賜には、本来、学童疎開の原則であったはずの縁故疎開学童への配慮のないこと、皇太子誕生日にかこつけながらも皇太子と疎開学童との連関をつけられなかったこと（日光にいた明仁皇太子の動静は公式には伝えられていなかった（青木 一九九七））、実際の菓子の配布が多くは翌年二―三月になったことなど、施策としての整合性からみると多くの問題があった。しかし、飢えと寒さに苦しむ子どもたちにとって、わずかとはいえ甘い菓子を得たことは喜びであった。「かすかにミルクの香りがする、噛むと砂糖の上品な甘みが口じゅうに広がった」（鈴木 一九九四、三一―三二頁）との回想が、その一端を示している。

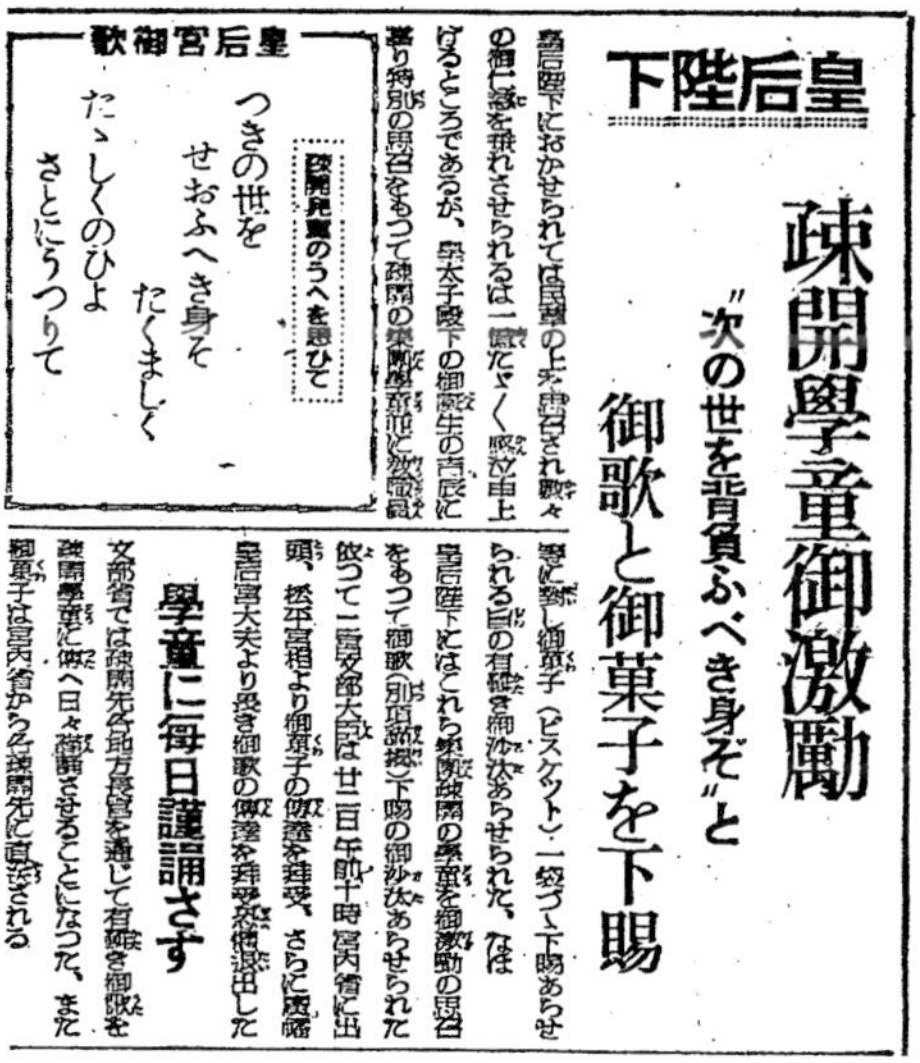

皇后陛下

疎開學童御激勵

"次の世を背負ふべき身ぞ"と

御歌と御菓子を下賜

皇后陛下におかせられては民草の上に思召され數々《かず》の御仁慈を垂れさせられるは一億たゞく感泣《かん》申上げるところであるが、皇太子殿下の御誕生の吉辰に當り特別の思召をもつて疎開の集團學童並に教職員等に對し御菓子《くわ》（ビスケット）一袋づつ下賜あらせられる旨の有難き御沙汰あらせられた、なほ皇后陛下にはこれら集團疎開の學童を御激勵の思召をもつて御歌（別項所掲）下賜の御沙汰あらせられた

依《よ》つて二宮文部大臣は廿三日午前十時宮内省に出頭《とう》、松平宮相より御菓子《くわ》の傳達を拜受、さらに廣幡皇后宮大夫より畏き御歌の傳達を拜受恐懼退出した

學童に毎日謹誦さす

文部省では疎開先各地方長官を通じて有難き御歌を疎開學童に傳《つた》へ日々謹誦させることになつた、また御菓子《くわ》は宮内省から各疎開先に直送される

皇后宮御歌

疎開兒童のうへを思ひて

つきの世を
せおふへき身そ
たくましく
たゝしくのひよ
さとにうつりて

図1　「読売報知」（1944年12月23日）の記事

ご恩に報いる――誓う子どもたち

ビスケット下賜にいたる政策的経過とその問題性については、逸見勝亮が的確に考察している（逸見 一九九九）。それによれば、この施策は、文部省の発意で始められ、宮内省の同意を得て、昭和天皇の了承のもと、農商務省による材料の提供によって、皇后の意図という形式をとって立案・実施された。

ビスケットは、写真（図2）のような「恩賜」と印刷された紙袋に入れられ、県・市町村・学校・学寮といった段階的ないくつもの儀式を経て、それぞれの子どもに渡された。一袋には、小さい菓子が二十数個入っていた。

東京女子師範附属国民学校四年女子の日記には

　御歌を賜った上に又御菓子までいただいたのは有難さで胸がいっぱいであった。とてもおいしかった。「もったいない」という気持が頭から離れなかった。（学童疎開記録保存グループ　一九九四、七九頁）。

としている。

東京都港区のある学校の学童は日記に

　皇后陛下のご慈愛のこもったビスケットをいただいて、なお一層集団生活に励みがんばる（東京都港区立みなと図書館編　一九八七、一〇九頁）

と、記している。

また、最下級生の三年生で集団疎開に参加した山田清次は

　「恩賜のビスケット」を頂いた疎開学童は、「恩賜の煙草」を頂いた兵士と同列に扱われたような気がして、いつかお国のお役に立つ時が来たならば、「恩賜」の御恩に報いなければならない、と健気にも心の中で固く誓った（山田　一九九四、一四九頁）。

と回想している。

もっとも、「一室に集って式をやった。その時、皇后様から御菓子をいただいた。僕は、二四入ってゐた」（豊島区立郷土資料館　一九九〇、一六頁）といった感想を交えない日記や、「お三時に恩賜のお菓子とおしるこおもらって皆お《大》をよろこびだった」（豊島区立郷土資料館　一九九三a、三〇頁）と汁粉のほうに気を取られているような日記もある。

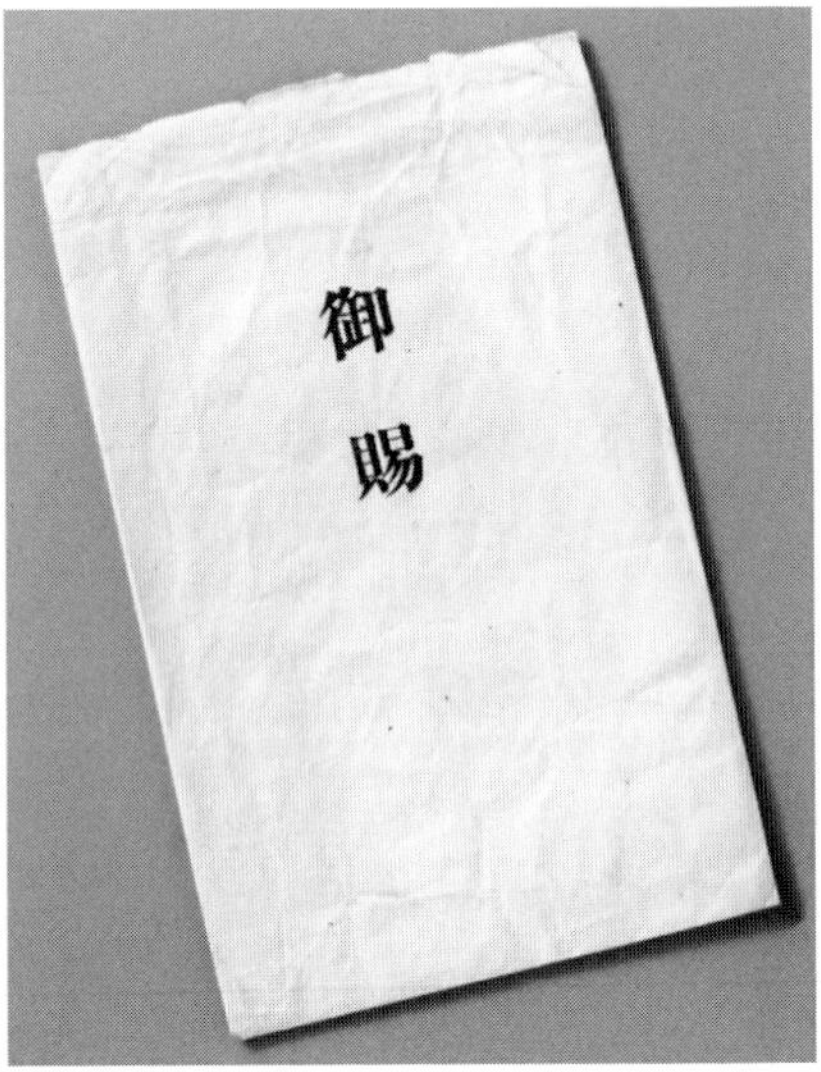

図2　御賜されたビスケットの袋
（江戸東京博物館蔵，Image：東京都歴史文化財団イメージアーカイブ）

「仁慈」の広がり

ところで、集団疎開学童たちは配布された一人当てのビスケットをすべて一人で食べられたのではない。文部

省の決定として疎開先地元の子どもたちに分けることになっていたし、個々の学校などの配慮で、地元の世話になった家に分けたり、親や家族に送ることが奨励されたりしていた。「御仁慈」のお裾分けである。「国母陛下の御賜の品お兄様も有りがたく頂いたと申してまゐりました。ハガキの一節を書きますと「お国の母と僕の母からのお菓子どうも有りがたう」と有りました。」（豊島区立郷土資料館　一九九三b、三〇頁）とは、長野の疎開先の娘から送られたビスケットを静岡の中学にいる息子に再送した母親の手紙である。こうして、皇室の「御仁慈」は広げられていった。

「皇后御歌」は、この後もしばしば歌われた。このように、儀式その他で繰り返される皇后や皇室の「仁慈」は子どもたちや親に刷り込まれ、逸見勝亮の言うとおり、「戦意昂揚に効果のほどはおくとしても、「皇室のお恵みの深さ」としては長くしかも深く刻印され」（逸見　同、九三頁）たのであった。

参考文献

青木哲夫「明仁皇太子の「集団学童疎開」」（『法政大学教養部紀要』一〇〇号、一九九七年）

学童疎開記録保存グループ『疎開の子ども六〇〇日の記録』（径書房、一九九四年）

鈴木圭介『学童集団疎開の記　みのぶ』（近代文芸社、一九九四年）

東京都港区立みなと図書館編『平和を求めて——港区学童集団疎開』（港区教育委員会、一九八七年）

豊島区立郷土資料館『豊島の集団学童疎開資料集1』（豊島区教育委員会、一九九〇年）

豊島区立郷土資料館『豊島の集団学童疎開資料集4』（豊島区教育委員会、一九九三年a）

豊島区立郷土資料館『豊島の集団学童疎開資料集5』（豊島区教育委員会、一九九三年b）

逸見勝亮『学童集団疎開史——子どもたちの戦闘配置』（大月書店、一九九八年）

逸見勝亮「皇后のビスケット——集団疎開学童ニ対シ御激励ノ思召」（『日本の教育史学』四四号、一九九九年）

山田清次『三年生の学童疎開戦記』（近代文芸社、一九九四年）

昭和天皇と戦争責任
——明白な戦争責任と責任回避の政治過程

山田　朗

戦前の政治実態を無視した〈天皇無答責論〉

天皇の戦争責任を否定しようとする論は、大別して、①天皇の法的機能からの、すなわち〈天皇無《む》答責《とうせき》論〉を中心とする大日本帝国憲法の条文を根拠とする否定論と、②天皇の「実態」からの否定論、すなわち天皇は実質的に統帥《とうすい》大権を行使したり、戦略・作戦の決定に関与したりすることはなかったのだから責任も生じないとする否定論がある。

天皇の〈戦争責任〉否定論の第一の類型は、天皇の憲法上の機能からの〈戦争責任〉否定論である。それには大別して、大日本帝国憲法第三条「天皇ハ神聖ニシテ侵スヘカラス」（天皇神聖条項）を根拠とする〈天皇無答責論〉と、第五五条「国務各大臣ハ天皇ヲ輔弼《ほひつ》シ其ノ責ニ任ス」（国務大臣の輔弼条項）を根拠とする〈輔弼機関答責論〉とがある。両者は、天皇は責任を負うべき存在ではなく、責任は輔弼者たる内閣が負うという表裏一体の関係にある。大日本帝国憲法の天皇神聖条項を根拠とする〈天皇無答責論〉は、そもそも旧憲法の条文解釈という以前に、立憲君主制＝君主無答責、という考えが暗黙の前提となっている。西欧の立憲君主国の憲法には、神聖条項とはセットになって明確な無答責条項が盛り込まれていることが多いからである。つまり、大日本帝国憲法第三条の神聖条項にもとづく〈天皇無答責論〉は、一種の拡大解釈であり、立憲君主制＝君主無答責という西欧の理念が前提となっているのである。しかし、大日本帝国憲法における天皇の地位を、実質的な国民主権と両立する可能性を内包している西欧の立憲君主と同等とする論にはそもそも無理がある。

〈天皇無答責論〉と表裏一体の関係にあるのが、大日本帝国憲法第五五条を根拠にした〈輔弼機関答責論〉である。第五五条には、「国務各大臣ハ天皇ヲ輔弼シ其ノ責ニ任ス　②凡テ法律勅令其ノ他国務ニ関ル詔勅ハ国務大臣ノ副署ヲ要ス」とあり、輔弼責任者である国務大臣の副署なくしては天皇は大権を行使できず、政策の結果生じた諸問題については、政府（内閣）が総ての責任を負う、という解釈である。この解釈を拡大すると、天皇は、国家意思の決定としての政策の裁可に際しては、すべて政府の意向に従い、天皇の意思をさしはさむ余地はなく、政策を左右する権限はない、ゆえに政策の結果生じた問題についても責任を負う存在にはなり得ない、との論理となる。昭和天皇自身による戦後における弁明も、まさにこの論理である。

しかし、〈輔弼機関答責論〉も、昭和戦前期の日本における統帥権の独立という政治実態を全く無視した議論である。憲法第五五条は、軍事命令発令の責任の所在については全く触れておらず、第一一条の統帥権の発動にともなう責任については、発令者たる天皇にしか帰することができないのである。軍令機関（参謀本部・軍令部）の長である参謀総長や軍令部総長は、明確に責任が規定された輔弼者ではなく、天皇に直属する幕僚長であり、大元帥・天皇の命令を「伝宣」（伝達）する権限しかもたなかったのである。

つまり、天皇の法的機能を根拠とする否定論は、立憲君主制の一般的な理念を前提とし、むしろ大日本帝国憲法が運用されていた、とりわけ昭和戦前期の政治体制の実態にはそぐわない議論であるといわざるをえない。

「大元帥」の実態を無視した「天皇ロボット」論

天皇の〈戦争責任〉否定論の第二の類型は、「実態」からの〈戦争責任〉否定論、すなわち天皇の実質的権限の否定、軍部・政府の天皇無視などを根拠とする否定論である。つまり、天皇は一種のロボットで、政策決定や戦争遂行に主体的に関与しなかったとか、天皇は戦況を知らされていなかった、といった類の議論である。

近年の歴史学的な諸研究の蓄積・進展によって、天皇の「実態」からする〈戦争責任〉否定論は、すくなくとも学説レベルでは、かなり克服されたといってよい。昭和天皇は、国家意思形成、とりわけ軍事戦略・作戦の決定に際して、しばしば重大な役割を果たしてきた。昭和天皇は、陸海軍から量・質ともに当時としては最高レベルの軍事情報を毎日「戦況上奏」として提供されていたし、その情報が意味することを理解し、軍がとるべき手段について独自に検討する軍事的知識と能力を有していた。国家意思の発動、とりわけ軍の機関意思の発動としての戦略・作戦の決定に天皇は、随所で様々なレベルの影響をあたえていたのである。

昭和天皇は、十五年戦争の期間に、大元帥としての自覚と能力をしだいに高めつつ、軍部が提供する軍事情報とみずからの戦略判断を基礎に、国家指導層への「御下問」「御言葉」を通じて国家意思形成（戦争指導・作戦指導）に深くかかわった。天皇は戦略や作戦について、統帥部の方針や具体化の方法をかならずしも無条件で認めていたわけではない。

十五年戦争における戦略・作戦の決定という問題に限定しても、様々な場面において、昭和天皇が国家意思の形成に具体的な影響を与えている。

また、二・二六事件や一九四五年八月九―一〇日・一四日の御前会議（いわゆる「終戦の聖断」）などの事例に見られるように、通常の国家意思決定システムが不完全にしか機能しない時に、天皇という機関が国家意思の最終決定システムとしての役割を果たした。これは、明治憲法体制のもとで、天皇という機関こそが、究極の危機管理システムであったことも示している。

日本の敗戦と天皇の〈戦争責任〉回避

〈戦争責任〉を〈敗戦責任〉と置き換えることで、天皇とそれに連なる権力機構の相当の部分を温存することに成功した日本の「終戦」のあり方そのものが、天皇の〈戦争責任〉回避のための政治過程であったといえる。天皇の「聖断」という形で「終戦」をむかえ、連合国による東京裁判が始まるまでの間に、日本の国家権力内において〈戦争責任〉の配分（責任のがれと責任の押しつけ）がおこなわれた。天皇と宮中側近、旧重臣の一部（米内《よない》光政《みつまさ》・岡田《おかだ》啓介《けいすけ》・若槻《わかつき》礼次郎《れいじろう》ら）が、GHQ関係者と連絡をとりつつ、天皇の「潔白」を主張し、〈戦争責任〉を陸軍を中心とする三国同盟推進派に押しつけていく。GHQ側も、天皇の〈戦争責任〉問題を棚上げにし、天皇を占領政策の同盟者に引き込んでいくのである。

一般に、アメリカは占領政策に利用するために天皇制を存続させた、と論じられることが多い。だが、アメリカ政府にとってみれば、戦時中に日本軍国主義の中心人物として世界に宣伝してきた昭和天皇と、戦争が終わったからといってすぐに手を結ぶのは、内外の世論対策という点からするとむしろ危険なカケであった。アメリカが利用したいのは、昭和天皇のカリスマ性であって、必ずしもシステムとしての天皇制そのものではなかったと思われる。したがって、アメリカにとって天皇制の利用・存続は、昭和天皇の天皇在位が前提となる。もちろん、天皇利用を内外世論に納得させるためには天皇が「無罪潔白」であることがどうしても必要であった。

マッカーサーは、軍事秘書ボナ・フェラーズ准将の進言をいれて、調査なしで天皇個人を利用することに決した。マッカーサーがこの判断をくだすにあたっては、一九四五年九月二七日に、天皇自身がアメリカ大使館に赴き、占領政策への積極的協力をみずから申し出たこと(天皇・マッカーサー第一回会談)が大きな影響を与えたと思われる。

マッカーサーにとって、占領政策の積極的協力者であることをみずから表明した昭和天皇の利用価値はきわめて高かった。だが、体制内にあっても、昭和天皇を退位させることで天皇制を維持しようとしていた勢力は、むしろ占領統治にとって邪魔者でさえあった。それゆえ、東久邇宮《ひがしくにのみや》は早々に失脚せざるをえず、最も急進的な退位論者であった近衛文麿《このえふみまろ》にいたっては、GHQの「協力者」の地位から一変してA級戦犯容疑者として逮捕されてしまった。

GHQによるこうした路線と日本の保守勢力の思惑を根底でささえたのが、昭和天皇自身に退位の意思がなかったという事実である。天皇は、一時的に退位について口にしたことはあったが、近衛らが想定した天皇退位、高松宮摂政という路線に根本的に反対であり、自分自身が在位し続けることこそが天皇制を存続・安定させる唯一の道だと信じていたのである。

参考文献

H・ビックス『昭和天皇』上下(講談社、二〇〇二年)
藤原彰『昭和天皇の十五年戦争』(青木書店、一九九一年)
山田朗『昭和天皇の軍事思想と戦略』(校倉書房、二〇〇二年)
吉田裕『昭和天皇の終戦史』(岩波新書、一九九二年)

昭和天皇の沖縄メッセージ
——象徴天皇の政治関与

青木 哲夫

軍事占領の続行を希望

雑誌『世界』一九七九年七月号に論文「分割された領土」を寄せた進藤榮一は、その中で、一九四七年九月、昭和天皇がマッカーサー占領軍総司令官の外交顧問シーボルトを通して、沖縄について、次のようなメッセージをアメリカ側に伝達しようとしていたことを明らかにした。当時、日本は事実上、アメリカの単独占領下にあったが、かたちの上では連合国全体の占領とされており、また、日本自身の政治・行政機構をとおしての統治が行われていた（間接占領）。それにたいし、沖縄や奄美・小笠原などは本土から切り離されて、アメリカ軍による直接の支配（軍政）下におかれていたのである。

宮内庁御用掛寺崎英成《てらさきひでなり》がもたらした天皇メッセージの内容は、シーボルトからマッカーサーおよびマーシャル国務長官への報告（米国立公文書館所蔵）によれば、次のように述べられていた。

寺崎が述べるには天皇は、アメリカが沖縄を始め琉球の他の諸島を軍事占領し続けることを希望している。天皇の意見によるとその占領は、アメリカの利益になるし、日本を守ることばかりでなく、左右両翼の集団が台頭しロシアが〝事件〟を惹起し、それを口実に日本内政に干渉してくる事態をも恐れているがゆえに、国民の広範な承認をかちうることができるだろう。

天皇がさらに思うに、アメリカによる沖縄（と要請があり次第他の諸島嶼）の軍事占領は、日本に主権を残存《リテインド》させた形で、長期《ロング・ターム》の——二十五年から五十年ないしそれ以上の——貸与《リース》をするという擬制《フィクション》の上になされるべきである。天皇によればこの占領方式は、アメリカが琉球列島に恒久的意図を持たないことを日本国民に納得させることになるだろうし、それによって他の諸国、特にソヴェト・ロシアと中国が同様の権利を要求するのを差止めることになるだろう。（進藤、二〇〇二（『世界』論文をふくめた論文集）、六六頁）

沖縄を将来的に（特に、対日講和後）どのように扱うかについては、当時、アメリカの政府・軍部の中でも一致した方策はつくられていなかった。また、この時期は、第二次世界大戦後の米ソ対立―冷戦―が顕著なかたちを表してくる頃でもあった。天皇のメッセージは、こうした時に提起されたのである。進藤は、このメッセージが「アメリカの政策決定者の〝琉球処分〟に多大の影響を与えた」としている（同前六九頁）。

実現したメッセージ

それから四年後、アメリカの主導によって作られ、サンフランシスコで調印された対日平和条約において沖縄・奄美・小笠原の諸島は、独立する本土と切り離され、天皇が述べたとされるのとほとんど同じ方式で、占領時代に引き続いてアメリカの軍事占領下にとどめられることになった（平和条約が、国連信託統治の提案という、それこそフィクションであった方式に言及している点がわずかな違いである）。対日講和の前後に、沖縄ではアメリカ軍の文字通り「銃剣とブルドーザー」による強制土地取り上げと、軍事基地建設がなされていった。膨大な軍事基地・施設群の存在と、騒音などの基地公害や米軍関係者の事故・犯罪などによって、現在まで住民を苦しめ続ける、沖縄の米軍基地問題が形成されたのである。

もちろん、この「昭和天皇の沖縄メッセージ」が、沖縄の長期米軍占領政策の単一の出発点であったとすることはできないだろう。しかし、昭和天皇周辺をふくむ日本側が沖縄の長期にわたる米軍占領を構想し、主張していたことは、重大な歴史的事実といえる。「主権を残存させた形で」との言から天皇メッセージによって〝潜在主権〟が日本に残され、後年の沖縄本土復帰が可能となったと評価する意見（エルドリッヂ 二〇〇三）もあるが、その議論についてはきびしい批判がある（豊下 二〇〇六）。いずれにしても、現在に続く沖縄の苦悩を考えると首肯できないし、天皇メッセージがそもそも、〝潜在主権〟の維持ということを意図していたのかも疑問である。

このメッセージが果たして昭和天皇自身のものであったかについては疑問の向きもあったが、その後、昭和天皇が入江《いりえ》相政《すけまさ》侍従長に肯定的に語ったことが明らかにされる(「入江相政日記」一九七九年四月一九日・五月七日、入江一九九五、二八八・二九三頁)などによって、直接的な関与があったことが明らかになった。もっとも、入江日記による三〇年後の昭和天皇の回想の言は、「蔣介石が日本占領を降り」、「イギリスはその力なし」といった具合で、敗戦時と時期をとりちがえている感がある(単なる記憶の混乱か、沖縄切り捨てへの責任回避のための意図的なものか、不明であるが)。

それにしても、一九四七年九月という時期は、いうまでもなく天皇の国政関与を禁じた日本国憲法の公布(一九四六年一一月)・施行(四七年五月)の後のことであって、天皇の国政への関与を禁じた憲法の趣旨に明らかに反したことといえる。その意味で戦後の象徴天皇制における天皇・皇族たちの政治的社会的実態という点からも注目される問題である。

続く内奏

唯一最高の主権保持者から象徴へと変わったことについて昭和天皇が、そのことに大いに不満を抱いていたことは、芦田均日記での外相の内奏についてのエピソードでよく知られることになった。昭和天皇は一九四七年七月、芦田均外相(片山哲連立内閣)に対して、外交問題の内奏に来るよう何度も要求し、新憲法の理念から初めは断っていた芦田も、度重なる要求に抗しきれず憲法を気にしながらついに内奏に応じ、昭和天皇は単に聞くだけでなく自説を展開した、というのである(「芦田均日記」一九四七年七月二二日、進藤・下河辺編 一九八六、一三―一四頁。豊下 一九九六、二〇五頁)。

政治的権能を持たないはずの天皇、特に昭和天皇の見解・意向が、日本の政治に影響を与えていたことは、様々な資料から推測されている。豊下楢彦は『安保条約の成立――吉田外交と天皇外交』において、日米安保条約(旧安保)の成立過程に吉田茂内閣の意図を超えて昭和天皇の考えが作用しているのではないかという「仮説」を提示した。安保条約による本土基地のあり方について、著しく米側に有利に取り決められたのは、その結果であるという(吉田は、使うべき対米外交カードを用いなかった)。その際の昭和天皇の考えの基礎にあったのは、ソ連や共産主義の影響力の拡大が、天皇制の維持に困難をもたらすであろうという情勢認識であったとされる。この認識は沖縄についての天皇メッセージとも共通している。

最近では吉次公介が『世界』二〇〇六年八月号の論文で、昭和天皇が、一貫して日米安保体制を支持・強化する立場から、発言していたことを明らかにしている。その背景にあるものも共産主義への警戒感であったとする。

内奏は、問題にされずに続いているが、その内容については明らかにされていない。一九七三年には、時の防衛庁長官・増原恵吉が、内奏の際の昭和天皇の発言をもらしたことで実情の一端が明るみに出たが、天皇の政治関与としては問題にされなかった。そのほか、岩見隆夫や平野貞夫が、様々な問題で昭和天皇の意向が政治運営に影響力を有していたとしている。しかし、これらについては確証となるものがなく、実態ははっきりしない。それより、岩見や平野のように天皇のそうした行為が憲法上、疑義があることを自覚しながら、肯定的に語っていることを問題としなければならないであろう。

参考文献

入江為年監修・朝日新聞社編『入江相政日記』第一〇巻（朝日新聞社、一九九五年）
岩見隆夫『陛下の御質問　昭和天皇と戦後政治』（毎日新聞社、一九九二年）
R・D・エルドリッヂ『沖縄問題の起源――戦後日米関係における沖縄 1945-1952』（名古屋大学出版会、二〇〇三年）
進藤榮一『分割された領土　もうひとつの戦後史』（岩波現代文庫、二〇〇二年）
進藤榮一・下河辺元春編『芦田均日記』第二巻（岩波書店、一九八六年）
豊下楢彦『安保条約の成立――吉田外交と天皇外交』（岩波新書、一九九六年）
豊下楢彦「占領と排他的支配圏の形成――「沖縄問題」の歴史的位相」（『岩波講座アジア・太平洋戦争8　20世紀の中のアジア・太平洋戦争』岩波書店、二〇〇六年）
平野貞夫『昭和天皇の極秘指令』（講談社、二〇〇四年）
吉次公介「知られざる日米安保体制の〝守護者〟昭和天皇と冷戦」（『世界』二〇〇六年八月号）

皇后・美智子と皇太子妃・雅子
——皇太子の結婚をめぐる社会状況

青木　哲夫

ミッチーブーム

一九五八年一一月二七日、皇太子明仁《あきひと》と日清製粉社長正田英三郎《しょうだひでさぶろう》の長女、正田美智子との婚約が、皇室会議の決定を経て、発表された。事前に情報をつかみながら、報道協定によって公表を控えていた新聞はじめ各マスメディアは、正式決定によって一斉に祝賀キャンペーンを開始した。経緯の解説、正田家の紹介、両人の学友たちによる出会いや婚約までのエピソードの披露、各界の慶祝の談話などが続いた。特に、週刊誌（新たに創刊するものが多く、週刊誌ブームの状況にあった）はこぞって特集記事や両人の写真を掲載し、あらゆる話題を書きたてた。一方で「お二人を静かにしておいて」というような記事も載せつつ、人びとの好奇心をあおるような関連報道が続いたのである。新聞社と提携したデパートでは記念の写真展を開催し、また東宝映画では記録映画『おめでとう皇太子様』を製作、一二月七日封切りした。いずれも早くからの準備の成果であったろう。正田宅のある東京都品川区や、正田家の出身地で美智子の戦時中の疎開先であった群馬県館林市も慶祝行事でにぎわった。

やがて皇后そして天皇の母となるはずの皇太子の婚約者が、皇族でも、旧皇族・華族でもない、「平民」の出身であったこと、学習院大学ではなく聖心女子大学というキリスト教系大学の卒業であったことなどは、かつてなかったことであった。このことは、皇室の旧弊を打破するものと歓迎された。また、二人が軽井沢のテニスコートなどで知り合い、自由な恋愛の結果を周囲が認めるにいたったと伝えられたことは、古い封建的な家族制度からの脱却や恋愛の自由など、戦後の民主化を示すものだといわれ、好意的に受けとめられた。

正田美智子の健康的な美貌や伝えられる人柄に多くの

人びとが好意をもち、彼女の学生時代の愛称から「ミッチーブーム」といわれる人気を博した。鈴木茂三郎《すずきもさぶろう》日本社会党委員長をふくめ、多方面の識者からは歓迎・慶祝の言葉が発せられ、天皇制や皇室は、雲の上の存在から国民に開かれた存在として定着したとされたのである。

もっとも、自由恋愛とは言うものの、実際には皇太子の教育掛であった小泉信三《こいずみしんぞう》らによる周到な用意のもとに「妃選び」・婚約ができあがったことは比較的早くからつたえられてはいた。また、天皇や皇后をふくめ、旧皇族旧華族サークルではかなり強い反対があり、それが後の皇后・皇太子妃間の「嫁・姑」確執や「美智子イジメ」につながったともいわれている。「平民」が強調され、「粉屋のむすめ」といったこともいわれたが、もちろん、巨大企業日清製粉の社長令嬢は、超上流階級の一員であり、意図的な表現であったろう。

こうした「ミッチーブーム」はいろいろな儀礼や行事をへて一九五九年四月一〇日の結婚式まで続き、結婚式パレードはテレビ中継され、高度成長を象徴する家電製品の一つ、テレビ受像機（白黒）普及の大きな要因となったといわれている。さらに、長子誕生などブームの余波は続いていった。

大衆天皇制論

こうした皇太子婚約・結婚をめぐる事態を「大衆社会化状況」との関連でとらえて「大衆天皇制」の成立としたのが政治学者松下圭一の議論である。松下は『中央公論』一九五九年四月号掲載の「大衆天皇制論」において「今度の皇太子妃決定によって、客観的にみちびきだされる帰結は、新憲法下の大衆社会状況における天皇制――いわば「大衆天皇制」の成熟である」（松下 一九八八、九頁）とし、それは戦前的な絶対君主制の復活でないのはもちろん、制限君主制でもなく、正統性の基礎をスターへの大衆賛美である「大衆同意」におく、より安定した構造を確立したとみる（同一五頁）。

松下の議論に対して、歴史学者の井上清は、皇室に関するつくられたブーム現象は珍しいことではないとして、批判した。井上は、天皇・皇室ブームはそれぞれの時期の政治状況の打開のために起こされ、今回は警察官職務執行法（警職法）改悪反対運動の勝利をはぐらかすことによって、日米安保条約改定問題への国民の関心をそらすためのものであるとし、「単なるスターとして大衆に愛されるというのでは、支配階級の意図は実現されない」(井上 一九五九、四八頁)のであり、紀元節などの旧体制の復活が目指されているのだとした。

実際、占領終結の前後から、国家から離れて民間の一宗教法人となった靖国神社への天皇の参拝(一九五二年一〇月)や、貞明皇后《ていめいこうごう》(昭和天皇の母)の葬儀(大喪儀、五一年六月)および正式に次期天皇である皇太子を定めるという式典である立太子礼(五二年一一月)など戦前式の行事の復活が目立っていた。このうち、立太子礼は、戦後の皇室典範には規定されていないものでありながら、国の行事として挙行され、その際、吉田茂首相が「臣茂」と述べて問題となった。当時盛んであった憲法改正派の議論では天皇元首化も主張されていた。一方、皇太子のイギリスなどヨーロッパ各国訪問(五三年三―一〇月)など、後に、皇室外交として定着する動きもはじまっていた。新しさと古さの並列する天皇・皇室をめぐる現象をどうとらえるかが問題であった。

同時に天皇・皇室周辺でも「開かれた皇室」をどのように展開していくかは解決されない難問として続いていく。美智子皇后の「失語症」事件など、しばしば、その矛盾が噴出していくのである。

「国際派キャリアウーマン」の皇室入り

時代は流れ、一九九三年一月七日、明仁・美智子の長男である皇太子徳仁《なるひと》の婚約内定が一斉に報じられた。相手は外務事務次官小和田恒《おわだひさし》の長女で同じく外務省勤務の小和田雅子《おわだまさこ》である。前回の皇太子婚約発表が皇室会議決定後であったのたいし、今回は決定前に内定として報道され、正式決定と発表は同月一九日であった。今度もまた、各メディアは雅子の生い立ちや二人の出会いから婚約決定までの成り行きの報道と慶祝の記事で埋められた。しかし、皇太子の婚約をめぐっては各種の噂が度々週刊誌やテレビで報じられていたこと、弟秋篠宮《あきしののみや》の婚約と結婚が先行していたことなどもあってか、ブームの再来とまではいかなかったようである。ただし、「ミッチーブーム」の時とは違った時代的な特徴として、注目されたものもあった。二つあげてみたい。

注目されたことの一つが、小和田雅子は父親の職業から外国生活が長く、自身もハーバード大学を卒業、外務省に入り、海外での仕事を経験した「国際派のキャリアウーマン」であったことである。これは社会での仕事の経験のなかった美智子皇后とくらべて大きな特徴であり、男女平等の新しい家庭像のモデルとなると松下が述べたのとは違う、いわゆる女性の社会進出が進んだ時代の反映とみることができる。実際、そうした立場から、この婚約を歓迎する記事もあった。しかし、雅子自身が仕事を辞めることで悩んだと語ったように、皇太子妃・皇后とキャリアウーマンとは両立しないものであるから、男女ともに結婚後も自分の家庭外の仕事を持ち続けるという現代夫婦・家族の一つのパターンのモデルとはならなかった。

注目されたことのもう一つは、正式婚約発表の会見で雅子が皇太子の言葉として、「皇室に入られるには、いろいろな不安や心配がおありでしょうけども、雅子さんのことは僕が一生全力でお守りしますから」と述べたことである。「初恋」を貫いた皇太子の「純愛」を示すエピソードとしても語られたが、これは皇太子の父母、特に美智子皇后をめぐる皇室内外・周辺の確執を念頭においていたと考えたほうがよさそうである。どうやら皇太子の不安は的中し、「全力で守る」ための発言がまた物議をかもすこととなる（➡「皇室・皇族の「人格」「人権」」）。

参考文献

井上清「皇室と国民――皇太子ブームと万世一系の天皇」（『中央公論』一九五九年五月号）
松下圭一『昭和後期の争点と政治』（木鐸社、一九八八年）
渡辺治『戦後政治史の中の天皇』（青木書店、一九九〇年）

皇室・皇族の「人格」「人権」——世襲制と「公務」

青木　哲夫

皇太子「人格否定」発言の波紋

二〇〇四年五月一〇日、皇太子浩宮は記者会見で、体調をくずしている妻雅子に関して「外交官の仕事を断念して皇室に入り、国際親善を皇族として大変重要な役目と思いながらも、外国訪問がなかなか許されなかった」、「それまでの雅子のキャリアや、そのことに基づいた雅子の人格を否定するような動きがあったことも事実です」と述べた（『朝日新聞』五月一一日）。この異例の発言が、だれのどのような言動をその内容としているかについて、様々な推測や憶測が生まれた。また、この発言の意図や妥当性についても、多くの論議をよんだ。

しかも、弟である秋篠宮《あきしののみや》が、「私としては残念に思います」、「せめて陛下と話をして、そのうえでの話であるべき」と、皇太子の発言に批判的な見解を述べ（同一一月三〇日）、父である明仁天皇が「理解しきれぬところがあり」と憂慮の念を表明した（同一二月二三日）ことによって波紋は一層広がった。女性・女系天皇をめぐる皇室典範改正問題や秋篠宮家での男児誕生、皇太子妃雅子の体調不良が続いていることなどとの関連もあり、問題はいまだに収まっていない。

皇太子発言が念頭においている内容については直接には不明であるが、次の二つがふくまれていることは確かであろう。一つは皇室・皇族にその時点で男児がいなかったという、いわゆる「お世継ぎ」問題であり（その後、秋篠宮家で男児が誕生したが、一人の男子のみでは問題の解決にはなお遠い）、もう一つは皇太子妃の「公務のあり方」の問題である。前者は、皇室・皇族の妻の最大の仕事が男児を産むことであるとするもので、それこそ彼女らを「産む機械」とみなすものである。後者は、行動・発言について制約や規制が大きく、それまでのキャリアや能力を生かせないことが不満として示唆されている。いずれも一般の場合であれば、人格・人権の否定につながるものであるといってまちがいないであろう。しかし、皇室・皇族の場合はそのような考えですませられるだろうか？

皇位世襲制の矛盾

もちろん、天皇であれ、その家族・親族であれ、人間である以上、人格・人権は守られなくてはならない。だが、現実にはそうなっていない。現行皇室典範では、例えば、彼らは婚姻の自由を持っていない（一〇条）し、皇族身分からの離脱の自由も持っていない（一一条）。天皇や皇太子については職業選択の自由もないし、ほかの皇族についても制約がある。選挙権・被選挙権をふくむ政治活動についても同じである。このことは、女性・女系天皇を認めていないことで女性の権利を否定しているのと同様、皇室典範や関連する現行制度が問題であるのだが、では、それらの制度を改正・改善すれば皇室・皇族の人格・人権は守られるのだろうか。皇室典範や現行制度が、おおもとのところでは皇位の世襲制に発していることを見逃してはならないと思われる。

いわゆる「お世継ぎ」問題に関して考えてみる。まず、天皇という地位が世襲であると定めているのは日本国憲法第二条である。したがって、天皇の地位の存続を前提とする限り、血縁の継承は、この家族・親族全体にとっては必須のもの、義務的なものである。もとより、皇室・皇族内の女性（それも特定の女性）だけがその責任を負うものではないが、皇室・皇族全体としては責任があると考えられる。特定の血族の世襲を定めている以上、子孫の保持や職業選択への規制はやむをえないし、離脱の完全な自由も認めることはできない。「お世継ぎ」問題について皇太子夫妻周辺でどのようなことがあったのかは、知る由もないことである。彼らにとっては屈辱的な言動があったのかもしれない。そうだとすれば同情を禁じえないところではあるが、天皇の家族の一員である以上、何らかの圧力があることは排除しえない。そして、天皇家の一員からの離脱の自由はない。

天皇・皇族の「公務」と政治

一方、「公務のあり方」であるが、ここでは天皇や皇室・皇族の「公務」とは何かが、まず問題である。天皇については、憲法で明記された「国事行為」と、人間として生きていく以上当然必要な（あるいは「国事行為」を実行する上で当然必要な）「私的行為」以外の第三の行為（「公的行為」、「象徴行為」などといわれる）が、日本国憲法上、その存在を認められるのか否か、憲法論としても実際の政治行政においても議論の分かれるところである（筆者は、憲法上に「国事行為」が明確に定められていることおよび国民主権の原則から、第三の行為はありえないと理解している）。

現実には、国民体育大会や植樹祭などへの出席と発言、外国の公式訪問と元首など外国首脳との交流、災害被災地への訪問と激励などが当然視され、実施されている。天皇の公務とは、国事行為とこの「公的行為」の双方をふくむものと理解される。天皇の「公的行為」は定めがないことから、範囲も、どこまで可能なのかも曖昧である。天皇以外の皇室・皇族となるとさらに曖昧であり、誰が責任をとるのかなども決まりがない。

皇太子夫妻は、雅子妃のキャリア外交官であった経歴や能力を生かせる活動を望んでいるようである。しかし、（建前上は）自らの意志で外交官を退職し、制約のある皇室入りをしたのであり、私的な趣味などはともかく、「公的」とされる活動で自分の望みがかなえられないのは自己の責任でもある。そして、皇族・皇室にとって自己の自主性・自発性にもとづく「公的行為」が彼らに認められるかは問題が多い。

皇族・皇室の「公務」を、天皇の公的行為に準ずるものとして考えるとして、まず、そうしたものを憲法上認められるかという、前述した大問題がある。ついで、そうした行為が、だれの発意で、どのような責任で行うかということも問題である。天皇の「公的行為」について と同様、政治利用の批判はあるし、対象となる人や地域・分野などに、当然限界が生じるからその点での不公平が生じることもまぬがれがたい。また、日本国憲法では、「国政に関する権能を有しない」（第四条）として天皇の政治への関与を禁じているので（そうでないと国民主権の原則と背馳する）、将来、天皇になるかもしれない者およびその近親者も、政治への関与を制限されることは当然である。現天皇などの平和や環境についての発言が好意的に受けとめられる向きがあるが、原則としては問題がある。政治的発言をすることの可否を、その内容への賛否で決めることは適切でないからである。

以上のようなことから、「公務」については天皇・皇室・皇族個人の自主性・自発性を認めることには問題がある。また、経歴・能力を生かすということでも、例えば体力などからできないことがあるといったことはともかく、積極的に能力を生かすとなれば、個人の能動性が発揮されることとなるので、問題が生じるだろう。秋篠宮が述べたという「公務は受け身的なもの」というのは一つの見識ではある（前掲『朝日新聞』、もっとも、「依頼を受けて、意義のあることであればその務めをする」と秋篠宮も能動性を否定していない。人格をもった人間である以上当然の思いではあろうが、問題である。また、こうした憲法上の問題にも関わることについて皇族が見解を自由に述べることにも疑問がある）。

象徴天皇制と基本的人権

皇室・皇族の人権をめぐる問題は、天皇制という世襲制度と基本的人権保障の矛盾のなかにある。「これらの人びとには、平等であるふつうの市民に適用されるべき〝人権〟規定はまともには適用されない構造になっている。一般市民とは隔絶した特別な存在であるから、もともと私たちとは平等でないのである。」（奥平 二〇〇四年、七三頁）

人格・人権が認められない人々がいることは、それが誰であっても、改められなくてはならないことである。そのためには、何が必要か？ 根本にもどって考える必要があると思われる。

参考文献

奥平康弘「「天皇の世継ぎ」問題がはらむもの」（『世界』二〇〇四年八月号）

日常の天皇
――象徴天皇の日常生活・公務と「おことば」

小田部雄次

象徴天皇として

戦後の象徴天皇制となってからの天皇の日常はどのようなものであったろうか。岩川隆『上着をぬいだ天皇』などによれば、昭和天皇の場合、起床は毎朝午前七時前、吹上御所二階洋室のベッドで目覚める。天皇が畳で寝ることはめったにない。戦後の巡幸で純日本式の旅館に泊まるために、葉山の畳の間で寝相の「稽古」をしたほどである。隣のベッドの皇后は、それより三〇分から一時間前に起きて身づくろいをすませている。天皇は血圧が低いほうなので、眼があいてもしばらくはベッドの上にいるといわれる。なによりも、定刻より早く起きると、周囲の者の予定を乱してしまうので、迷惑をかけないようにじっと横臥しているのだという。

午前七時に起床。天皇は、たいていは洋式のパジャマで、上にガウンをはおって洗面室に向かう。同時に、天皇の身の回りの世話をする内舎人《うどねり》や女官たちが動き出す。洗面所ではまず歯を磨く。天皇に麻酔をかけたくないので、周囲は虫歯予防に気をつかう。ときどき歯石もとる。顔は簡単に洗う。髭も整える。天皇は、お洒落や化粧などには無頓着である。天皇は幼少時から近視なので眼鏡をかける。老年になると遠視用も必要になり、幾種類か用意されている。整髪は二週間に一度、午後四時半ごろに理容師が御所に来る。

洗面後、「召替の間」で、三つぞろいの背広に着替える。ガウン、パジャマ、下着を投げ捨てるように脱ぐという。あとは内舎人がたたむ。月末には着替え前に体重測定をする。ネクタイをして上着を着た天皇は、一階の居間に下りる。居間には、複数の日刊紙、月刊総合雑誌、週刊誌などが揃っている。テレビもある。ここで情報収集をするのである。天皇は関係者や専門家を驚かすほどの博覧強記であった。風水害や人事異動のような情報にも詳しい。「国民や国家の動静」を知るのがつとめであるという自覚があったからだ。夜見るテレビ番組に赤鉛筆で印をつけたりもする。見られないときはビデオ録画をする。好みの番組は公言しないが、園遊会などで、出席者にテレビで見ていると語ったりしていた。どちらかといえばＮＨＫが好きで、朝の連続テレビ小説、大相撲などのスポーツ、皇室番組、動物の生態や古代遺跡の記録、民放系でも勧善懲悪の時代劇などを見ていたようだ。天皇は、いわゆるお色気の番組は好まず、「プレイガール」を「無礼ガール」と呼んだとも伝えられる。

午前八時半ごろ、天皇と皇后は一階の食堂で、給仕役の女官はいるが、二人だけで朝食をとる。メニューはオートミル、トースト、果物などで、洋風である。珈琲は飲まず、ミルクティーである。パンは手作り、野菜や肉、牛乳など食材は御料牧場から来る。皇太子時代の欧州外遊での生活習慣を継続しているといわれるが、実は皇太孫であったころの朝食も主にパン、牛乳、オートミルであり、幼少時からのメニューと大きく変わってはいない。天皇は、食後、虫歯予防をかねてうがいをし、その後、侍医が健康診断をする。なお、戦後になっても毒味の慣習はあったが、実際は食後にしたりすることもあり、どちらかといえば味見というべきだろう。

午前九時過ぎ、天皇は侍従をブザーで呼び寄せ、その日の予定を確認し、車の手配を命ずる。九時四〇分頃、天皇は皇后に見送られ、車で吹上御所から宮殿に向かう。宮殿では「菊の間」とも呼ばれる表御座所に入り、公務を執る。ふだんは、ここで書類の決裁などをする。几帳面な天皇はその日のうちに処理するが、ときには、御所に持ち帰って「残業」することもある。

正午になると、御所に戻り、皇后と昼食をとる。メニューは和と洋がほぼ交互に出る。午後一時から二時頃まで睡眠。その後、午後五時まで再び公務につく。日によっては、宮中清掃の勤労奉仕団の人たちに「ご会釈」をしたりもする。原則として、火水金の終日は公務を執り、月木の午後と土の終日は、吹上御苑内の生物学研究所で時間を過ごすが、園遊会や祭事などもあるので、適宜、変更はある。「私は丸の内のサラリーマンのように、満員電車で通勤しているのではないから、疲れるとか、仕事が大変ということはない」と、天皇は語っているが、単調な仕事ではある。

公務を終えた天皇は、入浴し夕食をとる。昭和天皇は背広を着たり脱いだりするのがめんどうだから風呂嫌いともいわれる。酒は飲まないし煙草も吸わない。就寝前に侍医の健康診断があり、脈と体温を計る。月に四回は喉を調べたり、聴診器をあてたりする。診断後に、水洗トイレに流さずにある「御東《おとう》」（大便）が検査される。

ところで、公務とされるものには、書類事務のみならず、儀式や拝謁などもある。天皇は機会ごとにモーニングや燕尾服に着替えて、認証官任命式や外国特命全権大使の信任状や解任状の奉呈式をはじめ、儀式や行事、勲章伝達、国際情勢の進講、全国植樹祭や国体への行幸などを行う。その回数も、任命式や奉呈式だけで年に一〇〇件近くあった。公務ではないが宮中祭祀も多く、元始祭、神嘗祭《かんなめさい》、新嘗祭《にいなめさい》などの大祭や明治天皇祭などの小祭など、年間二〇回近くある。天皇はこのひとつひとつを丁寧に処理していたのである。

昭和天皇を継いだ天皇明仁《あきひと》の日常も、食事やスポーツの趣味、研究テーマなど、細部の私的な行動が異なっていることはあろうが、公務や祭祀については、基本的には同様といえる。大きな違いは、昭和天皇の外国訪問が少ないのに対して、天皇明仁や皇后美智子の外国訪問は多く、「皇室外交」と称される新たな「公務」をつくりだしたことだろう。

戦後天皇の言葉

さて、戦後の天皇の言葉は、どのような経緯で作成されてきたのだろうか。最初の肉声である玉音放送（「終戦に関する詔勅」）は、一九四五年（昭和二〇）八月九日の御前会議での天皇の言葉をもとに迫水久常《さこみずひさつね》内閣書記官長が漢文で素案を作成し、漢学者の川田瑞穂《かわたみずほ》と安岡正篤《やすおかまさひろ》が文法や表現を訂正したものである。また、象徴天皇となってからの国賓の公式歓迎、答辞のスピーチは、両国間で事前に草案を交換して、お互いに内容を交換することが国際慣例になっている。

記者会見などでの発言は、戦前は宮内官僚が統制し、記者に取材の自由はなかった。しかし、戦後は開放的となり、とくに占領期は天皇と記者団の蜜月時代であった。とはいえ、天皇の正式な記者会見は三度ほどしかなく、「お会釈」という形であった。一九六一年（昭和三六）の天皇還暦から年一度の天皇会見が定例化するも、政治問題にはいっさいふれず、健康、趣味、思い出、社会的話題に限定された。それでも宮内庁側は天皇会見に好意的ではなく、記者団に様々な制約をしてきた。とくに天皇を「生き証人」として、歴史的証言を求める動きに批判的であった。

会見の質問は事前に提出され、侍従職事務主管が宮内庁長官官房総務課などと相談しながら回答を書き、それを侍従長や長官らが見て、天皇に渡すのだが、事前の打ち合わせのない一問ごとの「関連質問」が許されているので、記者はそこで「歴史的証言」を求めた。

記者が天皇に直接取材できるのは那須御用邸の定例会見のみで、地方視察の時は側にいても声をかけることはできなかった。一方、皇太子明仁夫妻は、そろっての会見が夏の軽井沢とそれぞれの誕生日の三回あり、誕生日の会見は天皇となっても継承されており、また政治的、歴史的発言も増えている。現在、天皇のみならず皇后や皇太子などの単独の記者会見も多く、天皇明仁の「韓国ゆかり」発言や、「日の丸・君が代」強制への批判などには、天皇独自の判断があったというべきだろう。二〇〇四年（平成一六）五月にはヨーロッパ訪問を前にした皇太子徳仁《なるひと》が、宮内庁批判ともとれる「雅子妃の人格否定発言」を訴える異例の事態も生じた。この事件は、発言内容が、事前に宮内庁側に伝えられていなかったことを示したものでもあった。

一方、憲法を遵守して平和や人権を求めようとする象徴天皇家の現在の動きは、戦前の絶対的な天皇を求める勢力には不評のようであり、皇位継承問題を口実に、憲法改正と連動させながら旧皇族を復帰させて新たなる別系統の天皇家を創設しようとする勢力も現れはじめた。今後の教育改革のあり方によっては、天皇がかつてのように人びとの上に君臨する政治主体となることもありうる。それは天皇自身の公務のみならず日常生活を一層窮屈にし、非人間的なものにすることでもある。

参考文献

岩川隆『上着をぬいだ天皇』（角川書店、一九八六年）
島田雅彦『おことば　戦後皇室語録』（新潮社、二〇〇五年）
鈴木一編『鈴木貫太郎伝』（時事通信社、一九六八年）
高橋紘『陛下、お尋ね申し上げます』（文春文庫、一九八八年）
藤樫準二『天皇とともに五十年』（毎日新聞社、一九七七年）

注

天長節　天皇の誕生日。明治元年（一八六八）に制定。国家的な祝日となった。明治期は一一月三日。大正期は八月三一日。昭和期には四月二九日が天長節となり、明治天皇の誕生日は明治節となった。敗戦後の一九四八年、天皇誕生日と改称された。（二五頁）

私幣禁断　私的な幣帛を禁ずること。元来、神社は氏人により閉鎖的に祭祀・奉幣がなされるものであり、神社に無関係なものが奉幣をすることはありえなかった。伊勢神宮の私幣禁断はそうした行為を許す条件が伊勢の場合ありえたことを推測しうるとされている。（参照萩原龍夫編『伊勢信仰Ⅰ』第四編、雄山閣）（三五頁）

門跡寺院　皇族男子や摂家子息などが出家して主管する寺院。宗派内で最高の寺格をもった。江戸時代に制度化が進み、親王が入った宮門跡（輪王寺、仁和寺、妙法院など）、摂家の子弟が入った摂家門跡（大乗院、一乗院、三宝院など）、摂家の猶子が入った准門跡（本願寺など真宗六本山）の別が定まった。（四八頁）

比丘尼御所　皇族女子や高格公家の女子あるいは猶子が尼となって主管する高格寺院。尼門跡、黒御所などとも称し、宝鏡寺・霊鑑寺・円照寺・法華寺・瑞龍寺などがあった。（四八頁）

王朝交替論　神武以来我が国が「万世一系」の天皇により統治されてきたという皇国史観を批判し、古代に古王朝（崇神王朝）、中王朝（仁徳王朝）、新王朝（継体以降）という血統が異なる三王朝が交替したとする学説。一九五二年に水野祐が提唱し、以後それを批判的に継承する諸説が出された。（五三頁）

皇国史観　日本の歴史を「万世一系」の天皇が支配してきた神国として捉える天皇中心史観。国体史観とも。近世の水戸学や国学に発し、近代歴史学にも大きな影響を与えた。十五年戦争時には軍部の精神的支柱となり、国民の戦争動員に大きな役割を果たす結果となった。現

代、歴史教育の場でその復活を目論む動きがある。（五三頁）

論奏式　太政官が発議した政治案件を上奏する際の文書形式。その内容は祭祀・官制・刑罰・軍事などに及ぶ。唐に比べて太政官が独自の発議を行いうる範囲が大きくなっていることから、天皇の権力は唐の皇帝よりも制限されていたと評価するのが一般的である。（八九頁）

重祚　一度退位した天皇（大王）が再び即位すること。乙巳の変（大化改新）に際して初の生前譲位を行った皇極が孝徳天皇死後の六五五年に再び即位した（斉明天皇）、及び天平宝字八年（七六四）の藤原仲麻呂の乱に勝利した孝謙が淳仁天皇を廃して即位した（称徳天皇）という二例が該当する。（九六頁）

郊祀　中国の例にならい、冬至の日に都城の南郊外に円丘（天壇）を築き、皇帝自らが天帝（昊天上帝）及び王朝の始祖（高祖）を祀る祭祀。日本では桓武朝の延暦四年（七八五）・同六年の他に文徳朝の斉衡三年（八五六）に一度だけ挙行され、後世には継承されなかった。（一〇二頁）

国忌　天皇や皇后の命日に政務を休み（廃務）、追善の斎会を実施すること。六八七年、天武天皇の一周忌に斎会が行われたのを初見とする。中国では皇帝・皇后の忌日に斎会を行い、特に重要な国忌日のみ廃務としたが、日本では儀制令に規定されたように廃務国忌のみを受容した。（一〇二頁）

阿衡　阿衡は中国の古典に由来することば。本来は中国殷代《いんだい》の宰相の官名で賢臣伊尹《いいん》が任じられたもの。当時の慣行では大臣などに任命されると一度目、二度目の任命の際は辞退し、三度目に辞任が許されず受けることになっていた。宇多天皇が基経を関白にしようとした時にも一度目は辞退された。そのため二度目の詔勅を出したがその際に中国の故事を引用して阿衡の語を使ったのである。ところが基経側は文章博士藤原佐世《すけよ》の「阿衡は位貴くも、職掌なし」との見解を受け、以後政務を放棄した。この事件を阿衡の紛議という。（一一〇頁）

内覧　太政官から天皇に奏上する文書や天皇から宣下される文書を事前に内見する行為をいう。しばしば「内覧と関白とは万機《ばんき》すでに同事なり」（『中右記』大治四年七月一七日条）ともいわれ、関白の実質的な職掌にもあたる。本来職能を指す語であったが、次第に職名ともなっていき、摂関が病中の場合に任命されたり、大臣経験のない者は関白ではなく内覧に任命されるようになっていった。（一一〇頁）

得宗　鎌倉幕府の執権となった北条氏の嫡流の名称である。これは義時の法名である徳宗からきており、泰時のころから使用されたが、後には初代時政以後の北条氏の嫡流を指す用語となっていった。（一三六頁）

持明院統　鎌倉時代の後半に皇統が二派に分かれたのであるが、後の北朝につながる後深草天皇の系統のことである。後深草の後、天皇位を大覚寺系統と争いながら、伏見・後伏見・花園・光厳の各天皇が即位した。建武政権の成立により、後醍醐天皇によって光厳は廃位されたが、足利幕府が樹立されたことにより、光厳の弟光明天皇が即位して北朝となり、室町時代以後も北朝系の天皇が即位するようになっていった。（一三六頁）

大覚寺統　鎌倉時代後期に分裂した亀山天皇の皇統のことで、後に南朝につながっていった。亀山の後は、後宇多・後二条・後醍醐の各天皇が即位し、後醍醐天皇により建武政権が樹立された。新政権が崩壊すると、後醍醐は吉野に逃れて、そこで幕府に対抗して南朝をつくり、彼の子孫が後を継いだが、明徳三年（一三九二）に南北両朝の合一がなされ、以後南朝からは天皇は出なくなった。（一三六頁）

聖天供　聖天は歓喜天《かんぎてん》ともいい、象頭人身の男女が向き合って抱擁している姿で表わされる。密教の修法である聖天供では、聖天像に油を注いで供物をそなえ、財宝や和合を願った。性的歓喜を所願成就の原動力としようとする発想に基づく。（一四二頁）

諡号　生前に諡号を定めることを遺諡《いし》・追号といい、

諡号《しごう》、諡《おくりな》の一種と考えられる。諡号は天皇や高官・高僧などの死後に生前の功績をたたえて贈られるもの。和風諡号と漢風諡号がある。醍醐は漢風諡号。後醍醐のような追号の例は白河期以降に散見される（→「天皇号の復活」）。（一四八頁）

王殺し　フレーザーが初版『金枝篇』第三章の冒頭で多くの事例をあげて紹介した「聖なる王を殺すこと」で概念化されたもの。王は樹木・穀霊の化身であるがゆえに、病・老齢の兆しが見えた場合は、パワーが残されている時期に早めに殺さなければならないというもの。（一四九頁）

唱導　元来は仏教の経典を人々に説いて教化することを指す。平安時代後期には安居院流が唱導の中心となった。中世には「普通唱導集」「神道集」など寺社説話が編まれ唱導の参考書となり、平曲・太平記読みなどの民間芸能とも結びつき仏教説話の普及に大きな役割を果たすことになる。（一五一頁）

高家　江戸幕府の儀式典礼を管掌する役職で、吉良・畠山など名家がこれを務めた。江戸城中の詰所は大名並の待遇だったが、身分は旗本で領知高は三百石から五千石まで様々だった。具体的な職掌は、朝廷からの使者を慰問し、馳走役の大名を指導する。新年や慶事のさいの朝廷への使者、日光東照宮・伊勢神宮の代参も務める。（一六三頁）

儲君　天皇の世継ぎ。「もうけのきみ」とも。平安中期頃までは皇太子と同義。儀礼の確立により、立太子礼を経なければ皇太子と称されないため、実質、皇太子たる皇子の称としても用いられた。江戸中期以降は、儲君治定、親王宣下、立太子礼という手順を踏むのが通例となる。（一七四頁）

門跡　一門の祖師の法統を継承する寺院、またはその主僧。平安後期以降は貴種の住する寺院を指し、のち寺格化し、大寺の長を独占する。江戸時代には、宮門跡、摂家門跡、准門跡などに区分され制度化した。明治に入って、公的制度は廃止され、以後は私称となる。（一七四頁）

あとがき

歴史科学協議会（歴科協）は、昨年四月、創立四〇周年を迎えたが、天皇・天皇制は、歴科協が会の創立以来、強い関心を抱き続けてきたテーマの一つである。それは、天皇・天皇制が学問的に究明すべき過去の問題であるだけでなく、国民統合と密接にかかわる現代の問題だと考えてきたからである。

したがって、機関誌『歴史評論』では、たとえば一九七六年六月号「日本封建制と天皇」、同年七月号「近・現代史における天皇」、一九八〇年二月号「天皇制の現段階と元号・靖国」、同年一〇月号「天皇制と祭祀」、一九八六年一〇月号「君主制と国民」、一九八九年二月号「いま天皇制を考える」、同年一〇月号「天皇制と一五年戦争」、一九九〇年二月号「象徴天皇制の今日」、一九九一年四月号「現代歴史学と天皇制」（大会報告特集）、二〇〇〇年六月号「近代天皇制と文化による国民統合」といった特集を重ねてきた。

また、一九七〇年には「現代帝国主義と天皇制」を掲げて大会を開催し、一九七六年には、大会に際して「日本封建制と天皇」をテーマとするシンポジウムを行った。さらに、昭和天皇死去の翌年、一九九〇年には「現代歴史学と天皇制」をもって大会を開催した。歴科協編『歴史科学大系』でも、第一七巻・第一八巻を『天皇制の歴史』上・下にあてている（校倉書房、一九八六・八七年刊）。

以上のような事情からすれば、本書はある意味で出るべくして出たものである。しかし、刊行の直接のきっかけは、本書冒頭の「ねらい」に記されているような現状認識にあった。したがって、本書は体系的・系統的に天皇・天皇制を究明するというかたちをとらず、関係する六八の個別テーマから構成するスタイルをとることとなった。

私は中国・韓国の研究者・教育者と三国共通の歴史教材をつくる作業をしていて、天皇とは何なのか、中国の皇帝、朝鮮の国王と、どこが同じで、どこが違うのか、うまく伝えきれないもどかしさを感じたことがある。それは、世界各種の Emperor・King との比較という問題にもつながる。その点で、本書が国内にとどまらず、国際的にも（とりあえず、日本語がわかる方々にとどまらざるを得ないが）、日本の国家・社会の特質を解明・理解する一助になってほしいと念願している。

本書がなるのは、何よりも多忙ななか、企画立案から編集までを推進していただいた編集委員のみなさんと、原稿をお寄せいただいた四〇人を越える執筆者の方々のおかげである。監修をお願いした木村茂光・山田朗両氏へのお礼とあわせて、あつくお礼申し上げる。

また、厳しい出版事情のもと、『歴史をよむ』（二〇〇四年刊）に引き続いて歴科協関係出版物の刊行をお引き受けいただいた東京大学出版会には、格別の謝意を表するものである。編集を担当された高木宏・山本徹両氏には、とくに感謝したい。

本書が広く国内外の読者を獲得して、天皇・天皇制に関する認識の深化と議論の活性化に資することに期待したい。

二〇〇八年四月

歴史科学協議会　代表委員　大日方純夫

執筆者一覧（執筆時。職名は略した。）

山田朗（明治大学文学部）
義江明子（帝京大学文学部）
仁藤敦史（国立歴史民俗博物館）
藤森健太郎（群馬大学教育学部）
森公章（東洋大学文学部）
池享（一橋大学大学院経済学研究科）
森暢平（成城大学文芸学部）
大日方純夫（早稲田大学文学学術院）
保立道久（東京大学史料編纂所）
竹内光浩（法政大学沖縄文化研究所）
亀谷弘明（早稲田大学教育・総合科学学術院）
木村茂光（東京学芸大学教育学部）
服藤早苗（埼玉学園大学人間学部）
森岡清美（元　東京教育大学文学部）
井原今朝男（国立歴史民俗博物館）
菊地照夫（東京都立大山高等学校）
小野一之（府中市郷土の森博物館）
河内春人（明治大学文学部）
関根淳（富士見丘中学・高等学校）
長谷部将司（茨城中学・高等学校）
戸川点（東京都立松原高等学校）
川尻秋生（早稲田大学文学学術院）
高松百香（東京学芸大学教育学部）
元木泰雄（京都大学大学院人間・環境学研究科）
河内祥輔（法政大学文学部）
近藤成一（東京大学史料編纂所）
伊藤喜良（福島大学行政政策学類）
村井章介（東京大学大学院人文社会系研究科）
堀新（共立女子大学文芸学部）
野村玄（防衛大学校人文社会科学群）
福田千鶴（九州産業大学国際文化学部）
深谷克己（早稲田大学文学学術院）
紙屋敦之（早稲田大学文学学術院）
久保貴子（昭和女子大学人間文化学部）
奈倉哲三（跡見学園女子大学文学部）
宮地正人（元　国立歴史民俗博物館）
加藤貴（早稲田大学教育・総合科学学術院）
小田部雄次（静岡福祉大学社会福祉学部）
猪飼隆明（大阪大学名誉教授）
奥平康弘（元　東京大学社会科学研究所）
外池昇（成城大学文芸学部）
岩本努（立正大学心理学部）
青木哲夫（豊島区立郷土資料館）

監修

木村茂光／山田朗

編集委員（五十音順）

青木哲夫
大谷正（専修大学法学部）
亀谷弘明
川手圭一（東京学芸大学教育学部）
竹内光浩
戸川点
堀新

天皇・天皇制をよむ

2008年 5 月21日 初 版
2019年 3 月20日 第5刷

[検印廃止]

編 者 歴史科学協議会《れきしかがくきょうぎかい》

監 修 木村茂光《きむらしげみつ》・山田《やまだ》 朗《あきら》

発行所 一般財団法人 東京大学出版会

代表者 吉見俊哉

153-0041 東京都目黒区駒場 4-5-29
http://www.utp.or.jp/
電話 03-6407-1069 Fax 03-6407-1991
振替 00160-6-59964

印刷所 株式会社三陽社
製本所 牧製本印刷株式会社

© 2008 Association of Historical Science
ISBN 978-4-13-023054-4 Printed in Japan

JCOPY〈出版者著作権管理機構 委託出版物〉
本書の無断複写は著作権法上での例外を除き禁じられています．複写される場合は，そのつど事前に，出版者著作権管理機構（電話 03-5244-5088, FAX 03-5244-5089，e-mail: info@jcopy.or.jp）の許諾を得てください．

歴史科学協議会 編　歴史の「常識」をよむ　A5　二八〇〇円

木村茂光・君島和彦・佐藤和彦・竹内誠 編　教養の日本史 第2版　A5　二〇〇〇円

史学会 編　歴史学の最前線　A5　四八〇〇円

ひろたまさき・キャロル・グラック 監修　歴史の描き方 全3巻　四六　各二五〇〇円

ここに表示された価格は本体価格です．御購入の際には消費税が加算されますので御了承下さい．